THE PATH

Accelerating Your Journey to
Financial Freedom

路径

—

加速实现财务自由

—

［美］彼得·默劳克（Peter Mallouk） ［美］托尼·罗宾斯（Tony Robbins）著
符李桃 宋红波 译

中信出版集团 | 北京

图书在版编目（CIP）数据

路径：加速实现财务自由 /（美）彼得·默劳克，（美）托尼·罗宾斯著；符李桃，宋红波译 . -- 北京：中信出版社，2021.11
书名原文：The Path：Accelerating Your Journey to Financial Freedom
ISBN 978-7-5217-3520-8

Ⅰ . ①路… Ⅱ . ①彼… ②托… ③符… ④宋… Ⅲ . ①私人投资－通俗读物 Ⅳ . ① F830.59-49

中国版本图书馆 CIP 数据核字（2021）第 175284 号

THE PATH: Accelerating Your Journey to Financial Freedom by Peter Mallouk
Copyright © 2020 by Post Hill Press
Cover Design by Damin Sterling, BLVR
Simplified Chinese translation copyright © 2021 by CITIC Press Corporation
All Rights Reserved
本书仅限中国大陆地区发行销售

路径：加速实现财务自由
著者：　[美]彼得·默劳克　[美]托尼·罗宾斯
译者：　符李桃　宋红波
出版发行：中信出版集团股份有限公司
（北京市朝阳区惠新东街甲 4 号富盛大厦 2 座　邮编　100029）
承印者：　北京诚信伟业印刷有限公司

开本：880mm×1230mm 1/32　　印张：11.75　　字数：203 千字
版次：2021 年 11 月第 1 版　　印次：2021 年 11 月第 1 次印刷
京权图字：01-2021-5451　　书号：ISBN 978-7-5217-3520-8
定价：69.00 元

版权所有·侵权必究
如有印刷、装订问题，本公司负责调换。
服务热线：400-600-8099
投稿邮箱：author@citicpub.com

目 录

引 言 / III

第一部分
做好准备
- 第一章　财务自由真的能够实现吗？　/ 003
- 第二章　现在是成为投资者最好的时机　/ 014
- 第三章　人性需求与投资决策　/ 036

第二部分
规划路径
- 第四章　如何选择投资顾问？　/ 059
- 第五章　投资的四大原则　/ 086
- 第六章　风险管理　/ 111
- 第七章　遗产规划　/ 134

第三部分

启程

- 第八章　市场是如何运作的？　/ 167
- 第九章　像聪明的投资者一样思考　/ 211
- 第十章　资产配置　/ 242

第四部分

攀登

- 第十一章　建立并管理投资组合　/ 289

第五部分

到达顶峰

- 第十二章　真正的财富　/ 319
- 第十三章　金钱与幸福　/ 336
- 第十四章　享受财富带来的快乐　/ 345

- 致　谢　/ 353
- 注　释　/ 355
- 参考文献　/ 365

引 言

彼得·默劳克

金融服务行业已经崩溃了。我本人是金融行业从业者，说出这样的话可能令人咋舌，但这确实是实话。金融咨询与服务传统上是通过一个由多个专业领域人士（包括会计、律师、保险代理、财务顾问等）组成的关系网络来提供的。但是这些专业人士相互之间沟通极少，客户成了中间人，为了避免决策失误，自己忙得不可开交。这种模式的问题[1]在于，个人的资产不是在真空环境下运作的，所有投资决策都受到多种因素（包括所得税、财产规划、慈善捐赠、收入需求、债务管理策略、商业计划、财务自由目标以及其他因素）的影响。在所有为你服务的人中，只有你自己能一览全局。你期待的投资成果未得

---

[1] 说得就好像这种模式还不够糟糕。

到全方位的考虑，他人又如何帮助你实现目标呢？

而且，在此类事务中，提供咨询的人在法律层面上并不需要达到资金管理的最高标准，很多金融行业"专业人士"的业务水平和普通投资者相差无几，甚至更差。传统的证券经纪公司可以为客户提供在他们眼中比较合适的产品，但是其实公司的受益程度可能要超出客户的受益程度。保险公司可能会把很多投资产品打包在年金保险和其他保险里，目的就是获得高额的佣金。还有一些公司进行了"双重注册"，在对客户最大利益负责与无须对客户最大利益负责两者之间随意切换。另外，某些独立公司在法律层面上要服务于客户的最大利益，但又缺乏相应的规模和资源，无法满足客户的需求。在这种混乱的局面中无法脱身的是谁？就是你，就是普通的投资者，就是那些要在重要问题上做出抉择的人。你可能无时无刻不在问自己：怎样才能将自己的投资机遇最大化？如何避开陷阱？如何做出"正确"的投资，从而实现财务目标？如何找到合适的向导，帮助自己走向财务自由？

我在这一行刚刚起步时专注于财产规划、理财规划、投资管理咨询，服务对象主要是其他顾问的客户，因此，我能一览全局，清晰地看到情况非常不乐观。我看到有些顾问能力出众，但是工作环境存在很多自相矛盾的问题；我看到有些顾问在未实施新的投资策略的情况下就强迫客户卖出所有股票，完全不顾客户之后的纳税负担以及投资组合中的损失；我还看到有些顾问面对满怀信任的客户，只顾着推广自己的理财产品或者一刀切式的投资组合；我也看到很多昂贵的保险产品被推销出去，但其实针对客户的理财目标，显然还有成本更低的选择。总而言之，人们把自己毕生的积蓄托付给了"专业人士"，结果竟是得不偿失。

由此我也意识到改变这些业务模式的迫切需要。后来我接管了创意财富——一家位于堪萨斯州欧弗兰帕克的独立投资公司，在我眼中，这恰恰是改变美国金融咨询行业的契机。我承诺，公司不会出售自主开发的投资产品，只根据客户的需求定制投资组合，为与客户财务相关的所有关键领域提供咨询服务，包括纳税、法务、理财规划、投资计划等。我也可以骄傲地说，自2003年接手该工作以来，这些承诺从未被动摇。而且，我们当前为客户提供的服务已经远远超出当时的想象。

我接管创意财富之后，公司管理的资产接近500亿美元，同时被多家媒体评为一流的财富管理机构。创意财富2017年被《巴伦周刊》评为"美国独立咨询公司第一名"；2014年、2015年两度被美国消费者新闻与商业频道（CNBC）评为"财富管理公司第一名"；2016年在《福布斯》的"美国增长最快的独立咨询公司"榜单中位列第一。[1]公司之所以获得成功，是因为我们组建了出色的团队并坚定地履行了对客户的承诺。随着团队规模不断扩大，公司增加了新的服务，提供了更多的专业知识，远远超出其他独立公司的水平。公司发展的另一个重要原因就是投资者对顾问的期待越来越高。多年来，托尼·罗宾斯都在大力倡导提升信义义务标准，帮助成千上万的人理解投资顾问依法履行义务的重要性。2017年，我们合著了《不可撼动的财务自由》一书，解答了当今投资中最迫切的一些问题。

在过去的17年中，我深刻认识到美国人真的渴望获得清晰、简洁，而且不自相矛盾的理财建议。人们希望拥有根据自身情况和财务目标定制的投资组合，希望有人能为其指明通向财务自由的方向。创意财富已经成为众多家庭的理财向导，为其定制理财规划，设计专属投资组合，并为其财务自由道路上的风险做好全方位的防范工作。本书的目标就是分享我的经验，帮助读者应对财务自由道路上的难题。我希望我们能够成为你们的向导，帮助你们明确理财目标，规避错误，将理财中的机遇最大化，帮助你们走向财务自由的未来。

第一部分

做好准备

第一章
财务自由真的能够实现吗?

托尼·罗宾斯

我们唯一恐惧的就是恐惧本身。

——富兰克林·罗斯福

我们总是希望得到真正的自由——随时去做喜欢的事,还能与所爱之人分享;对生活充满热情,心怀感恩,随和慷慨。这其实就是财务自由,和金钱无关,和心境有关。无论你当前的财务状况如何,财务自由的目标都有实现的可能——即便是在困难时期也是如此。很多情况下,财富积聚的时期正是"悲观情绪最深的时候"。

对于财务自由,不同的人有不同的定义。也许是周游世界,也许是乐享天伦,也许是回馈社会,也许是从事真正热爱的工作,而不是出于无奈而接受的工作。无论定义是什么,大家可能都会疑惑：财务自由真的能够实现吗？

我采访过全球50位顶尖的金融专家，我可以向你保证，确实有通向财务自由的道路。但是，在追求目标的过程中，我们要遵守规则，要逾越障碍，可能还要避免被一些走旁门左道的人带入歧途。本书将会详尽地阐述这些问题。实现财务自由并没有那么复杂，不过也没有哪本书可以让人一夜之间实现目标（虽然有些人大言不惭地说可以）。在为财务自由奋斗的旅途中，不能没有基本的准则与方向。如果你已经有了财务自由的目标，那么请为自己的征程做好保护工作。

处于不同人生阶段的人们对于财务自由的感受可能不尽相同。有人觉得目标很遥远，有人觉得自己在向目标靠近，但还是很难体会到自由的感觉。也许你是千禧一代，背负着学生贷款的重担；也许你是婴儿潮一代，正需要奋力一搏；也许你已经过上了大家眼中富足的生活，却无时无刻不在担心突然失去自己辛勤积累的财富。本书会为你带来久经考验的工具、策略与心态，不但有助于你实现财务自由，而且能帮你在追逐目标的过程中获得满满的成就感。

收获成功需要数十载的付出

财务自由的最大秘密就是，你几乎不可能通过挣钱的方式实现这个目标。大多数人，包括那些挣大钱的人，通过挣钱和存钱实现财务保障几乎都是不可能的。我们挣得越多，花得越多，是不是很有意思？关于财务自由的话题，我们采访了上千人，大部分人的愿望都涉及财务上的"重大成功"：卖出公司、彩票中奖、大幅加薪或升职、获得意外的遗产等。但平心而论，愿望不等于策略。在上述场景中，有太多变量不在我们的掌控范围内。实现财务自由，我们必须充分利用阿尔伯特·爱因斯坦口中的"世界第八大奇迹"——复利。

在《引爆点》一书中，马尔科姆·格拉德威尔将"引爆"事件的关键点又描述为"临界质量时刻、阈值、沸点"。用这个概念说明复利的作用非常合适。你想成为百万富翁吗？其实这个想法是可行的，而且越早开始行动越好。图1.1可能是你人生中看到的最重要的图表之一（理财书上也会出现很多相似的图表）。假定以65岁拥有100万美元存款为目标投资一个延税账户，例如401（k）退休计划或者个人退休账户（IRA），收益率为7%，图1.1显示了不同时间开始存钱，达到目标所需的年度存款额。如果从20岁就开始，那么你每年只需要存入3 271美元，即每个月272美元；但如果从50岁才开始，你每年就要存入37 191美元，即每月3 099美元。

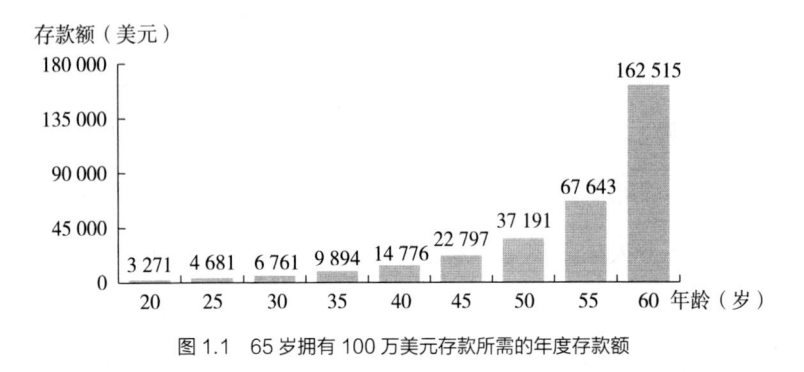

存款额（美元）

年龄（岁）	存款额
20	3 271
25	4 681
30	6 761
35	9 894
40	14 776
45	22 797
50	37 191
55	67 643
60	162 515

图1.1　65岁拥有100万美元存款所需的年度存款额

这张图是不是过度简化了投资？确实是。没有什么投资账户能够持续带来7%的收益率。2000—2009年（整整十年），标准普尔500指数的收益率为0%，因而那段时期被称为"失落的十年"。不过，聪明的投资者肯定不仅仅拥有美国的股票。我在实现财务自由的过程中，有幸遇到了投资界传奇人物波顿·麦基尔，大名鼎鼎的《漫步华尔街》就出自他笔下。麦基尔解释，如果在"失落的十年"中将资产多样化，投入美国股市、海外股市、新兴市场股市、债券、房地产[1]，那么整体上年

---

[1] 具体构成：33% 固定收入（先锋领航全市场债券指数基金，VBMFX）；27% 美国股票（先锋领航全市场股票指数基金，VTSMX）；14% 发达国家股票（先锋领航发达市场股票指数基金，VDMIX）；14% 新兴市场股票（先锋领航新兴市场股票指数基金，VEIEX）；12% 房地产投资信托基金（先锋领航房地产指数基金，VGSIX）。每年进行资产配置再平衡。

均收益率将达到6.7%。不要忘记，美国这一时期还经历了互联网泡沫、"9·11事件"以及2008年金融危机。

在我撰写这本书的时候，世界各地正在经历新型冠状病毒肺炎疫情，人们对于全球经济衰退的恐惧情绪日益增长，这种影响到底有多持久、多严重，依旧是个未知数。然而，我们需要谨记，"经济寒冬"往往蕴藏着积累财富的机遇。如果能够战胜恐惧，理性面对，重要的市场回落期就可能带来百年一遇的机会。为什么？因为所有东西都在大降价啊！在美国经济大萧条时期，房地产价格大幅缩水，老约瑟夫·肯尼迪在该领域进行了大量投资，他的资产因此迅速增长。1929年，肯尼迪的财富估值为400万美元（相当于现在的5.98亿美元），到了1935年，也就是短短6年之后，他的财富已经飙升至1 800万美元（相当于现在的33.6亿美元）！

难道"经济寒冬"不是困难重重吗？当然是。但是，冬天不是永恒的！寒冬之后就是春天。就算是在寒冬腊月，也不是每时每刻都风雪漫天哪。晴朗的日子就是给人们的提醒：冬天总会过去。本书将会告诉你，在投资的"季节变换"中，至关重要的是如何从情感和财务层面上做出正确的选择。

因此，要攀上财务自由的顶峰（并在顶峰常驻），首先要回答以下问题：

- 你能够接触到哪些投资方式？哪些产品与你的目标相匹配？
- 你的投资账户会涵盖哪类投资产品？一年365天，你如何对其进行管理？
- 你会采用哪些策略合法减少纳税？（税款是你人生中最大的一笔"支出"。）
- 你会如何避免理财中过高的费用或者不必要的佣金，从而大幅增加储备金？
- 在股市回落或者大跌时期，你将如何应对并利用其中的机遇？
- 你将如何挑选理财顾问，确保其在管理你的资产时能达到最高标准？（剧透：他们中的大部分人是达不到标准的。）

我的朋友彼得·默劳克与我在本书中共同回答了以上问题。彼得经营创意财富近20年。创意财富作为一家独立投资顾问机构，其管理资产近500亿美元，为全美各地的家庭提供全方位的财富管理服务。在本书中，彼得慷慨地贡献出多年的心得与经验，以帮助更多人了解如何实现财务稳定与自由。

不过，了解实现财务自由的工具是一回事，采取行动又是另一回事。身体力行永远胜过只掌握理论知识。如果说实现财务自由并不复杂，那么为什么我们虽然生活在人类历史上最繁荣的时期，却仍有很多人达不到最基本的财务稳定？60%的美国人还没有为退休生活存够1 000美元，只有不到40%的美国人能够在突发意外时拿出500美元应对。可不可怕？

美国是一个消费大国，但是，如果要实现集体的繁荣，我们就必须从消费者转变为资产的持有者。很多美国人拥有苹果手机，可拥有苹果公司岂不更好？很多美国人的门口每天都堆满了亚马逊的快递盒，可拥有这家零售巨头岂不更好？[1]无论社会经济地位如何，所有人都可以受益于资本主义的创新力量。每一个人，哪怕只花一点儿钱，就可以拥有美国顶尖公司的股份，成为人类历史上最繁荣、最赚钱的经济体（虽然存在争议）的所有者之一。

再进一步

我们与金钱的关系无疑是一种情感关系。实现财务自由的策略与信息其实都是现成的，但为什么还有那么多人漫无目的地徘徊，在经济上面临巨大压力，或者根本不知道前进的方向？而且，为什么有那么多人在经济上已经获得成功，却依然

---

[1] 此处只阐述观点，并不涉及具体的股票投资建议。

没有满足感？

我们其实可以想到其中的原因，那就是……

恐惧。

恐惧是一种无形的力量，它使人们无法去创造自己真正应得的生活。它是前进道路上最大的障碍，如果不加以控制，它就会导致人们做出糟糕的投资决定。

正如前文提到的，人类大脑总是会关注什么地方出了问题，例如生活会受到什么负面影响或威胁。人类对于确定性的需求高于一切。但你猜怎么着？要想成为一名伟大的投资者，需要拥抱不确定性！实现财务自由当然要有正确的策略，但如果不能掌控自己的思维，那么策略很可能会由于你自己的错误干预（例如在动荡时期抛售资产，或者把现金放在床垫下）而失败。

技能在重复中得以提升

2014年，我撰写了《钱：7步创造终身收入》一书，其中汇集了多年来我对很多金融界名人（包括卡尔·伊坎、瑞·达利欧以及约翰·博格）的访谈。彼得的《避开投资5大陷阱》

于同年出版。两年后，彼得与我共同完成了《不可撼动的财务自由》。现在，我们进入了"停顿期"，全球按下了暂停键，未来随着经济回暖，肯定又会出现一拨赢家和输家。

与以前的书相比，彼得在这本书中对如何建立财务计划并最终实现财务自由进行了更深入的探讨。这本书将探讨如何掌握投资策略，从而更加深入地应用于实践。我也加入了两章关于掌控自我的内容。第三章探讨了每个人都拥有的"六大需求"，以及它们如何影响我们的生活、工作和财务，其中的见解将改变我们的生活质量。第十二章探讨了为什么经济富足的人仍然不快乐，以及如何在当下拥有满足感。如果思维得不到正确的引导，那么每个人都很容易陷入痛苦状态（恐惧、愤怒、沮丧等）。我们必须学会解放自己的思维，体验财富的真正意义：快乐、幸福的生活，以及平静的心灵。

如果你读过我之前的作品，那么你可能在这两章发现一些重复的信息。不过，基本原则值得重复体会。我的人生导师告诉我，技能是在重复中得以提升的。单单投几个球可成不了勒布朗·詹姆斯，也成不了斯蒂芬·库里。他们虽然知道三分球怎么投，但是仍然需要每周进行无数次投篮练习才能让那个动作刻入自己的神经系统，在压力如山的赛场上精准执行投篮动作。这就是自我掌控！在阅读本书的过程中，请仔细思考这些原则如何体现在生活和人际关系中。在人生的不同阶段，看曾经看过的电影，听曾经听过的歌曲，你总会有新的收获。希望本书的阅读过程对你来说也是如此。

路线修正

在我们生活的时代，恐惧被大众传媒以及社交媒体不断放大、不断利用。再加上一场大流行病，人们的恐惧情绪变得更加严重。"标题党"发布的一拨又一拨信息每天冲击着人们，目的是吸引注意力。在各类悲惨、恐怖、惊悚的新闻报道面前，正面的新闻报道显得那么苍白。人们大脑中的恐惧区域不断被刺激，焦虑水平不断突破新高。

让我们面对现实吧。如果不学会克服恐惧情绪，掌控自己的思维，你就永远无法执行本书中的原则。记住，勇气并不意味着毫无恐惧，它意味着即使恐惧也要持续地采取行动，向前迈进。有些人可能会通过本书获得一些重要的信息，却永远不采取任何行动。我希望你不是这样的。如果你已经购买了这本书并且正在阅读，那么我相信你是少数选择实干的人，而不会仅仅纸上谈兵。

把思维从恐惧中解放出来的第一步是重新调整视角。我把讲述这部分内容的任务交给彼得，期待大家在下一章中与彼得相遇。如果能用正确的知识武装自己，学会克服恐惧，你就会更充分地认识当前这个不可思议的时代，以及我们即将走向的美好未来。

开启我们的旅程吧！

与我之前的作品一样，本书的利润将100%捐赠给慈善机构。彼得和我承诺，本书的利润将100%捐赠给慈善组织"赈饥美国"。

第二章
现在是成为投资者最好的时机

彼得·默劳克

为什么我们在看过去时能着眼于进步,在看未来时却只能看到堕落?

——托马斯·巴宾顿·麦考利

1848年,伦敦,清晨,白金汉宫。维多利亚女王来到阳台的门前,她刚推开门,就有一股臭气涌入鼻腔,瞬间她胃里一阵翻腾。这是历史上著名的"大恶臭"事件,整个伦敦城都臭气熏天,人和动物粪便的气味弥漫在空气中。在之前50年的大部分时间里,250万伦敦市民都把垃圾直接倾倒在街道上、泰晤士河中,糟糕的状况终于恶化到了"爆发点"。伦敦城的民宅和商店下方共有2万个化粪池,淘粪工会定期清理,但是效果并不好。污物流入蓄水池以及河流,污染了饮用水,导致人们出现各种不适，霍乱开始频繁暴发。

生存曾是唯一的目标

人们常说想要回到过去美好的日子，然而，如果我们认真想一想，过去并不是非常美好的啊。400年前，欧洲30%的人口死于鼠疫。200年前，在伦敦"大恶臭"时期，45%的儿童在5岁前夭折。在维多利亚时代，想让孩子活到成年，只能看运气。新生儿有将近半数无法成活，在这种情况下，你能想象整个社会的精神面貌吗？

我们不说那么远的事情了。100年前，在持续了4年的第一次世界大战中，2 000万人丧生。战争还没结束，西班牙流感又暴发了，这场流感席卷欧洲，5亿人（占当时世界人口的1/3）感染，超过5 000万人丧生。

好了，人类历史上的悲剧事件我就不再细数了。回顾历史的目的是让大家转变思维，知道生活在当下是多么幸运。大脑总是会给过往加上美好的滤镜，但是，只要仔细审视这些美好的画面，你就会发现一个问题：记忆都是片面的。历史上发生过无数次战争、疾病、饥荒，与今天相比，过往更令人警醒。现在流行疾病（比如现在的新型冠状病毒肺炎疫情）出现的时候，预后远远超越过去的情况。

目前，全球儿童只有 4% 在 5 岁前夭折，儿童健康与母婴健康水平达到历史新高。近几十年未出现大规模战争，现代医学已经可以治疗大部分疾病。还有，卫生水平已经大幅提升（我对此尤为感恩）。人们需要花点儿力气才能记住这些信息，因为日常的经历限制了我们的思考。人们在看待历史时总是容易被"黄金时代"的标签误导，在看待未来时又总是容易陷入无端的悲观主义。

国际卫生学领域学者汉斯·罗斯林教授生前在《事实》一书中写道，"相对于事实，每组人群都普遍相信这个世界是更加可怕、更加暴力，而且更加没有希望的"。人们经常不顾事实，觉得世界必将走向毁灭。当我和人们认真地探讨他们的财务状况时，人们的这种负面情绪非常明显。每当我们畅想未来、制订计划的时候，对话都会从丰厚的储蓄、舒适的养老生活这里突然发生转折，对方很快就会陷入一种生存主义的状态。他们认为社会将会崩溃瓦解，秉持着宿命论的观点（这种观点的形成显然离不开各种内容网站和 YouTube 视频网站的"贡献"，很多网络信息都是为了固化这种叙述语言而存在的）。没有人知道未来会发生什么，但是回顾近代历史也许能够帮助人们缓解一些不必要的焦虑。马特·里德利在《理性乐观派》中洋洋洒洒地写下了在过去 50 年中人类社会翻天覆地的变化：

与1955年相比，2005年的全球人均收入几乎提高到原来的三倍（经通货膨胀调整），摄入的食物热量增加了1/3，儿童死亡率下降了2/3，预期寿命延长了1/3。人类死于战争、谋杀、分娩、意外事故、龙卷风、洪水、饥荒、百日咳、肺结核、疟疾、白喉、伤寒、麻疹、天花、败血症或小儿麻痹症的概率大大降低；罹患癌症、心脏病或者中风的风险也降低了；识字率和受教育程度提升；拥有电话、抽水马桶、冰箱、自行车的概率提升。同时，全球人口在这50年间增长了一倍多……无论采用何种标准衡量，这都是人类社会取得的惊人成就。

解药

图2.1至图2.5从视觉效果上消解了人们对未来无端的忧虑。以消费、全球福利、预期寿命、贫困状况、教育水平方面的研究为基础，它们对未来世界发展的指向令人宽慰。我作为一位父亲，对人类的未来以及子孙后代的生活质量抱有极大的信心。下文很快也会提到，我作为一位投资者，也对未来的机遇感到乐观。我敢说，你也将会抱有同样的心态。

图2.1展示了人们维系生存所需的开支占收入比例的快速下降。换言之，人们的可支配收入目前已经达到历史新高。大

学学费、假日出游、智能汽车、浪漫的都市约会、豪华的观影环境，以及人们储备退休金的能力，等等，都是近现代社会才出现的现象。

图2.1　生活必需品开支情况

除了其他因素，生活必需品的支出比例下降，让全球人口的幸福感得到大幅提升（见图2.2）。道理很简单，当基本生存需求得到满足时，人们会去思考存在的意义，思考成就感是什么，思考如何利用宝贵的时间。只有在丰衣足食的日子里，人们才会有更多时间做更有趣的事情，并为此感到快乐。

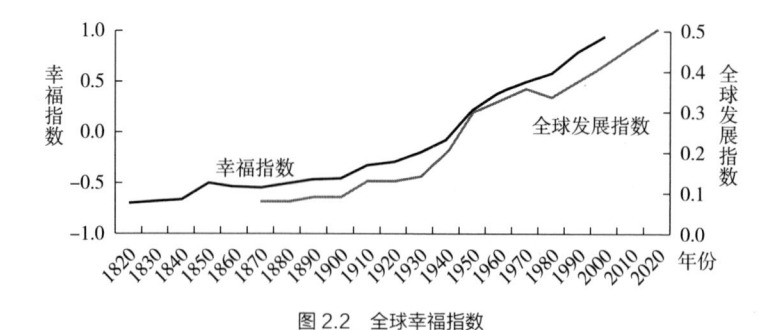

图2.2　全球幸福指数

图 2.3 展示的内容更惊人！全球各地的人类预期寿命都在持续增长。你可以这么理解：2020 年出生的人，将会比 2019 年出生的人的预期寿命长 3 个月。在我的职业生涯早期，很多高龄客户都面临严重的健康问题，他们会经常咨询临终关怀计划或者临终医疗服务的价格。而现在，同年龄层的客户会尝试尽可能地延长寿命，例如积极关注尚处于试验阶段的治疗手段或者全球医学领域的新突破。他们知道，只要坚持活下去，就有可能等到可以帮助他们改善健康状况的创新发明。

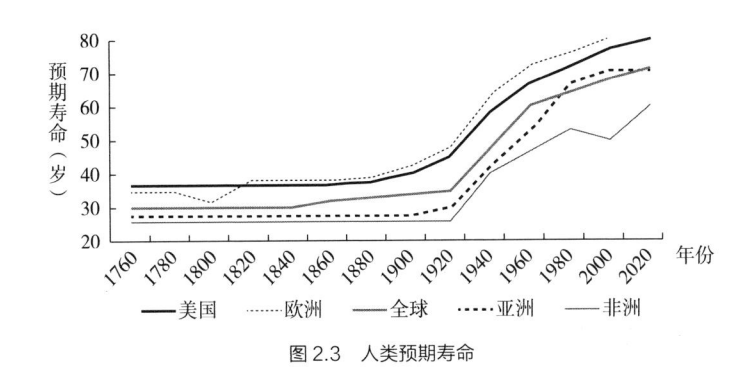

图 2.3　人类预期寿命

图 2.4 也许最令人大开眼界。你如果不是皇室后裔，只要往上回溯几辈人，就不难发现自己的先辈们肯定有过艰难困苦的日子。在 20 世纪 50 年代之前，全球大部分人口都经历过极端贫困。"极端贫困"的衡量标准是每天的生活成本不足 2 美元（经通货膨胀调整）。到了 20 世纪 80 年代，全球 44% 的人

口仍然处于极贫状态。40年后的现在，全球极贫人口的比例已经下降到10%。发生了什么？技术与经济的进步让几亿人步入中产阶层。还想听更多好消息吗？世界银行预测，人类将在20年内完全摆脱极贫问题！

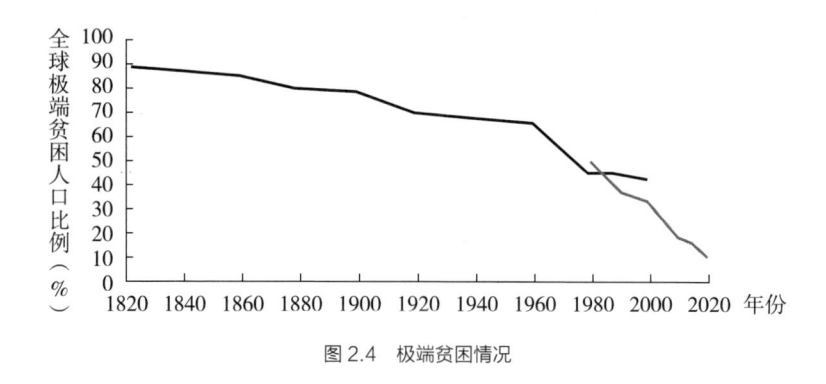

图2.4 极端贫困情况

最后来谈谈教育——促进平等的最重要因素（图2.5）。当一个家庭要着力解决生存问题的时候，家中的孩子往往会为了出去工作而辍学。他们被迫去搬砖，去放羊，去挑水，去做各种苦力，教育在他们眼中是可望而不可即的奢侈品。家庭的经济问题一旦得到解决，孩子们就能重返校园。儿童接受教育的时间越长，越有可能获得必要的技能，走出原生家庭的困境，追求更大的机遇。教育能让下一代得到更好的工作、更丰厚的收入，由此来支撑再下一代的教育，终结贫困的恶性循环。

图 2.5　儿童受教育情况

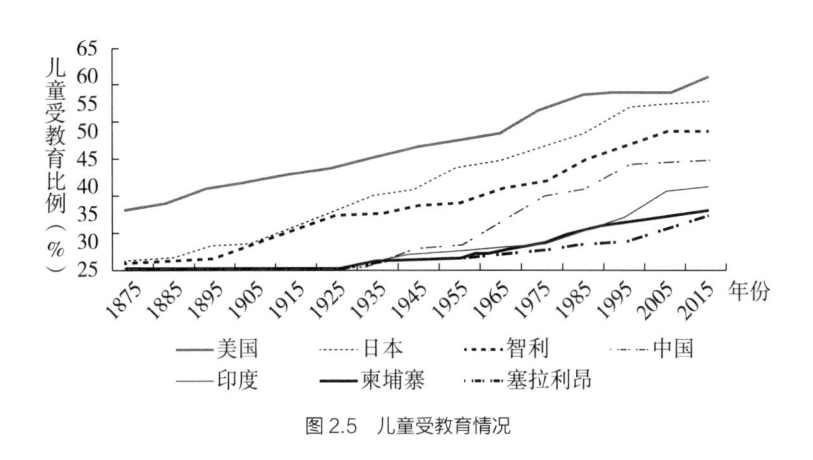

为混乱高歌

既然有那么多可喜可贺的消息，那么我们为什么还是很难感受到自己在进步？我们为什么还是时常觉得自己像是在汹涌的浪潮中挣扎求生？我认为，部分原因在于当今的新闻报道。人的大脑有一个重要功能：维系生存。因此，大脑会本能地关注不利的、危险的事情。新闻媒体当然也知道这一点，恐怖、危机、悬疑、倒计时等成为信息主流，它们知道只有这样才能抓住受众的注意力，让人们持续关注下去。

还有一些节目为了吸引眼球，将很多事件戏剧化。各种各样的事件被包装成精美的故事，附上醒目的标签。而且这些故事往往会带上编剧口中的"加上时限"策略。[1] 也就是说,电影中如果出现倒计时的场景,自然就会营造出一种迫在眉睫的氛围,起到扣人心弦的效果。("桑德拉·布洛克如果不能在90分钟内到达太空站,太空垃圾就会撞死她!")[2] 所以你会看到很多新闻故事在播出的时候,屏幕右下角都有一个时钟在走。嘀嗒,嘀嗒,嘀嗒。

媒体在描述金融和经济状况时,也采用了这些策略,想想"财政悬崖"这样的术语就知道了。这些术语的出现是为了让与生死无关的新闻故事也能唤起人们的危机感。回顾一下2019年的美国债务上限倒计时,竟然精确到了分钟。(真的有必要吗?)最后一刻发生了什么呢?政客们妥协了,文件被签署了,债务上限被提高了,这不是什么意料之外的结局。同样,似乎市场无论朝着哪个方向发展,都有一群声势浩大的宿命论者在金融频道中强势发声。当然,这并不新鲜。金融媒体一直在推销恐惧,这可以追溯到1907年的金融大恐慌。很多书都已经讨论了媒体在金融预测中的不准确性,比如20世纪70年代的滞胀危机、1987年的股市大崩盘、互联网泡沫

---

1 感谢从事编剧工作的弟弟马克无偿地给我分享了这个概念。
2 此处引用了2013年热门电影《地心引力》中的情节。桑德拉·布洛克在1994年的电影《生死时速》中还有一个情节:在行驶的公共汽车上有一枚炸弹,公共汽车的时速在超过某个数字后,一旦减速就会引爆炸弹,如果不拆除炸弹,大家就都没命了!

（伴随着 24 小时电视新闻的兴起，这次危机将人们歇斯底里的情绪带向了新高）、2008 年的金融危机、欧洲债务危机、2019 年的美国债务上限……这样的例子不胜枚举。

在这种狂热之下，人们有什么表现呢？投资者惊慌失措，犯了些本不该犯的错。在 2008 年金融危机期间，政府停摆，债务上限谈判开启，很多投资者抛售套现，退休计划受到影响。这些卖家错过了危机平息后市场反弹的收益，遭受了永久性的损失。换句话说，他们乘电梯下楼，离开，然后错过了电梯上升的机会（通常上升到了更高点）。

那么，这种狂热对投资者的身体造成了什么影响？投资者的健康可以说是被媒体的舆论压垮的。在《金融新闻和客户压力》（2012 年）一文中，佐治亚大学的约翰·格拉博博士和堪萨斯州立大学的索尼娅·布里特博士表明，在观看金融新闻时，无论新闻的内容是什么，人们的压力水平都会大幅上升；当市场下跌时，人们担心自己的账户资金；当市场上涨时，人们为自己没有做出更积极的投资动作而感到失落。67% 的人在观看金融新闻时压力水平明显增加，即使金融新闻播出的是正面报道，也有 75% 的人出现了压力增加的迹象。

我并没有说波动和市场回调是假的（后文也会探讨我们应该如何应对这些时期）。我们应该关注事实，在美国，每一次的熊市之后不就是牛市吗？每一次经济紧缩之后不就是经济扩张吗？在我撰写本书的当下，投资者正在全球疫情带来的熊市中奋力挣扎。我们不要忘记，历史中每一次熊市之后，市场都会完全恢复，回到正常的上升轨道中。但是你如果只看时事新闻，就可能忽视这个事实。

财经媒体的问题有部分原因在于人们对其有误解。这些新闻媒体都是公司啊，公司的存在就是为了盈利。所以这类媒体的主要目的不是传递信息，而是赚钱。传媒机构通过卖广告赚钱，新闻栏目的评分越高，植入广告的费用越高。所以，新闻媒体的主要目标就是尽可能地吸引受众（也就是"眼球"），尽可能地延长受众看新闻的时间。基本公式如下：

受众越多＝广告位价格越高＝盈利越多＝股东越开心

在天气频道，对飓风或者龙卷风的报道往往能吸引更多观众。但大部分时候，天气预报都非常无聊。"局部晴好，降水概率30%，可能有雷阵雨。"这种标题可吸引不了受众。其实，全球的财经新闻也没有太多值得报道的。市场走高，市场走低，公司上市，都不是什么新鲜事了。为了让财经新闻更有趣，媒体总是将股票市场的回落写得天花乱坠，恨不得写出无数次金融危机。然而，对于市场的长期走势来说，这种短期回落其实根本没有什么影响。图2.6也是我最喜欢的图之一，它表达的主题是"人类的创新必定战胜恐惧"。从 1896 年到现在，媒体的危机类标题层出不穷，但是市场又如何？可以用"无动于衷"来形容。从 1896 年到今天，市场不断创下新高，为长线投资者带来了回报。

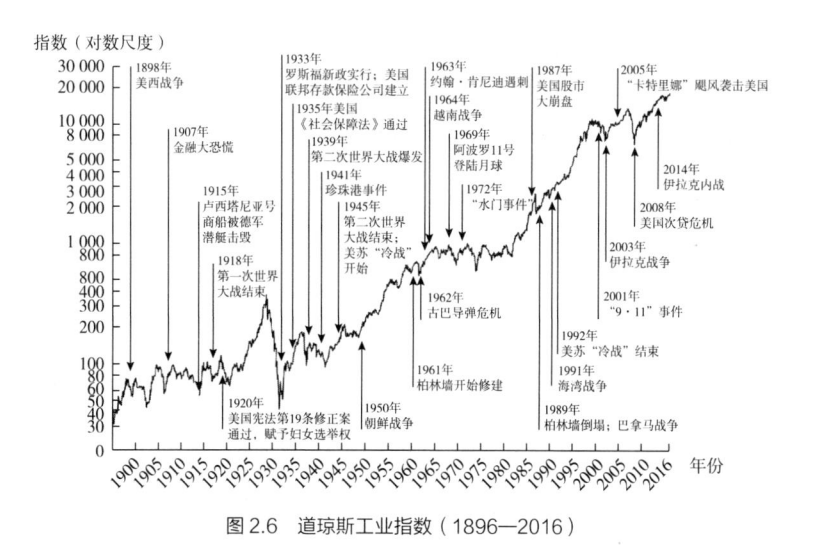

图 2.6　道琼斯工业指数（1896—2016）

谁会在意

人们时常容易忘记，股票不是彩票，而是公司的所有权。

——彼得·林奇

一个企业如果做得好，那么迟早会从股价上体现出来。

——沃伦·巴菲特

人们时常会问，股票市场走高或走低的原因是什么？有人可能会认为自己已经知道答案了，其实不然。

投资者通常认为，影响股价的主要原因不外乎就业率、房地产、经济政策、货币政策、美元韧性、消费者信心、零售销售额、利率等。这些大家都很熟悉。不过，股票市场真正关心的只有一件事：预期收入（也就是未来的盈利）。公司能赚更多钱，股份就会越值钱，股价也就越高。股价就是公司盈利能力的反映。

假设你想要买下一家三明治店，你最关心什么？作为刚入行的小企业业主，你看中的必然是预期收入。你买下这家店，是因为相信其盈利能让你回本。为了确保自己的推断正确，你会考量多种影响三明治店盈利的因素，例如，银行利率低，还贷数额就小，盈利空间就更大。由此可以看出，你关心利率，其实还是因为它会影响预期收入。你对大宗商品价格的关心也是一样的。石油、奶酪、火腿、面包等商品的价格经常变化。如果油价上涨，食材运输价格就会提高。如果食材成本上涨，店铺的整体开支就会增加。利率下降会增加盈利空间，大宗商品价格上升会减少盈利空间，说到底它们都会影响你的预期收入。消费者信心之所以重要，也在于它对预期收入的影响，消费者如果觉得自己的财务状况越来越差，那么还买什么 8 美元的三明治呢？还是自己在家做点儿花生酱果酱三明治凑合一下吧。三明治店的销售额会因此下降，你的预期收入也会下降。其他指标同理。

注意，此处的关键词是"预期"，过往的收入并不重要。我们再回到三明治店的案例中。假设你和三明治店当前的业主谈判，了解其财务状况。在过去三年中，店铺平均每年卖出2万个三明治，每年收入10万美元。听起来还挺稳定。你打算出价20万美元，如果收入稳定在每年10万美元，第三年你就可以回本了。然而，仅凭账面数字出价并不明智。仔细查看营收状况，你可能会发现，每年有5 000个三明治卖给了某大型企业客户，而这家企业最近破产了。因此，在计算盈利空间的时候，这5 000个三明治的销量不能计算在内，店铺的预期收入也达不到每年10万美元。因此，在谈判中，你的出价也应该相应做出调整。在整个过程中，你最关心的因素说到底就是预期收入。

归根结底，各种经济指标之所以重要，关键在于人们在买卖股票时会判断这些指标（如失业率、利率等）最终是否会影响公司的预期收入。医疗公司去年的收益是多少并不重要，重要的是新推出的医疗改革法案会对其未来的收入有何影响。星巴克去年的收益是多少也不重要，重要的是麦当劳推出的精品咖啡是否会对前者造成冲击。通用动力公司去年售卖给政府的军用物资为其带来多少收益并不重要，重要的是全球范围内的军事冲突是否会持续下去。

正因如此，在 2008 年美国全面进入熊市时期，投资者购买了沃尔玛股票。在他们看来，消费者需要节省开支，尽可能地购买平价的日用品，因此沃尔玛的预期收入将会增加；同理，专注于高端百货的诺德斯特姆公司股价会下跌。麦当劳的股价走势较好，是因为投资者认为消费者出门在外会选择经济实惠的餐食；同理，芝乐坊这类高端餐饮连锁公司的股价会下跌。不过，酒类公司的股价走势也比较乐观，因为人们在难过的时候会喝酒（当然，人们高兴的时候也会喝酒，所以说酒业被认为是"抗经济衰退"行业）。

还有什么其他有意思的现象吗？股市一般在经济衰退期结束前就开始走高。市场关心的并不是当下发生了什么，而是公司未来的收入将会如何。股市下跌，因为投资者认为公司未来的收入会减少；股市上涨，因为投资者相信经济环境向好，公司未来的盈利会增加。[1]

---

[1] 当然，实际情况会更复杂，因为投资者总是在比较股市的未来收益以及他们在别处可获得的收益。比如，如果 10 年期国债的收益率是 10%，那么股市中的资金可能会哗啦啦地流向债券市场。

当然，预期收入的判断受到很多因素的影响，市场表现在短期内不一定符合预判（但是长远来看两者基本保持一致）。比如，你可能在各种条件都很完美的情况下购买了三明治店，但是也许会有一些意外状况影响其盈利，比如店铺所在区域的犯罪率上升，道路施工阻碍了进入店铺的通道，最近流行的瘦身餐饮方法禁止食用面包，等等。就算经济环境非常乐观，也有可能突然发生飞机撞大楼的意外。不过，虽然三明治店可能会在一瞬间一文不值，股市却非常坚挺。

纵观历史，无论情况有多糟糕，美国的顶级公司（标准普尔500指数）最终都找到了一种不仅赚钱，而且可以比以前赚更多钱的方法，每次都是这样。而且，股市总是会继续关心收益。

人类究竟会走向何方？

我和很多专家一样，认为人类的前景会更加光明，本章开头也展示了人类社会一直在向上发展的趋势。所以，当下可能是历史上成为投资者的最佳时机。

人类的发展势不可当，而且发展趋势不是线性的，是指数级的。有一个著名的案例：1975年，效力于柯达公司的24岁工程师史蒂芬·沙森发明了世界上第一台数码相机。这台数码相机重达8磅（约3.63千克），拍摄一张分辨率为0.01像素的照片需要23秒，而且照片只能在大型电视屏幕上显示。他的上司对此不屑一顾。在《纽约时报》的采访中，沙森说道："当时他们坚信，人们绝对不可能喜欢在电视屏幕上欣赏照片。"

沙森没有放弃努力，每一年，他的照片分辨率都会翻一番，模糊的照片一点点清晰起来。但是，公司高层仍然不为所动，他们根本没有理解复利的力量：

任何东西翻10番，增长就超过了1 000倍；

翻20番，增长超过100万倍；

翻30番，增长超过10亿倍。

这是技术进步的规律，这也解释了为什么苹果手机拍出来的照片可以媲美专业摄影设备的作品。在沙森发明数码相机的18年后，柯达公司才终于将业务核心从胶卷转向数码技术，但显然为时已晚。索尼、苹果等公司更果断地投入新技术革命，成为同行中的佼佼者。之后的故事大家都知道了。

现在，我们又将迎来许多极具变革意义的指数级发展技术。在普通人看来，它们可能就是20世纪70年代柯达公司眼中的数字摄影技术，但这些技术正在悄然改变投资的大局和人类社会。

例如，在过去20年中，人类关于人体的了解已经超越了历史总和。这些知识正在转化为技术上的巨大进步，更有力地遏制疾病传播，为医疗健康领域带来前所未有的变化。基因编辑技术也在取得进步，极有可能消除疟疾等疾病的传播途径，这意味着每年可以有100万人（其中大部分是儿童）免于死亡，3亿多人免于感染。干细胞研究领域也出现极大进展，大力推动了再生医学的进步，未来医生们也许能利用病人身上的组织重造新器官，替代受损的器官，进一步延长病人的寿命并提升其生活质量。

振奋人心的创新成果也在改变人类获取食物与水资源的渠道，减少人类的生态足迹。当前，美国人每年消耗260亿磅（约118亿千克）肉类。每头牛需要消耗11 000加仑（约41 640升）水，牛类养殖带来的温室气体排放在总排放量中占15%。畜牧业占据了近80%的全球农业用地，然而仅仅提供了不足20%的全球食物热量供给。我当然喜欢吃牛排，但是我也能清晰地看到，当前的发展模式从环境角度和经济角度来看都不可持续，无法满足70亿（而且这个数字仍在增长）地球人的生存发展需求。现在已经有公司研发出"人造肉"（市场部门还在努力策划更好的产品名称），这意味着只需依靠少量动物细胞就能生产出营养高、口感好、味道棒的肉类产品。更具可持续性、更富有人文关怀的食物供应链离我们不再遥远。

类似的创新技术也正在改变生鲜市场。一直以来，超市和餐厅中的水果与蔬菜的供应地都在千里之外。据估算，餐厅一顿饭的成本有一半是食材的运输费用。如果生鲜产品能够由本地供应，不受季节和气候的影响，那么是不是很棒？很多公司都在朝着这个方向努力，当前已有技术能在占地仅1英亩（约4046平方米）的封闭式全自动空间中种植30英亩的粮食和蔬菜，不仅如此，这种新型"农场"的耗水量仅为普通粮食种植耗水量的5%。在发达国家，该技术能够给人们带来更丰富、更便捷的食品选择；在世界范围内，它将有助于缓解粮食短缺问题，尤其是在传统农业受到恶劣气候影响的地区，这个消息更振奋人心。

当今世界面临的主要威胁不仅仅是粮食短缺。虽然社会有了巨大的发展和进步，但是当前全球范围内仍有超过10亿人无法获得清洁的水源，每年有上百万人死于水源性疾病。清洁用水对生活的方方面面都有连锁性的影响：用水清洁会改善人们的健康状况，让他们有更多时间投入教育以及其他活动。非洲女性每年共计要花400亿小时步行去各处取水。如果把每次取水的时间从4个小时减少到4分钟，那么当地的生产力将会有多大的提升呢？有的公司已经变革了挖井或者加装过滤系统等传统方式，转而利用空气中的水蒸气提供清洁用水。目前，这项技术每天可以从空气中获取超过500加仑（约1 893升）的清洁用水。人们有了清洁用水，就有了更大的自由！他们将不再受那些水源性疾病的困扰，可以用上冲水马桶，上学，找工作，自己创业，进而为全球经济做出贡献（从而提升全球生产力水平和财富水平）。

蜂窝通信不断提速，5G技术的广告已经遍布整个美国。新技术将会使手持设备的无线网速超过办公室或者家中有线网络的速度，人们在度假的时候，通过手机就可以畅快地享受喜欢的电视剧，但这项技术的影响远不止于此。所有的大陆都将快速地接入互联网，享受其中的一切，而且在某些地区，这是人们第一次进入网络世界。儿童将会获得前所未有的信息和教育资源。企业家将会触及更多受众，获得更多工具，消除进入全球市场的阻碍。高速的网络会让更多新技术，比如增强现实、虚拟现实、4K流媒体等，得以普及；同时也会让人工智能得到更广泛的应用，让机器学习进一步惠及人们的生活。

谷歌首席执行官桑达尔·皮查伊说过："人工智能是人类社会当前最重要的努力方向之一。其影响的深远程度将会超过电和火。"

就在此刻，我们见证着科幻小说一步步成为现实。19世纪，法国著名科幻小说家儒勒·凡尔纳在文字中畅想潜水艇、新闻广播、太阳帆飞船、登月舱、空中文字、视频会议、泰瑟枪，以及可以降落在海上的飞机。彼时的幻想现在都已成真。

面对异彩纷呈、不可估量的未来发展前景，此处的讨论仅仅是皮毛。许许多多的技术，例如机器人、自动驾驶汽车、无人驾驶客机、3D打印、区块链等，都在给人类社会带来极其深刻的影响。总而言之，人类即将走向的未来振奋人心，因为当前的创新速度已经达到了历史最高峰。如果你对这个话题有兴趣，那么我推荐你阅读马特·里德利的《理性乐观派》以及彼得·戴曼迪斯的《富足》。

别忘了，市场关心的是什么？预期收入！12亿人将会脱离贫困，进入中产阶层。30亿人将会进入互联网，享受高速网络带来的一切。全球将会迎来一拨又一拨新的消费者。买苹果手机，穿耐克运动鞋，吃麦当劳，逛优衣库，使用社交平台，观看网络电视，搭乘网约车，这些都会成为他们的生活。还会出现更多的公司，提供新的商品和服务。下一个谷歌、下一个苹果、下一个脸书正在静候时机，引领人类发展的进程！

结合上述人口数据以及本章谈及的指数级发展技术，你就会明白，为什么这是人类历史上成为全球多元化长线投资者的最佳时机。你再也不用盲目地做出选择，然后祈祷你选的公司转身就成为价值数十亿美元的"独角兽企业"。相反，你可以拥有所有顶级公司的股份，这些公司也自然会进一步上升发展（后文我会详细介绍原因）。切莫被对未来的恐惧压制。恐惧对谁都毫无用处，尤其是对你。

让我们踏上通向财务自由的路径，一起开启这段旅程。让对未来的憧憬成为你的动力！

第三章

人性需求与投资决策

托尼·罗宾斯

大脑也有自己的思路。

——俗语

我有一位不愿透露姓名的好朋友,同意我将他跌宕起伏的故事在此分享给大家。我们暂且叫他杰森吧。

杰森是个特别聪明的人。21世纪伊始,他一手创办了自己的广告公司,大获成功。杰森对公司的成功感到十分自豪,作为公司的领导,他很清楚自己的眼界和水平,换言之,他对自己的领导能力有着极大的"确定性"。团队成员对他也充满信心。2004年,杰森以1.25亿美元将公司卖出,这再次印证了他的商业头脑和业务能力。当时的他才40岁。当然,他现在已经拥有了更多的财富,但那次出售对他来说意义尤其重大。他击败了竞争对手，可谓大获全胜，向自己和所有人证明了他具备出色的商业能力。不久之后，杰森从纽约搬到了拉斯韦加斯，这是一座为年轻的富豪量身定制的城市。无论走到哪里，他都会得到隆重的接待，功成名就的感觉油然而生。

没过多久，杰森的创业欲望又开始躁动起来，这次他决定进军房地产行业。不过，他并不打算随便炒炒房。这一回，杰森决定倾其所有，开发三栋豪华的公寓大楼。在他看来，没有接触过房地产行业根本不算什么事，自己作为商业大亨，还能有不成功的时候吗？

短短 12 个月，工程进展得如火如荼，零首付的公寓卖得特别快。豪华的开盘派对吸引了不少出手阔绰的明星，其中有人买下了顶楼大平层。当时是 2006 年，经济形势大好，杰森的身家也一路攀升至 8 亿美元……当然，这是市场估值。

在某次活动中，我遇到了杰森。当时我和他坐下来认真地谈了谈，建议他采取多元化投资策略，保护好自己的资产。然而，杰森并没有听进去，反而想劝说我买下一套公寓，认为"肯定会升值"。

"别把所有筹码都投进去。人要未雨绸缪。不能把所有鸡蛋放到同一个篮子里。"我用了所有能用的比喻，但杰森并没有接受我的建议。当时的他已经沉迷了，不是沉迷于酒瘾、毒瘾，而是沉迷于一种特殊的"情感需求"。杰森觉得自己已经无所不能，就要成为身家 10 亿美元的"那个人"了。"身家 10 亿美元"又是一个重要的里程碑，意味着更高层次的"功成名就"。他后来回忆："每一天都是那么新鲜刺激，新的选择、新的经历、新的重要关系、新的销售额、新的机会……不断增长，不断扩张。"

看到这里，你可能已经猜到了结局。2008 年，金融危机席卷拉斯韦加斯的房地产市场，对其造成的冲击超越了美国其他所有城市。到 2010 年，65% 的房屋市值已经跌破贷款金额。这还只是"冰山一角"。经济衰退的阴影吓跑了几乎所有杰森的买家，还未完工的公寓人去楼空。杰森的身家变成了负 5 亿美元。没错，他还向好几家银行贷了款，它们都在盯着他还债。

与大家分享这个故事，不仅是想说明分散投资的意义，更重要的是想展示人类大脑的思考方式，以及情感需求为何会战胜理智，阻碍人们走向财务自由。回看当初，杰森也认识到，他的情感需求确实取代了他作为商人的决策理性。当然，有人可能会把杰森的成败归咎为盲目贪婪，但我可以确定，人类的大脑，包括你的、我的，远比"贪婪"二字复杂。如果不理解自己的情感需求，在通往财务自由的道路上，我们就永远不可能掌握主动权。

人性需求根深蒂固

在投资理财行业中,我已有将近40年的经历,帮助过许多人改变自己的人生。在世界各地举办的活动中,我的观众累计超过400万人。我有幸与这些人互动,并因此广泛而深刻地体会到了人性的复杂。从公司总裁到职业运动员,从行业泰斗到贫困儿童,我用独一无二的视角从他们身上发现了跨越年龄、地域、文化、社会地位的普遍行为模式。简言之,人类有着同样的基因,虽然每个人的愿望与经历各不相同,但是人类的生存本能、行为动力、情感召唤都源于大脑最基本的六大需求。我的朋友、本书合著者彼得·默劳克也表示,他在与客户探讨投资动机和决策的时候总是会谈到这些需求。

正是这六大需求让我们成为现在的自己,成为将来的自己。它们普遍存在于人性之中,人类为何行动、为何渴求,甚至为何沉溺,都源自这些需求。没错,这些需求既可能是一种向善的力量,也可能是一种毁灭的力量。所有人都有这些需求,只是顺序不同。人们会通过不同的方式满足自己的需求,这些需求能否被满足,也就决定了人生是否有满足感。

希望本章的内容能够让大家了解这些需求的基本框架，厘清自己人生的需求排序，判断自己满足需求的方式是否有效，同时也可以分析自己在追求财务自由的过程中会受到哪些需求的阻碍。

有的人真的穷得只剩钱了

你可能想说："我的情感需求和财务自由有关系吗？你就说怎么挣钱的事吧！"那么，请你回答一个问题：你为什么要积累财富？应该不是为了收集纸币吧。那到底是为了什么？是想拥有安全感？还是想放手去做想做的事情？是想拥有独一无二的身份地位？还是想为社会、为他人做出贡献，创造更深远的影响？也许都是。这些都是人们追寻的感觉，源自人类的基本情感需求。

在追求财务自由的过程中，我们必须认识到自己的本能并对其进行管理，这样成功的概率会更大！在探讨人性六大需求的过程中，我会分享一些真实人物的小故事，它们均来自我在从事个人理财业务时的所见所闻。这些故事从多个角度展现了人们的情感需求为何会对财务决策带来正、负两方面的影响。

由我来向大家介绍你们的需求吧

需求一：确定性

> 我不知道世间有什么是确定的，但我只要一看到星星，就会开始做梦。
>
> ——文森特·凡·高

人类对于确定性的情感需求也许根植于大脑中的求生机制。人类需要自我保护，因此规避风险就成了数百万年进化之后人性的"第一要务"。但是在投资中，冒险是必不可少的一部分，因此，在情感上对确定性的过度需求可能会导致糟糕的投资决策（例如，将所有积蓄藏在家中，或者在市场稍有动荡的时候就出售所有股票）。

在追求财务自由的过程中，如果对于确定性的情感需求占据了主导地位，投资者就可能极大地限制自身行动。对于确定性的需求会让人想要躲避一切风险，最终也错过了成功的机会。不过，在合理的情境中，对于确定性的需求也可能是扭转局面的关键因素。如果能够明确市场的运作规律，掌握应对市场风险的方法，在追求财务自由的过程中你就会更加得心应手，目标也更加清晰明了。

在以下情境中，对确定性的情感需求带来了什么影响呢？

- 2008年金融危机之后，作为婴儿潮一代的投资者甲于2009年退出市场，不敢轻举妄动，守着现金一直观望，期盼能够等到一个更好的投资时机。于是，她错过了历史上历时最长的牛市，也错失了提前退休的好机会。
- 一对儿夫妇刚结婚不久就已经对未来做好了规划，两人缴纳档位最高的养老金，为孩子上大学存学费，通过房地产金融投资做好了风险防范措施。他们身边的很多朋友都是挣多少花多少，完全没有计划，而他们却拥有了一种踏实的感觉。
- 投资者乙执着于万无一失的"保障"，只选择定期存款和国债。但是，因为不想选择风险稍高的高收益率产品，他实现退休目标的可能性大幅下降。心理需求超越了他的财务需求。
- 一对儿中产夫妇不买奢侈品，购物比较节省，工作后将每年收入的25%存起来（丈夫在政府部门工作，养老金有充分保障）。当两人退休时，养老投资组合的金额达到7位数。
- 一对儿夫妇的养老金储备已经远远超出实际所需的水平，

但是两人依然从不外出度假，从不在外喝咖啡，就算一直很想要某款高档汽车，最终还是连租都没有租。结果呢？巨额财产被孩子们继承，他们花起来可不会心疼！

我的问题是：确定性对你追求财务自由有多深的影响？是刚刚好？还是太深或者太浅？

重要提示：对于确定性的合理追求无可厚非，但是让确定性成为投资的主导因素必然会导致失败，因为世界上只有一样东西可以确定，即人生本身充满各种不确定性。

需求二：变化

变化是生活的调味料，有变化的生活才有滋味。

——威廉·柯珀

生活因变化而多彩。变化也能帮助你建立情绪应对能力，让你知道无论生活中发生什么，你都可以面对。自发性是这种情感需求的另一面，它能够激发人们的好奇心和冒险精神。前面提到过，所有人都会有人性的六大需求，只是程度不一，因此，你也可以尝试判断一下自己更看重确定性需求还是变化的需求。你可能总是想过随遇而安的生活；可能很讨厌做计划、列任务清单；也可能有点儿像"控制狂"，总是想要掌握投资的结构、可预测性以及所有规则。

在以下情境中，对变化的情感需求带来了什么影响呢？

- 投资者丙总是想要抢在别人之前找到"带感"的投资方向，使之成为可以让自己在社交晚宴中滔滔不绝的谈资。他非常喜欢做调研、阅读文章，这都是为了找到下一个投资灵感。
- 一对儿夫妇总是费尽心思地规划假期行程，但从来不花时间审视自己的财务状况。他们的收入主要用来还信用卡，401（k）退休账户的缴费额度很低，因为他们觉得钱还是当下就花比较好。
- 一个赌徒觉得，为了实现财务自由，自己一定要拼一把，于是他总是急于下注，长期承担过大的风险。

重要提示：如果你觉得自己对变化的情感需求非常强烈，它甚至成为你日常生活的主要动力，那么你容易形成喜新厌旧的习惯，对人对事都是如此。

需求三：意义

> 生命的意义不仅仅是活着，而是我们给别人的生命带来了何种不同，这决定了我们人生的意义。
>
> ——纳尔逊·曼德拉

人们希望感受到自己的重要性、独特性，希望知道自己存在的意义、自己可以做的贡献。这种情感需求总是以很多美好的形式表现出来，类似于伴侣或者朋友的情谊会让人感受到自己的可爱与珍贵。人生意义会表现在人生的使命、选择的工作、追求的社会标签中。不论是成为能力出色的家长，还是成为温暖贴心的伴侣、无可替代的朋友，或者仅仅是降生在地球上，都可能让人感受到自己的特殊意义。

当然，有一些意义的彰显非常浅薄，也往往令人缺乏成就感。最突出的一个例子就是通过购买东西来凸显意义：有的人可能会选择购买橘黄色的兰博基尼跑车，在每一个红绿灯路口鸣笛；有的人会选择购买丰田普锐斯轿车，因为混合动力车型显然更能体现出车主的社会责任意识（其实这两种人都希望自己的选择具有意义，也希望体现出自己的特殊意义）。有些人想通过文身或者眉环、唇环等各种装饰凸显自己，有些人则会选择奢华的高跟鞋和大牌包包。

有些人可能会通过一些更加隐晦而有害的方式来获得意义，比如总是强调自己存在某种问题，甚至很多严重的问题，这种情况又叫"受害者心态"。我不止一次说过，当今社会最令人上瘾的不是某种物质，而是人们的问题。你身边总有那样的人，每次谈话总是要将话题扯到自己身上，抱怨生活的不幸，对生活的馈赠视若无睹。在他们的"受害者心态"中，自己的行为总是理所应当的，他人的表现总是不妥的。社交媒体进一步放大了这种恶劣的品质。这些人从来不会将自己的伤痛转化为真正的动力。谁没有伤痛呢？有趣而坚强的人会认为，生活掌握在自己手中，要做生活的主人。他们并不用伤痛标榜自己的身份，而是将其化作自己的动力。

对于意义的情感需求，我们要小心对待。如何获得意义感对拥有长久的成就感、建立良好的人际关系以及实现财务目标来说都至关重要。

在以下情境中，对意义的情感需求在追求财务自由的过程中有什么影响呢？

- 一个人总希望自己比别人聪明，他看了海量的财经报道，决定成为"选股人"（对大多数普通投资者甚至专业人士来说，这都不是一个好的选择）。他非常喜欢向自己的高尔夫球友炫耀自己赚钱的股票，对亏钱的那些倒是只字不提。

- 一位千禧一代的朋友选择不参与任何市场投资。他觉得"资本家"和华尔街都不是好东西，当然，这种想法顺理成章地让他忽视了自己的财务安全。
- 一个人将自己的精神追求和财务知识混为一谈，认定钱是万恶之源（所以有钱人也是恶人）。她坚信自己不会为钱而忧心，到头来却担心自己可能一无所有。这里我想多说一句：贪财是万恶之源，但钱财本身不是。
- 一个人觉得民众都是被政府蒙蔽的傻子。他将所有的积蓄投资于某个名称听起来很厉害的加密货币，坚信这是通往"去中心化的未来"的唯一路径，还不厌其烦地向朋友宣扬自己的信念。

重要提示：用肤浅或者扭曲的方式追求意义，最终必然徒劳无功。所有的情感需求，如果以不良的方式得到满足，那么必然会成为束缚自己的牢笼。对意义的情感需求得不到理性调节，可能会让人变得极端自恋、目中无人、自私自利，不愿意为长久的关系奉献。

需求四：爱与联结

> 世界上最美的事物，看不到也摸不着，必须用心去感受。
>
> ——海伦·凯勒

爱是灵魂的氧气，是人心之所向。我们生来就希望获得无条件的爱，也可以本能地感受到这一点（所以，关于爱情的歌曲和电影，大家总是听不腻，看不烦）。爱有很多种，可能来自伴侣，可能来自父母，可能来自密友。爱也能够成为强大的联结——一种与爱有所不同的感觉。人可以感受到自己与自然相连，与某个故事相连，与某一首歌相连，这种联结会让人觉得世界很美好。当然，最关键的是人可以感受到自己与自己相连，与自己的情感需求相连，守护自己的内心世界。

在以下情境中，对爱与联结的情感需求在财务方面带来了什么影响呢？

- 两个好朋友都喜欢购买高档品牌时装，她们定期一起购物，买到负债累累。她们甚至为自己信用卡的颜色感到骄傲，因为毕竟不是所有购物狂都可以得到超高额度的信用卡。（注意，她们的行为也体现出了对意义的情感需求。）

- 一对儿夫妇共同确定了不同阶段的财务目标，每实现一个目标，他们就会互相准备惊喜，比如一起外出度假，或者送对方有情调的奢侈品礼物。
- 一位投资者的股票经纪交易商是他的大学同学，对方向他销售金融产品，赚到了大笔佣金。他害怕失去同窗友谊，一直不敢下定决心换一位能够担负"信义义务"的股票经纪交易商。

重要提示：人们对爱有强烈的渴望，为了得到爱，总会采用形形色色的方法。有些人惧怕别人看到真实的自己，惧怕得到真正的爱，以为社交网络上的"友谊"、与陌生人的"亲密"就是爱，其实那些只是爱的廉价替代品。上述四种需求属于基本需求，下面的两种需求来自更深层的自我，它们在我们的成长过程中逐渐表现出来。

需求五：成长

成长始于接受自己的弱点。

——让·瓦尼埃

人不是在成长，就是在死亡，这是生命的定律。如果感觉不到成长，财务自由就没有意义。亲密关系需要成长，工作需要成长，精神与信仰也需要成长。思维需要成长，财富也需要成长。成长可以让我们对他人有所贡献，这种贡献可以是金钱，但是更重要的是自我奉献——付出自己的爱与智慧。

我人生中的一次经历正是完美的例证。我在以前的作品中提到过，我小时候家庭并不富裕。11岁那年的感恩节，家中的橱柜已经快空了。面对捉襟见肘的窘境，父母之间的矛盾一触即发。突然，外面传来了敲门声，"天使"降临了，一位提着各种生活物资的"送货员"来到我家门前。他说，那些东西是某位朋友送给我们的礼物。我和兄弟姐妹们一下子就来了精神，但是父亲面子上似乎有些过不去，表示我们"不接受施舍"。"送货员"的态度很坚定，父亲最终不太情愿地收下了东西。当天晚上，我们吃上了丰盛的一餐，这一切都源自陌生人的关心，而我也学到了重要的一课——素不相识的人会关心我，我也应该关心素不相识的人。在我18岁那年，我了解了当地两个困难家庭的情况，于是在感恩节的晚上，我像当年的那位陌生人一样采取了行动。两家人非常感动，虽然我说自己只是送货的，但他们还是给了我大大的拥抱。

在送完东西之后，我坐在租来的车中，泪水夺眶而出。我回想起11岁那年的感恩节，那天本有可能成为我童年最悲惨的回忆，但最终留下了欢乐的记忆，这深深地影响了我。做生活的主人，而不是被生活左右。我想，大家的人生中也有相似的时刻吧。后来，每逢感恩节，我都会给更多的家庭送去食物，慢慢地，我还邀请朋友来帮忙，一起把食物和其他物资装在篮子里。我们把自己的行动称为"篮子小分队行动"。时至今日，我已经成立了基金会，每年都会有数百万人从基金会得到帮助。

2014年，我得知政府要减少发放贫困家庭食品补助券，削减幅度相当于每个四口之家每个月减少21顿饭。也就是说，如果没有私人团体、"食物银行"、非政府组织等机构的援助，可能每个贫困家庭每个月会有一个星期吃不上饭。我意识到这正是自己成长的时机，是时候扩大援助活动的规模了。我和著名的慈善组织"赈饥美国"共同策划了"1亿顿饭挑战"活动！我捐出了之前两本书的收益，又额外增加了捐款，活动的成果远远超出预期，目前我们已经捐助了4亿顿饭！"1亿顿饭挑战"活动也因此更名为"10亿顿饭挑战"。我们现在正在朝着新的目标前进。这是一种贡献，更是一种成长，不论我们的愿景、目标，还是奉献的能力，一切都在成长。

重要提示：我认识一些人，他们在经济层面已经获得了巨大的成功，深信自己已经"抵达"人生巅峰，但如果因此而不再成长，那么他们最终必然感到空虚。

需求六：贡献

> 所得让我们谋得生存，付出让我们创造人生。
>
> ——温斯顿·丘吉尔

正如我在分享中常说的，我坚信领悟生活真谛的秘密就是贡献，超越自我才是人生的意义所在。换个角度说，一个人的人生在于其所能创造的意义。如果你的生活富有意义，你的灵魂就是富足的，这跟你在银行里有多少钱没有关系。意义并非源自苦思冥想，意义源自慷慨的付出——付出时间，付出爱，付出资源，不求回报。当你愿意贡献自己富足的资源时，周围的人都会因你的存在而更加幸福，与此同时，你自己也会成为最大的受益者。

以下故事讲述了贡献带来的力量：

- 一对儿夫妇细心地做了财务规划，用钱很理性，因此存了一笔钱。他们把钱慷慨地捐赠给当地教堂，还资助了孙辈的大学学费。他们还在空闲时间到当地的儿童医院做志愿者，退休生活过得充实而富有意义。

- 一个四口之家每年都会共同商议当年的家庭捐款计划，每个人都可以提建议。孩子们会选出最喜欢的慈善机构，同时也会负责汇报家庭捐款最终用于哪些慈善活动。家庭培养了孩子们乐善好施的品德，这必定会持续影响数代人。
- 一位老人原本决定在自己去世之后捐出所有财富。彼得告诉他，及时相助比身后留名更好。老人被说服了，开始向当地慈善机构捐款，亲眼见证自己的捐助成果，他无比感动，真实体会到了乐善好施会让生命更有意义。

重要提示：给予是一种需要训练的能力，现在的你如果连一美元都不愿意捐，那么将来更加富裕的你也不会捐出 100 万美元、1 000 万美元。开始训练自己的给予能力吧，享受付出带来的快乐！

杰森，握住命运的方向盘！

还记得前面提到的杰森吗？就是那个后来在拉斯韦加斯做房地产生意之后负债 5 亿美元的杰森。当然，我们不要妄下判断，先来看看上述六大情感需求在他的投资行为中是否出现。

他是不是因为迫切追寻意义而被蒙蔽了双眼？没错！成为"罪恶之城"最炙手可热的开发商，这个故事从一开始就注定了结局。杰森以九位数的价格卖出了自己的公司，彼时的他对自己的商业能力有十足的把握（但是他没有意识到这种自信是错位的，因为房地产是他从未涉足的领域）。到了拉斯韦加斯之后，刚刚进入房地产开发领域的杰森觉得一切都是那么新奇有趣又充满挑战，派对多多，推广活动不断，这满足了他对变化的需求。同时，他也在活跃的社交环境中与潜在的房屋买家进行互动，获得联结。

我经常发现，当两三种情感需求同时得到满足时，人们很容易产生上瘾的感觉（这种感觉有好也有坏）。在本章列举的每个故事中，都有六大情感需求的至少一项在产生极大的影响。其实，各个情感需求还会相互影响，它们在人生的不同阶段，随着时间的推移此消彼长。关于这些内容，可能再写一本书都说不完，类似的故事也不胜枚举。但是，更关键的问题在于，六大情感需求对你本人有何种影响？到底是什么需求推动你追求财务自由或者阻碍你前进？哪些需求应该得到重点关注？哪些需求需要放一放？

只有理解个人的动力源自何处，才能打破对自己的限制。对需求有效地排序，有助于获得成就感。我在自己的生活中发现，真正的自由超越了基本的情感需求，它是指通过努力来获得成长，做出贡献，满足更高层次的需求。财富带来的一切（车子、房子等）会让我短暂地快乐，但是，只有当我决定朝着超越自我的挑战前进时，我才会拥有源源不断的动力，随之而来的是持续享受快乐的能力。当年，在我设立"10亿顿饭"的目标时（目前我们已经捐助了超过4亿顿饭），我觉得任务十分艰巨，需要付出极大的努力。我在承诺为25万人提供终身清洁用水的时候，也有同样的感受。我知道，如果我无法提供支持，有些孩子就可能面临死亡，沉重的现实就在眼前。宏大的目标让我重新审视自己的财务状况和投资状况，那已经不再是屏幕上的一串串数字，而是无限的机会——去给予，去支援，去孕育，去培养，将我对他人的爱、对生命的感激化为有形。

在通向财务自由的旅程中，不要忘记满足情感和心理需求的初衷。我遇到过很多人，他们的财务状况稳稳当当，但仍然未能真正拥有财务自由。他们在钱财上无比富足，在情感上却极度贫乏，没有快乐，没有成长，没有贡献，家财万贯却一无所有。

因此，每个人都应该设定可衡量的财务目标，与此同时，确定自己在追求目标的旅程中想要体验何种情感（比如感恩、振奋、慷慨、热忱等），而且这些情感应该是你当下就能体会的，而不是需要以某个数字作为终点来衡量的。财务自由的创造部分源于当下的心态，与经济因素无关。当然，你需要正确的策略（这也是本书的写作目的），但是个人的思维、愿望，以及管理情感需求的意志将最终决定财务自由的程度。

彼得已经让大家一窥未来，现在就由我来帮助大家厘清自己的思维，思考在财务自由的旅程中应该如何选择同伴。

第二部分

规划路径

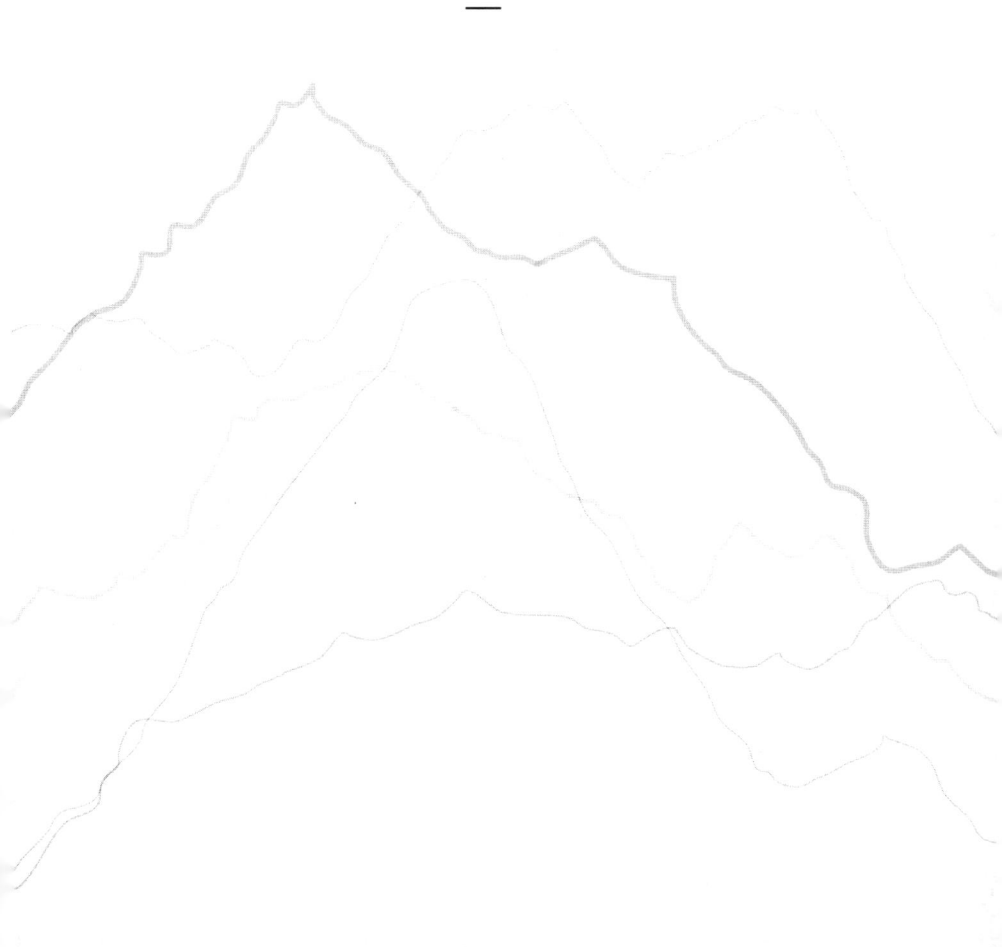

第四章

如何选择投资顾问?

彼得·默劳克

旅途有好伴,千里不觉长。

——土耳其谚语

通向财务自由的道路很漫长,它的起点是你的第一份工作(包括学生时期的兼职),终点是你留给后代的经济遗产。在这条道路上,你可以选择独自前行,也可以选择和投资顾问同行,这取决于你个人的想法和具体的财务需求。当然,经验丰富的登山者都知道,攀登珠穆朗玛峰最好还是要有向导,不然风险极高。有些人本身就爱做长期规划,博学多闻,了解市场,也有充裕的时间研究投资,他们可能会选择独自追求财务自由;也有一些人会因为各种原因寻求投资顾问的帮助。在下文中,大家将会了解到,是否正确选择投资顾问将会决定你在攀登财务自由高峰时到底是一举登顶，还是在待冲顶的大本营附近来回游荡。

半数美国人都有投资顾问。有的人认为，高净值人士往往精通财务，更有可能选择独自规划财务自由路径。其实，一个人的身价越高，越有可能寻求投资建议。高净值人士往往更清楚哪些是自己不熟悉的领域，也更明白投资对财务的长远利益至关重要。

我与数千个高净值家庭有过接触，他们大部分都认同以下观点中的一个或多个。

- 尊重投资顾问，相信合适的顾问能够给自己带来更大的收益。
- 避免重大的投资错误非常重要。
- 重视自己可能无法直接接触的投资途径。
- 从非投资性规划建议中获益，常年雇用律师、咨询师、税务顾问。
- 重视时间的价值，不希望因走弯路而耽误时间。
- 希望投资顾问在持续性事务中成为自己或家人的资源。
- 在自己无行为能力或者离世的情况下，希望投资顾问能够确保建议的连续性。

许多美国人会等到拥有可观的资产后再来找人指导他们投资。错！这就像登山到半途，却发现自己可能要原路返回。为什么不在启程的时候就向无数次登顶的前辈请教呢？在财务自由的旅程开始前规划好路线，从长远来看，会大大降低时间成本和经济成本。[1] 当然，针对10万美元资产的理财建议不可能比针对100万美元资产的投资建议更具增长空间，但是，尽早选择称职的顾问对实现财务目标至关重要。所有人在追求财务自由的过程中，都必须尽早知道这些问题的答案：哪些债务应该首先还清？养老金账户应该选择哪个缴费额度？孩子上大学要提前准备多少钱？诸如此类的问题，顾问会十分乐意解答。

高净值人士可能会毫不犹豫地选择顾问的协助，净值一般的人可能会比较犹豫。其实，人们都至少应该先获得优质[2]的建议，确保自己走上了正确的实现财务自由的道路。

大部分咨询弊大于利

是否雇用顾问是个人的选择。如果决定雇用，那么你一定

---

[1] 你可能还未将自己视为投资者，然而，将其纳入你对自己身份的定位十分重要。
[2] 注意关键词"优质"。很多顾问提供的咨询建议中服务自己的成分大于服务客户的成分。

要提前做好调查，找到称职可信的专业人士。告诉大家一个金融服务行业的秘密吧，其实大部分顾问提供的服务弊大于利。

大部分顾问基本上都可以被划入以下四类：

1. "保管"[1]客户的资产，以此作为日常业务的一部分。
2. 打着理财幌子的销售人员。
3. 因为能说会道吸引客户，但其采用的投资策略对客户的财务目标不利。即便知道这种方式不能持久，也依然坚持，或者根本不明白自己的所作所为。[2]
4. 称自己为"财富经理"，能够为客户提供全方位的财务咨询，但其实只是"金钱经理"，目的在于销售某个基金组合，不同之处只是会与客户不定期碰面，沟通该基金的投资状况。

在寻找顾问的过程中，你需要关注很多因素。从利益冲突、资金监管、能力评估以及定制化水平四个方面衡量，可以筛除90%的"备选"，更有可能找到称职的顾问，降低被坑

---

[1] 这里的"保管"是一个华丽的词，即"管理"的意思，指的是资产在何处或以何种方式被持有或操控。例如，"伯尼·马多夫拥有（某资产的）完全管理权。"
[2] 估计又有一些投资顾问要发邮件来骂我了。

钱、被迫购买产品或者走弯路的可能性。

投资顾问选择标准之一：利益冲突

> 利益冲突：处于信托岗位时，个人利益与岗位职责之间的冲突。
>
> ——《韦氏词典》，第十一版[1]

理财顾问骗人的方式有千千万万种，这个行业还能坚持到现在，确实令人震惊。人们向专业人士寻求建议，结果却可能比刚开始时更糟糕，没有哪个行业能恶劣到这种地步了。这句话会激怒业内的许多人，但现实就是金融服务业已经崩溃了。还有一句话也会激怒很多人，那就是"如果你现在雇用的是那类典型的投资顾问，那么有顾问还不如没有"。

原因很简单，绝大多数的投资顾问和客户的立场并不一致。许多顾问只要向客户销售某些特定产品就会得到更多的报酬；有些顾问没有为客户的最佳利益服务的信义义务；还有一部分顾问所在的企业会销售自己品牌的基金产品。如果你的情

---

[1] 例如，金融服务岗位。

况与之吻合，你现在就去寻找新的顾问吧，越早越好。那么，如何识别投资顾问（尽管这个人可能看起来还不错）是否与你有利益冲突？我将用三个测试解答这个问题，看看你的投资顾问能否通过这些关键测试。

测试一："你是投资顾问还是经纪交易商？"

不是所有投资顾问在提供投资工具时都会考虑客户的最佳利益，他们并没有遵照信义义务的标准执业，很多消费者被误导了。

——全美个人理财规划师协会

90%的美国人认同（76%的美国人强烈认同），投资顾问在提供投资建议时，应将客户的利益放在首位，阐明所有可能影响其建议的利益冲突。我也觉得这听起来很有道理。讽刺的地方在于，90%的投资顾问不需要以客户的最佳利益行事。此外，在美国法律中，投资顾问对客户的各类责任的规定并不清晰。我们就从一些定义开始，对顾问进行分类。

投资顾问的定义

1940年，美国通过《投资顾问法》，其中将注册投资顾问（RIA）定义为"以获取报酬为目的直接或通过出版物就证券市场提供意见、推荐、报告或分析的个人或公司"。简言之，投资顾问提供建议，将其收取的费用作为其专业知识的报酬。

投资顾问应该遵循信义义务标准。就像医生或注册会计师一样，投资顾问对客户承担信义义务，这意味着投资顾问有基本义务始终以客户的最佳利益行事。投资顾问还必须披露所有的利益冲突，不得从事向个人利益或者公司利益倾斜的交易。你可能会觉得，这不就是常识吗？但我敢保证，这在现实世界中并不常见。

经纪交易商的定义

美国《1934年证券交易法》将经纪交易商定义为"任何从事为他人的账户进行证券交易业务的个人"。经纪交易商的核心工作是购买和出售投资产品。有的人可能认为，从定义上看，很容易区分经纪交易商和有信义义务的投资顾问，其实并没有那么简单。事实上，近年来的立法工作让对两类职业的区分变得更加困难。我们先来看看过去的情况。

一直以来，经纪交易商被要求遵守所谓的"合适性标准"，即法律不要求他们以客户的最佳利益行事，只要求他们提供被认为"合适"的建议或交易。例如，他们可能会向客户推销一种对个人收益有利的产品或基金，但其实还存在成本更低或业绩更好的产品选择。这种情况是完全合法的，因为这就是"合适性标准"。想想你上一次想要仅仅"合适"的东西是什么时候呢？[1]

2019年，美国证券交易委员会尝试通过引入"最佳利益规则"来改善这种情况。也就是说，经纪交易商提供的建议应符合更高标准，他们被要求在各类情况下以客户的"最佳利益"行事。这听起来很像信义义务的定义，那么，经纪交易商现在负有信义义务吗？答案是否定的。美国证券交易委员会主席杰伊·克莱顿在新规则发布后不久接受美国全国广播公司财经频道采访时解释了这一区别。

信义义务包含了审慎义务与忠实义务。当你对一个人承担审慎义务时，你不能将自己的利益置于对方的利益之上。经纪交易商与客户的最佳利益存在共同因素，但是我们希望大家理解，投资顾问与经纪交易商是不一样的。两者在薪酬获取方面有很大差异。投资顾问与客户的关系是长期的，顾问获取的是

---

[1] 你能想象去餐厅仅仅选择"合适"的食物吗？选择一个"合适"的配偶听起来如何？你愿意得到"合适"的投资建议还是符合最佳利益的投资建议？

季度报酬或者年度报酬，而且投资顾问与客户可能有着组合型的终身关系。所以，投资顾问和经纪交易商与客户的关系是不一样的。希望大家明确这一点。

这正是关键所在。"最佳利益规则"并没有明确定义"最佳利益"！关于如何衡量和执行这一点仍有不确定性，但有一点非常清晰：它不是与信义义务相当的法律标准。该规则明确允许公司"提供专有产品，对产品选择进行实质性限制，或通过报酬机制激励同类产品的销售"。我不知道大家怎么想，但这肯定不符合我个人对"最佳利益"的定义。

到底有什么不同呢？

虽然情况并不乐观，但是美国人心里还有一点儿谱。

近期，一项分析调查的结果体现了美国人对投资顾问的理解，60%的受访者认为，投资顾问服务于公司的最佳利益而不是客户的最佳利益。

所以，为客户的最佳利益服务和为上司的最佳利益服务有什么区别呢？关键在于：如果投资顾问是独立顾问，那么该顾问对客户负有信义义务，受到法律的约束；但投资顾问如果只是经纪交易商，就不受法律约束。对于普通消费者来说，能够清楚地区分这一点并不容易，因为大部分经纪交易商都会故意使用模糊的头衔，比如"理财顾问"。根据《华尔街日报》的报道，超过 200 种不同的头衔，包括"金融咨询师""财富经理""金融顾问""投资咨询师""财富顾问"等，都能与投资顾问扯上关系。难怪美国人对投资顾问不信任！因此，你可能需要多打听打听，并做好相关调查。

现在你可能会问，为什么这些大型银行和经纪交易商想要避免信义义务？原因很简单：销售自有产品，并且从这些产品中获得各种形式的报酬。这些报酬通常非常丰厚。这些公司会披露产品带来的利益冲突（通常是在一份冗长的文件的最后几页），但不会解决这些利益冲突。许多经纪交易商为上市公司工作，这种做法有助于为股东创造尽可能多的利润。

总而言之，经纪交易商不但不需要担负信义义务，而且会游说国会保持现状。你在将自己的财富托付给他人的时候，请务必记住这个现实。[1]

美国有超过 65 万名"金融顾问"，他们中的大多数是经纪交易商。这意味着，大多数金融服务行业的专业人士在管理你

---

[1] 想象一下，你向投资顾问支付报酬，他与自己的公司分成。然后公司又会将收入投入对国会的游说，劝说国会议员不要通过相关法律，让投资顾问以投资人的最佳利益行事。金融行业的情况大致如此。

的钱时，并没有遵循审慎义务的最高法律标准。这不可怕吗？你可以通过询问以下两个关键问题来了解你的顾问是不是经纪交易商。

1. 你是经纪交易商还是投资顾问？正确答案：只是投资顾问。

2. 你是否在证券交易委员会或金融业监管局注册？正确答案：只在美国证券交易委员会注册，未在美国金融业监管局注册（如果双重注册或只在美国金融业监管局注册，就说明他是一个经纪交易商）。

现在，我们已经排除了大约85%的金融顾问，让我们进一步缩小范围。[1]

测试二："你真的是独立顾问吗？还是有时是，有时不是？"

双重注册的顾问都是"披着羊皮的狼"。

到目前为止，我们已经将金融咨询顾问分为两个主要类

---

[1] 请注意，我不是说所有的经纪交易商都是坏人。这与现实情况不符。有道德的和不道德的经纪交易商都存在，就像有道德的和不道德的投资顾问都存在一样。我只是说，你至少应该要求自己雇用的人负有信义义务，在任何时候都以你的最佳利益行事，而经纪交易商并不符合这一要求。

别：独立投资顾问和经纪交易商。不过，为了确保投资顾问始终为客户的最佳利益服务，我们还需要更进一步。

美国法律允许投资顾问进行"双重注册"，这意味着他们可以同时注册为独立投资顾问和经纪交易商。我想，你读到这句话时应该会大吃一惊。一个人既是独立顾问，被要求遵守审慎义务最高法律标准，同时又是不受相关法律约束的经纪交易商，这可能吗？

这是一个极其危险的情况，因为这个顾问可以如实地表达自己是投资顾问，遵守信义义务标准，但是（注意！这是一个强烈的转折）也可以随时从负有信义义务、以客户的最佳利益行事的投资顾问转变为经纪交易商。你没看错。通过双重注册，顾问可以在一些情况下按照信义义务的标准操作，在另一些情况下作为经纪交易商回避该标准。你如果想弄清楚真相，就只能靠运气。双重注册的顾问就是"披着羊皮的狼"。判断一个"独立投资顾问"是否同时是经纪交易商有两种方法：第一，直接询问；第二，看他的名片或网站。如果他的个人介绍上写着"证券由××经纪交易商提供"，你就是在和双重注册的顾问合作。在这种情况下，如果你的投资组合中出现带有佣金的投资产品、变额年金或者某公司的专有理财产品，那么，请不要感到惊讶。

现在，我们可以进入最后一项测试了。

测试三："你是否会销售公司的专有理财产品？"

永远不要问理发师你是否需要理发。

——沃伦·巴菲特

在我看来，兜售特定产品的顾问对投资者来说是最糟糕的选择。换言之，这就好像投资者千辛万苦地选择了一位独立顾问，结果发现对方的真实身份竟然是销售人员。没错，雇用一名经纪交易商，其实就相当于雇用一名销售人员。如果你要用辛苦挣来的钱雇用真正的投资顾问，获得投资建议，那么对方不能向你销售某种特定产品应该是最基本的要求，同时对方还应该严格按照法律的要求提供相关服务。

例如，你走进一家本田汽车的经销商店面，问："我应该买什么品牌的汽车？"销售人员会给你客观理性的回答吗？想必他们不需要参考市场调查或者客户反馈，马上就能给你答案。同理，如果投资顾问所在的公司或者挂靠的公司开发了专有理财产品（产品为公司所有，投资顾问通过销售该产品可以获得利益），你就不要与其合作，否则，那些产品进入你的投资组合是迟早的事。

如果你正在与双重注册的顾问合作，那么请花点儿时间看看自己的投资组合，检查一下其构成。你可能会发现，自己拥有某些公司的专有投资基金。问问自己："这些是世界上对我最有利的基金吗？"答案应该是否定的。你的投资顾问供职的公司恰好能够提供最适合你现有投资组合的产品，这有没有可能？确实存在这种可能性，但是概率极低。所以，如果你发现某位投资顾问的公司或者挂靠的公司发售自有理财产品，他对你来说就不适合，你还是继续找吧。

关于利益冲突的最后一点儿思考

我经常听到有些人说，即使投资顾问与自己存在利益冲突，也没有关系，因为他们值得信赖，比如投资顾问是自己的大学同学，或者双方的孩子在同一所小学上学，等等。对于你自己认为可信赖的人，请记住，财务问题会延续到个人离世之后。在你离世后，你的配偶或孩子会得到什么样的投资建议？作为一名遗产规划律师，我见过很多这样的例子：客户离世后，其配偶甚至没来得及解决遗产问题，就在顾问强烈的攻势下购买了昂贵的年金！另外，我们活在世界上的时间很长，晚年的时候未必有现在这么敏锐。当你和家人陷入了棘手的财务问题时，最好能有一位公正的投资顾问来帮忙解决问题。沃伦·巴菲特说，他喜欢收购连傻子都能经营的公司，因为迟早有一天公司会落入这样的人手中。我建议雇用独立的投资顾问（不能同时具有经纪交易商的身份），经纪交易商带来的利益冲突即使在当下可能不明显，也终有一天会出现。

投资顾问选择标准之二：定制化水平

请找出不同之处。

——《芝麻街》中的大鸟

构建投资组合的最重要因素之一就是量身定制，但绝大多数投资组合都是基于个人的风险承受能力批量设计的，这些模型很容易批量销售。大型银行和经纪交易商就通过这种方式管理数万亿美元的资产，提供"套餐"，让客户从中选择。个人投资理财要获得成功，根据投资者的具体情况定制投资组合至关重要，其中涉及的工作很多。不过，这是非常值得投入的一项工作。让我们通过案例看看定制化如何使客户受益。

假设你决定使用部分资产购买新的产品，使投资组合多样化，那么在大多数情况下，投资顾问会卖掉你现有的所有产品，重新建立投资组合（新组合中包括你目前看中的产品）。

这个做法的问题就是会带来纳税负担，税额甚至可能会超过新组合所带来的收益。换言之，因为调整投资组合，你可能无法收回付出的成本。

让我们再举个例子。假设你确定自己的投资组合应该包含能源股，实现这一目标的最佳方式是配置能源交易型开放式指数基金，该基金包含全美最大的30~50家能源公司。然而，你的投资组合中已经有很大一部分投资于埃克森美孚和雪佛龙的股票，这两家公司在该指数中也占了很大一部分。从你购买这两只股票以来，它们的股价已经增长了近100%，与其通过出售埃克森美孚和雪佛龙的股票来获取机动资本，不如继续持仓，减少购买能源交易型开放式指数基金的比例。这种调整是有意义的，但是大多数提前设定好的投资组合不允许进行这类重大调整。

资金经理与财富经理的区别

资金经理作为其中一类理财顾问，唯一的工作就是管理客户的投资组合，与其合作的风险之一是对方无法将你作为独立的个体进行考量。大部分人与投资顾问的合作，就是请顾问代为购买一组基金，然后与顾问一年会面一次，看看基金的情况如何（或者让顾问推荐新的投资方向、新产品）。这种"一刀切"的资金管理方式非常低效。比如，在任何时候，资金经理都有可能选择将资金投入房地产领域，这对某些客户来说可能比较合适，但是对通过房地产行业积累了大笔财富的客户来说就没有意义了。对已经在房地产领域配置了大量资金的客户来说，如果再通过投资组合加大房地产投资，就相当于在该领域过度投资，他们在房地产市场下滑期将承受巨大的风险。

上述决策对个人的财务状况具有重大影响。在管理个人财务时，应该持医生对待健康的态度：全方位检查，而不是片面地看问题。只有观察财务状况的各个方面，财富经理才能根据个人现有的资产以及未来的目标做出明智的投资决策。长期与优秀的财富经理合作，你的投资组合的多样性可能会超越不断更换财富经理的水平。很多资金经理都以同样的方式管理不同客户的资产，根据客户个人情况定制的投资组合则千差万别。

定制化还有什么其他好处？在市场下跌或动荡时期，定制化的投资组合更能让你坚持下去。你如果知道自己的投资组合是根据你的具体目标量身定制的，清楚每一笔投资的目的，了解每一笔投资的意义，就更有可能坚持持有该投资组合，避免在艰难时期做出情绪化的选择。

理财计划的重要性

飞机是由成千上万个零件组成的精密机器，它可以运行得非常好，但是如果没有飞行计划和持续的航线修正，飞机安全到达目的地的可能性微乎其微。投资组合只是个人理财计划的一部分，所以，可以把投资组合看作飞机引擎的燃料，而理财计划则是保持航向的操纵杆。

就像冰岛的经纬度与新加坡的经纬度截然不同一样，理财计划应该根据不同的"目的地"规划特定的路线。个人的投资决策应该由一份明确的书面财务计划进行指导（本书第五章将讨论如何制订理财计划）。如果你和投资顾问合作，那么这个人至少应该掌握你目前的资产、预期储蓄和收入来源等信息，并在提供投资指导之前充分了解你的财务目标。很多人都迫不及待地想要开始投资，但只有拥有明确的计划才能让自己顺利前行。

真正的理财计划，比如创意财富为客户制订的计划，比这个复杂得多，这也是财富经理有能力提供投资建议的重要前提。不论是基础计划还是更复杂的计划，如果你的顾问在没有给出理财计划的情况下管理资金，他就是资金经理，而不是财富经理，他几乎不可能帮助你通过全方位的视角改善财务状况。

投资顾问选择标准之三：资金托管

经纪公司和顾问应该有独立的资金托管人，政府应该强制性地要求我有一个独立托管人。客户的资金应该由独立托管人持有。如果政府这样做了，我早就被抓了。美国证券交易委员会如果想对我进行检查，就可以查看托管人的账户，进而发现我账簿上的资金记录与账户中的资金情况不一致，这样，我早就被抓起来了。

——伯纳德·麦道夫

2008年，伯纳德·麦道夫的丑闻遍布各大媒体。麦道夫曾被认为是美国最成功的资金经理之一，他却承认自己实施了历史上最大的庞氏骗局——用新客户转入的资金满足老客户的提款需求。麦道夫丑闻暴露的唯一原因是，随着市场的暴跌，大量的提款需求出现，而他由于早就花掉或转移了大部分客户的钱，已经没有资金可以满足客户的提款需求。由于2008年的金融危机，新客户的资金数额无法跟上提款需求，一直被掩盖的真相终于浮出水面，麦道夫坦白了历史上最大的金融诈骗。

麦道夫的行为极其卑劣。他不仅从超级富豪和知名人士身上骗取钱财，还让很多辛勤劳动的职场人士和企业主破产，他还从慈善机构和基金会掠走了数亿美元。很多客户被迫出售房屋和物品，很多知名基金会失去了大部分资金，有些甚至被迫关闭。一位曾向麦道夫推荐过客户的富商蒙羞自杀。我的客户中也有此次骗局的受害者，他们通过监督追偿工作的破产受托机构追回了大部分损失，对此我深感欣慰。

之所以出现媒体报道狂潮，一方面是因为欺诈规模庞大，另一方面是因为麦道夫并不是唯一一个窃取客户钱财的资金经理。我知道有人会说："但那是十多年前的事了吧？最近没有出现其他相似的案件啊。"这种说法也有道理，但庞氏骗局往往是在市场崩溃时期被曝光的，比如2008—2009年市场暴跌的时候。这并不是因为那些时期有更多的骗子，而是因为在那些时期骗子更容易被发现，因为他们无法满足市场下跌期间突然增加的客户提款需求。正如沃伦·巴菲特所说："当潮水退去时，我们才会看到是谁一直在裸泳。"

有些媒体指责投资者没有调查自己的顾问。但投资者怎么可能知道麦道夫在做什么？一般的背景调查信息只会显示，他是众多高级俱乐部的会员，在慈善机构和医院的董事会任职，积极参与社区宗教活动。他向各种慈善机构捐赠了数百万美元，他的客户中就有世界上最聪明的投资者。麦道夫甚至是纳斯达克前主席。是的，确实也有一些危险信号出现，比如他的基金仅由一名会计和两名助理进行审核。他的投资收益率每年约为10%，这与投资行业的一般规律并不相符。即便如此，指责投资者也不合理。

伯纳德·麦道夫事件让我们得到的教训应该和资金监管有关。投资者在与投资顾问交流时，首要的问题就应该是："谁对我的资金进行监管？"麦道夫的客户给麦道夫投资公司签发支票，将钱存入麦道夫投资公司的账户，这意味着麦道夫可以管理所有客户的资产。如果他从一个投资者的账户提走资金，再转入另一个需要提款的投资者的账户，那么两个投资者根本不知道这些钱在账户之间的流动。麦道夫的客户收到过被篡改的投资报告（这些报告也由他自己的公司制作），其中显示投资收益每月都在上涨，但这和他们账户的实际情况不存在任何联系。

为了避免类似的财务噩梦，与投资顾问合作的理想方式是将资产与建议分开。比如，投资顾问可以在一家国内的经纪公司为你开设账户，然后，你可以签署一份有限授权书，限制投资顾问进行交易的权利，之后再向该账户支付资金。投资顾问无权进行任何交易之外的提款。此外，在顾问向你提供报告的同时，你也应该从经纪公司处获得一份独立的报表。

其实，全美有成千上万的投资经理在以这种方式向客户提供建议。正因如此，你不需要把资金交给任何坚持要对你的资产进行保管的人。[1] 你如果不希望有人偷你的钱，就不要把钱交出去。就这么简单。

投资顾问选择标准之四：能力

能解释为愚蠢的，就不要解释为恶意。

——拿破仑·波拿巴

到目前为止，我们已经在可能存在的利益冲突、定制化水平和资产监管三方面对投资顾问进行了评估，也已经根据这些问题的答案淘汰了许多顾问。现在，我们来看看成千上万满足上述标准的独立投资顾问。他们是真正的受托人，既不销售特定的产品，也不要求保管客户的资产，但我们仍然需要对其能力进行评估筛选。投资顾问可能有极好的初衷，但是，如果这

---

[1] 某些类型的投资需要你放弃对资金（包括一些对冲基金、私募股权基金和房地产基金）的保管权。你如果没有能力对这些基金进行全面的尽职调查，就请确认自己是否真的需要这些类型的投资。对于那些拥有大量资产的人来说，其中一些另类投资可能非常有吸引力。第十章会讨论这部分内容，我比较青睐其中一些投资，也参与其中，对创意财富的部分客户，我们也会推荐合适的资源。然而，在为我自己或客户评估这些投资时，尽职调查的过程非常重要，与公开交易的资产相比，另类投资的重要性尤其明显。确实有一些客户会告诉我，对于一些"交易"，他们可以放心地放弃资金保管权，因为经营者和他们有共同的信仰，或者来自同一个民族，这些情况并不少见。但是，大多数庞氏骗局都是亲情骗局，发起人就像麦道夫一样，专对自己亲近的人下手。

个人能力不足，那么客户也很难实现长期的财务目标。

投资顾问行业不同于其他行业，比如医学、法律、工程、教育等。医生要读过医学院，律师要读过法学院，工程师要获得工程学位，教师要攻读教育学位。绝大多数金融顾问（我猜测超过95%）都没有受过金融规划或投资管理方面的高等教育。大学中的相关专业也是到近些年才出现的。一些投资顾问甚至没有从大学毕业，只是在工作中学习。那么，如何筛选出有能力的顾问呢？

衡量投资顾问能力的标准之一是有含金量的证书。一个顾问的名字前面可能有一长串头衔，看起来很厉害，但其实这些头衔没有多少意义。[1] 大多数头衔甚至是毫无意义的。在这个行业中，只有少数几个头衔是有分量的。财务规划方面，你要确保找的是注册财务策划师（CFP）；你如果需要税务建议，就应该与注册会计师（CPA）合作。要获得这些头衔，投资顾问必须满足特定的教育背景，通过考试，并符合行业经验要求。如果你的问题涉及遗产规划或法律咨询，那么法学学位则是顾问的必要条件。

在创意财富公司，我们知道任何一个顾问都不可能满足所

---

[1] 美国金融业监管局登记并认可的头衔就有近200个！

有条件，所以我们会给客户提供专业化团队，团队成员各自拥有不同的证书，以保证团队有资格提供全面的建议。你也应该确保自己接触的投资团队成员有相关资格证书。还有一些专业认证，如特许金融分析师（CFA）或其他与保险产品有关的认证，你在需要顾问研究专业投资策略或保险产品时，可能会有所涉及，其他认证基本可以忽略。

与其他头衔一样，仅凭证书选择顾问并不能保证你获得最好的建议，就像不能根据医生的毕业证书来判断他的医术。然而，证书确实可以证明持证人在相应领域具备一定能力，这应该是对投资顾问的最低要求。

这位顾问到底适不适合你？

一个独立的投资顾问可以与客户没有利益冲突，可以定制投资组合，可以不保管客户资产，也拥有注册财务策划师的头衔，但他仍有可能不适合做你的顾问。第一，你要确保投资顾问的现有客户与自己的情况相似。例如，你如果被安排做心脏手术，就肯定会去找一位在心脏手术方面有大量成功经验的医生。你如果被诬告[1]，就会找曾经为类似情况辩护成功的律师。

1　也可能没有被诬告。我在这里先假定你是无辜的。

同样，在寻找财务顾问时，你也要选择有相关合作经验的人。如果你的投资刚刚起步，你就找一个客户群体与你年龄相近的顾问；如果你属于高净值群体，那么请选择主要为高净值家庭服务的顾问。不要让投资顾问以牺牲你的财务安全为代价来获取经验。在面对问题的时候，你需要听到投资顾问自信地说出："出现了问题，但已经解决好了。"

第二，你要确保投资顾问销售的东西确实有效。大多数顾问都在做销售，不管对客户来说这是否明显。那些真正独立的投资顾问，也是在销售人们希望购买的投资策略。一些投资顾问为了签下客户，会说自己有一种方法可以让客户在市场上涨前进入，同时又可以在市场下跌前退出。有能力、有良知的顾问知道这是不可能的，所以他们不会使用这种策略。有能力但没有良知的顾问尽管知道这不可能，但还是会为了钱说出这种假话。

我在前面提到过，大多数投资顾问带来的影响都是弊大于利的，然后列出了一个测试清单。你可能会说："天哪！我还有必要找一个投资顾问吗？"根据最近的一项研究，投资顾问如果遵循本书提到的原则，就可以每年为客户的资产带来约3%的附加收益。研究人员发现，有些年份的附加收益可以忽略不计，但有些年份的附加收益远远超过10%，投资顾问带来的附加收益在市场大幅波动的时期最为明显。[1]

如果这本书的原则对你来说很有道理,你就应该寻找一个值得信赖的顾问,他将致力于与你合作,为你的财务前景进行规划。表 4.1、表 4.2、图 4.1 对选择投资顾问的方法进行了整理归纳。

表 4.1 选择投资顾问的指南

你要避免与之合作的投资顾问	理由
经纪交易商	他们不需要承担信义义务,不需要遵循审慎义务和最高法律标准。你应该聘请更专业的顾问。
双重注册投资顾问	他们有时候需要承担信义义务,有时候又不需要。如果仅仅是"有时候"才被要求遵循审慎义务和最高法律标准,那么这样的人不值得合作。
要求客户将所有应税账户变现,用于新的投资组合的投资顾问,包括独立顾问与经纪交易商	对税务成本不够重视,可能会造成难以挽回的损失。
选股人	选股本身没有问题,但是选股与提供投资建议是两回事。投资顾问应该为客户的资金管理提供定制化方案,以匹配客户的个人理财目标。如果某位"顾问"仅仅为客户选股,他就不是投资顾问,而是资金经理。如果你看好某个行业,也确定它是自己想投资的方向,购买低成本的共同基金就可以了。
仅仅提供几个投资模型供客户选择的顾问	投资顾问应该根据客户的需求定制投资组合,不应该把客户的需求硬塞进简单的投资模型中。
通过销售投资产品获取佣金的顾问	当今世界,不需要向顾问支付佣金,就可以购买最好的投资产品。
未提供全方位的书面计划就提出投资建议的顾问	如果顾问根本不知道当下的状况,也不清楚客户的目标,那么他又如何提供最合适的投资建议呢?

---

1 我个人认为,这项研究严重高估了顾问的正面影响力,但我毫不怀疑,符合本章标准的顾问一定会为投资者提供有意义的价值。

表 4.2　选择投资顾问的建议

注册投资顾问（RIA）或者为 RIA 工作的个人，且没有同时注册为经纪交易商。
注册投资顾问所在或挂靠的机构本身不推出投资产品。
通过制订全方位的书面计划来了解客户与其目标，然后再提供投资建议的投资顾问。
有大量为相似客户服务的经验的投资顾问。
能够根据客户个人情况定制投资组合的投资顾问。
在落实投资方案前不会要求客户自动将应税账户的投资变现的投资顾问。
金融行业在不断变化，有规模、有经验的注册投资顾问机构已经出现，你可以向这类机构寻求专业咨询，获取符合自身需求的定制化投资建议。

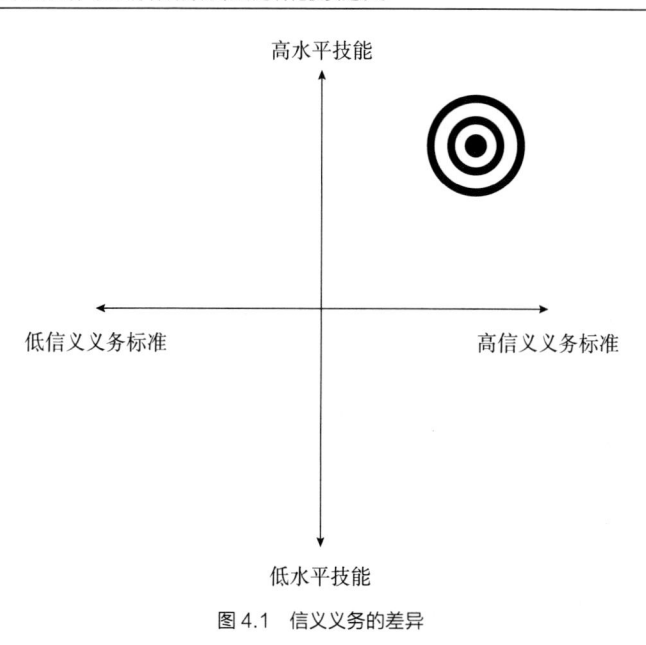

图 4.1　信义义务的差异

第五章
投资的四大原则

彼得·默劳克

没有计划的目标就只是一个愿望。

——安托万·德·圣-埃克苏佩里

人们可能总是说自己需要进行投资，却极少讨论投资的目的。"为什么投资"是个关键问题。如果想要为将来存钱，那么"将来"在想象中是什么样子？我在从事理财咨询的职业生涯中，遇到过数不胜数的个人与家庭。有的人过度关注收益最大化的可能性，逐渐忘记了初心，最终导致投资和重要的人际关系顷刻之间共同坍塌；也有的家庭根本不购买保险，后来家中的顶梁柱突然逝世，生活变得非常困难；有的人积累了大量的财富，但是因为没有对资产进行多样化配置，最后几乎一无所有；还有人因为恐慌，突然改变投资计划，觉得应该"相信直觉"，最终损失上百万美元。在所有案例中，理财计划基本上都因为受到一次重大的冲击而破产，而且在很多案例中，那意味着一辈子的积蓄顷刻间消失。我们一定要预防此类状况的发生。

我非常有幸能与创意财富的团队合作，帮助成千上万个家庭为未来做好经济保障。我们会根据客户的实际收入设置投资计划，采取必要措施，防范重大损失，做好遗产规划，确保客户的愿景在其逝世之后依然能延续。这类家庭的成员拥有平和的心态，明白自己已为人生中的意外做好了防范措施。他们能够在财富自由的道路上坚持前行，并深信自己必将抵达终点。你在制订自己的投资计划时，首先要遵循四大原则。

原则一：清晰明确——做计划失败相当于计划失败

> 天下难事，必作于易；天下大事，必作于细。
>
> ——老子

在投资开始之前，一定要有计划，这就像做饭前需要先备好菜谱，了解食材如何使用。当然，计划也不需要长篇大论，不需要细数未来人生的每一分钟将如何投资。投资计划可以非常简单明了，它是投资旅程中的指南针。

很多人希望自己在某个特定的时间段退休，这就成为他们的主要目标，也就是投资策略的重心。然而，还有一些投资者已经积累了大量的财富，几乎不需要担忧退休生活，他们的投资目标可能是实现其他愿望，比如资助某些慈善项目、资助孙辈上大学。无论具体目标是什么，投资者都希望能够实现财务自由。

财务自由和退休不同。退休意味着暂时不用再从事目前的工作，财务自由意味着随时可以辞职，追求自己向往的生活，未来也不再需要被迫工作。很多人已经退休了，却依然没有财务自由，他们可能还会因为账务方面的问题而继续工作。

当然，人们也可以在财务自由的状态下继续工作。很多人一边投资一边工作，完全是因为自己喜欢工作，而不是因为不得不工作。如果你既已经退休，又达到了财务自由，那么这意味着你的投资组合和收入来源都非常稳定，能够确保自己不需要再回到职场。这多爽啊！几乎人人都拥有财务自由的目标，我们这就来看看通向财务自由的路径的基本步骤：制作个人资产净值表，制订理财计划，模拟测算，判断是否需要重新调整目标，建立个性化的投资组合。

第一步：制作个人资产净值表

资产净值表罗列了个人的资产和负债。资产就是个人所拥有的一切，以当下卖出后的总额计算；负债就是所有未偿还的债务，以当下需要还清的总额计算。资产与负债的差额就是个人的资产净值。大部分人总是只看自己拥有的，忽略自己亏欠的，其实后者可能更关键。房贷、车贷、大额信用卡贷款等可能才是对个人资产真正的考验。

在计算资产净值的时候，我们要考虑哪些资产有助于实现财务自由。我们以两个目标相同的投资者举例：两人都希望在65岁积累到足够的资产，之后每年获得10万美元收益（经通货膨胀调整）；两人现年55岁，无大额债务。节俭的弗朗西斯拥有净资产100万美元：房子价值20万美元，个人退休账户以及其他投资账户的资产总计80万美元；花钱大手大脚的亨利的净资产也是100万美元：房子价值60万美元，湖滨度假小屋价值20万美元，个人退休账户以及其他投资账户的资产总计20万美元。假设两人都不希望通过出售自己的房子实现财务自由，那么弗朗西斯的资产状况更好，只要合理规划，将80万美元用于投资，她就能每天都获得收益。亨利目前只有20万美元的可投资资产能够每天为他带来收益，剩下80万美元的固定资产其实是在消耗他的钱财（例如房贷、房产税、房屋维护费用等)。对弗朗西斯来说,她可能在10年之内就能实现财务自由,或者至少也可以开始减少每年投入投资计划的金额。

在理财计划中,资产净值表的数值是非常重要的衡量因素,但我们不能仅看表面。定期检查自己的资产净值表,看看哪些资产在赚钱,哪些资产在花钱。汽车和游艇可能在净值表上是资产,但从财务自由的角度分析,它们其实属于负债。

第二步:明确自己的理财目标,制订理财计划

理财目标虽然听起来简单,很多人却无法清晰地描述。理财目标必须是具体而实际的。"我想赚很多钱"就是一个模糊的理财目标(因此也不实际)。目标一定要有清晰的界定,比如:"我希望在62岁时税后收入达到每年10万美元(经通货膨胀调整),同时我希望自己不需要社会保障署的救济。"这才是我们可以着手的目标!

一旦有了清晰的目标,接下来就要制订实现目标的计划。虽然你可能已经是超高净值人群中的一员,已经实现了财富自由,但是制订理财计划对实现未来的愿景至关重要。该计划将帮助你判断自己应该分配多少资产用于满足当下的需求,分配多少资产用于资助下一代或者资助自己认可的慈善机构。

高净值人士的投资顾问还应该注重研究资产保护手段，比如雨伞险或者资产保护信托，因为人们在拥有了财富之后，往往更容易成为诉讼对象。最后，投资顾问应该分析遗产税方面的问题，选择相应的规划策略，降低税负，将客户留给后代的财富最大化。

良好的理财计划不仅要考虑个人在财务自由方面的进展，还要考虑自身会受到哪些未知因素的影响，这些因素是个人无法控制的因素，比如，家中有人不幸遭遇意外，以致永久性残疾，或者某个人年老的时候需要护工照料，或者夫妇二人有一人突然离世，等等。

第三步：模拟测算

如果我要从堪萨斯城开车去佛罗里达州，那么在启程之前，我要确保汽车的油箱是满的，后备厢里储备充足。同理，你也要评估自己是否能达到设定的理财目标。最佳方式就是进行模拟测算（现在网上有很多工具可供使用，你也可以请投资顾问来做测算），记得要排除那些无助于财务自由的资产。例如，资产净值表显示，你目前拥有80万美元，但是你已经计划将15万美元用于孩子们的婚礼和教育了，因此测算的起步数字应该是65万美元，然后加入定期类存款，比如401（k）退休账户、个人退休账户或者应税投资账户等等。如果加上社会保障金、养老金、租赁收入、遗产继承等因素，测算就会更复杂。

在计划过程中，可能需要测算多种变量，很多投资者都会选择向理财规划师求助。规划师会利用专业软件迅速进行全方位的评估，考量投资收益率、退休年龄等变量，制订最佳的理财计划。规划师通过测算可以得出，一个人在退休后，要想维系理想的生活质量，需要多少成本，即这个人应该为此存多少钱；也可以推荐合适的策略，优化个人理财计划，比如建议投资者改为使用罗斯个人退休账户（Roth IRA，一种有税务优化功能的投资账户），或者重新调整房屋贷款，等等。

第四步：判断是否需要重新调整目标

在进行模拟测算之后，很多坚持储蓄的人会发现，自己离财务自由并没有想象中那么遥远，存款和投资正在带来收益。但是，如果发现自己的状况还没有步入财务自由的轨道，你可能就需要调整目标，同时改变消费习惯或者储蓄习惯。比如，如果测算结果显示，要实现你的理财目标，每年的投资收益率要达到20%，你就要放弃这个目标，因为它基本上不可能实现。调整目标的时候可以利用各种方法，比如降低收入需求、增加储蓄数额、延迟退休，或者要求孩子减少婚礼花销，等等。

我们再回到前文中亨利和弗朗西斯的例子。假如弗朗西斯的投资账户未来10年的年投资收益率为7%，那么在她65岁时，她的投资账户上会有近160万美元；此后，她采取保守一些的投资策略，年收益率在5%左右，那么她的投资组合将每年带来8万美元的收入；假设从66岁开始，她每年可以从社会保障局领取2万美元的退休金，那么她每年将有10万美元的收入，基本实现了个人财务自由的目标。

为了进一步稳固财务自由，弗朗西斯应该多存钱，扩大缓冲空间。比如，如果每月存1 000美元，那么她在65岁的时候，投资账户的金额将达到180万美元。这多出的20万美元能够减少她对社会保障局的依赖，也能减少她对投资组合绩效的依赖，成为她的退休金盈余。

制订盈余计划能够帮助投资者在一些不确定的情况下依旧拥有可以满足基本需求的资产，缓解意外开支的冲击（比如需要重新搭建屋顶等），减少对市场的依赖，更容易实现财务目标。如果当前的存款计划只能让你在财务自由的边缘徘徊，那么每一次市场波动都可能会让你焦虑。在市场表现好的日子，你对退休生活非常乐观，但市场一旦下跌，你的心情就会变得糟糕，认为自己老了以后可能只吃得起廉价罐头食品了。总之，你的存款数额比满足个人基本需求的数额再多一点儿，有助于保持平和的心态。

我们再来看看亨利的情况，他需要做出一些大的调整。为了实现他的财务自由目标，在65岁时拥有160万美元的资产，他需要每月存7 000美元（弗朗西斯每月的存款少得多，因为她的资产净值大部分在投资账户中，收益在增长）。这个计划如果可行，就没问题，亨利只需比弗朗西斯每月多存一些钱，就可以继续在湖滨小屋度过愉快的周末时光。如果无法实现这一点，他就要考虑卖出自己的房产，或者换个小一点儿的房子，这样才有可能实现财务自由。

投资者应该尽早做出类似的决策，否则日后只能在悔恨中向伴侣或者家人倾诉自己当初应该多存一点儿钱。每个人都应该明确自己当前的财务状况，包括哪些资产可以带来财富、哪些资产正在消耗财富，自己还有多少时间实现财务目标。这些思考可以帮助你判断是否需要在当下或者临近退休时卖出部分资产，是否需要保留目前不能带来收入的资产（比如度假别墅、游艇等），以及是否需要调整每月存款的数额以尽早实现目标。

第五步：建立个性化的投资组合

明确了目标，分析了实现目标的过程，我们现在就可以建立投资组合，来提升实现目标的可能性。

你可能有多个投资组合，它们的风险水平不一，在理财计划中也有不同的作用。例如，你可能有专门用于教育的投资，它的起始金额取决于你愿意为教育存多少钱，目的取决于你希望在教育方面达到哪种程度。你也可能希望购买第二处房产，或者为婚礼存钱，或者为子孙设立信托基金。当然，如果你的财富已经超过了财务自由的目标，那么你也可以利用部分资金做风险更高的投资，说不定收益率能跑赢标准普尔500指数。总而言之，你要有一个用于保障自己实现财务自由的稳固的投资组合。除此之外，剩余财富的投资方法五花八门。

无论是为了养老、教育还是其他事项，你都要先定下具体的目标，然后按部就班地推进其他事情。

现在怎么办？

要想为慢性疾病做预后判断，医生需要先掌握大量信息，然后才能确定治疗方案。投资也是一样的。当你明确目标、制订计划，并知晓自己需要存多少钱之后，投资顾问就能够做出判断，为你的后期财富积累过程提供最佳的策略和工具。

大部分投资顾问（包括我自己）推荐的第一项策略就是参与雇主养老金计划，比如401（k）退休计划或者403（b）养老金计划，并保证个人缴费比例至少与雇主可缴纳的最高比例持平。

比如，公司可缴纳的最高比例是员工工资的3%，那么雇员就要至少将3%的工资用于缴费，这样，只要公司再匹配3%，收益率就是100%！这个福利非常诱人，而且在美国劳动力市场中并不是所有人都能享受的，不要错过任何一种雇主匹配的缴费机制。

另外，投资者如果符合罗斯个人退休账户的条件，那么也应该尽可能地按照最高限额缴费。罗斯个人退休账户的缴费资格和缴费限额取决于个人的总收入和婚姻状况，限额每年都会调整。你在缴费前需要咨询会计，看自己是否有资格缴费，限额是多少。另外，在向罗斯个人退休账户缴费时，尽管个人所得税不会被减免，但是它仍然有很大的好处，例如，不用再为投资收益纳税，而且退休后提取也不需要纳税。

按照最高限额为罗斯个人退休账户缴费之后，投资者应该看看还能将多少钱存入雇主养老金计划，最好按年度最高比例缴纳。因为你可以立即获得与缴费比例相匹配的税务减免，且该计划中的收益也是免税的。向罗斯个人退休账户和其他雇主养老金计划缴费时，50岁及50岁以上的投资者还可以申请更高的缴费比例，进一步加快实现"财务自由"。

个体经营者或者自己开办企业的投资者有其他退休储蓄工具可以选择，个人401（k）退休计划、简易式雇员养老金计划（SEP IRA）等都可以替代雇主养老金计划。每一种储蓄工具都有其优势和劣势，你需要与理财规划师或投资顾问讨论，确定哪种选择最适合自己。

在雇主养老金计划的缴费水平达到最高比例后，你的其他储蓄决策将变得更复杂。如何存钱取决于你能否参与其他退休金计划以及你的纳税等级。总之，为了实现财务自由，你一定要选择最节税的存钱方法。

如何实现财务自由？

知道如何投资实现理财目标和拥有资源并进行投资是两回事。某些潜在的投资者可能有现金，但他们选择放在储蓄账户或者类似渠道中，不愿意投资到市场中，担心自己可能有急需用钱的时候。还有一些人可能有投资意愿，但是他们的现金都被用于偿还贷款或者大笔开销了。这些人似乎不太可能获得资源以落实理财计划。我们看一看限制投资能力的两个常见障碍及消除它们的方法。

紧急备用金

无论你是百万富翁还是刚刚毕业的大学生，在急需用钱的时候能够马上拿到现金都非常重要。但是，拥有获取现金的途径不同于把现金都存在银行账户中（现金会因通货膨胀而贬值）。在当今低利率的环境中，将大笔现金存入储蓄账户或者其他货币市场账户无异于把钱放在家里，这对实现财务自由没有太大意义。除了满足近期需求的现金，比如应付未来一两年内的重要购置计划，其余现金都应该用于投资，以获取长期的增长。另外，合理的紧急备用金，比如3~6个月的基本开支，也应该存在银行账户中。

你如果想有更多的现金储备，比如6~12个月的基本开支，就可以运用多种方式进行配置，让它们为你带来收益，比如利用房产获得房屋净值信贷额度，或者在投资组合中配置高流动性证券（例如债券），这些都可以满足你在急需用钱时的需求。度过紧急时期后，这笔钱还是应该投到市场中，以获取更高的收益。

债务支付

学生贷款也好，房屋抵押贷款也罢，对大多数人来说，"美国梦"就是在负债融资的基础上实现的。利用好这一机制，人们可以体面地开始成年人的生活，应付意外支出。如果没有用好，债务就很可能会成为沉重的负担，让你离梦想越来越远。

关于个人财务的话题，人们讨论最激烈的应该就是借贷。

支持和反对的立场中都有"权威的声音":一方大力赞颂,认为巧用借贷有很多好处;另一方极力反对,认为借贷是人类的灾难,应该杜绝。不论大家对借贷有何观点,有一点可以确定,即借贷能力总是受到还款能力的限制。我认识一些 80 多岁的客户,现在还在乐呵呵地还房贷,因为他们拿到的贷款利率很低,而且也有稳定的现金收入用于还款。我也知道有些人无法落实任何理财计划,是因为他们每个月还贷之后就所剩无几了。

如果债务阻碍了个人实现理财目标的计划,就应该想办法减少或者取消这部分阻碍理财计划的借贷。大部分消费贷款(比如信用卡)的年利率远远超过了个人投资的收益率。就算你的投资收益率比较高,接近两位数,你也要为消费贷款支付两位数的利率,这就像背着 100 千克的背包爬山一样,负担太重了。

那应该怎么办?首先,你要还清利率最高的贷款,还清这类贷款会减少高利率对个人财务状况的负担,避免陷入恶性循环。其次,如果雇主提供了配合缴费的养老金计划,那么你要至少按照雇主可缴纳的最高比例缴费(比如,如果雇主最高缴费比例为员工工资的 3%,那么你至少也缴 3%)。随着贷款慢慢还清,手头有现金盈余,你可以考虑将其存入罗斯个人退休账户或者其他投资账户,或者增加在雇主养老金计划中的缴费，这都会促进个人财务目标的实现。

有些人的债务负担可能不是很重，他们犹豫要不要用存款提前还清债务。这个问题的答案取决于其他选项是什么。有些人不太想投资，把现金存在银行，那么对他们来说，还是应该尽快还清贷款。但是，如果个人也在考虑投资，希望能够获取比债务利率更高的投资收益，那么我的个人建议是选择投资，同时依照原计划还款，从长远来看，这种方式的收益更高。投资者如果突然决定要还清债务，就可以把钱从投资账户中撤出。

举个例子，某人的房贷利率为2.5%（其中一部分可以免税），他不着急还款，希望在20年后达到个人资产净值最大化，那么他应该用手头的钱投资，而不是用这些钱还清房贷。但是，另一个人如果目标相同，但是自己的房贷利率为7%，就应该尽快还清债务。

教育

教育要花费金钱，无知也一样。

——克劳斯·莫瑟爵士

大部分投资者都会将子女的大学学费作为首要的理财目标

之一。但是，很多人在面对如此高昂的成本时都会犹豫不决。大学学费太高了。我时不时会遇到一些老年客户，他们会说："当年我都是自己挣钱上大学的呀。"但是，这种选择现在几乎不可能实现。工资每年只会上涨几个百分点，但大学教育成本的增幅是前者的两倍多。想自己挣钱上大学？看看这数字就知道不可能。

那么，应该怎么办呢？首先，明确"起点"。很多人要从零开始，因为他们之前还没有为孩子的大学学费存过钱。然后，明确"终点"，想好你计划为子女支付哪类学校的学费，是打算让他们在私立高校读4年，还是在本州的公立大学读6年？你要支付全额学费，还是部分学费？

我们以金妮的故事为例。金妮希望资助孩子上大学，计划支付孩子大学4年75%的费用。只要做一下调查，我们马上就能找到州内公立大学目前的学费、杂费、宿舍费和伙食费等费用标准，然后根据高等教育费用的年均增幅进行调整，最后可以得出孩子大学期间金妮所要支付的费用总额。

接下来，我们开始计算金妮每月需要存多少钱才能达到目标。这个测算的前提是她的年投资收益率比较稳定，而且存款金额和她存钱的时限相匹配。比如，假设目标学校当前总费用的75%是1.75万美元，年增长率为4%，金妮的女儿现年9

岁，儿子6岁，预计两人都是18岁上大学，那么金妮一共要存22.5万美元。假设金妮的投资收益率是6%，那么她每个月要为女儿存700美元，为儿子存575美元。

与退休储蓄一样，知道目前的财务状况、需要实现的目标以及每月的存款还不够。在为教育储蓄时，你还需要知道什么是最佳的投资渠道。对大多数父母来说，529教育基金计划就是完美的解决方案。参与529教育基金计划后，你缴纳的费用可以免税增长，未来符合条件的高等教育费用也可以免税提取。一些州还向参与该存款计划的个人给予税收优惠。唯一不适合采用这个计划的是资产净值很高的家庭。对超级富豪来说，直接支付大学学费更合理。

随着高等教育成本的急剧上升，许多家庭正在积极寻求援助。基于需求的财政援助可能是支撑高等教育开支的重要组成部分，个人如何储蓄和支付大学费用会直接影响孩子获得援助的资格。

财政援助计划的细节不在本书的讨论范围之内，这里我们简单谈谈制订教育储蓄计划时需要考虑的几个因素。

1. 父母拥有资产比子女拥有资产更具优势。在评估获得援助的资格时，父母的529教育基金计划的计算比例低于子女名下任何账户的计算比例。子女拥有的资产包括为他们的利益而设立的监护账户（如 UTMA、UGMA 等为教育设立的托管账户），因此特定用于大学教育的资金最好存入 529 教育基金计划或者父母名下的其他账户。

2. 从其他家庭成员的 529 教育基金计划中提款会降低获得援助的可能性。如果你利用 529 计划资助孙子、侄女或其他非亲生子女上大学，大学就可能会把从该计划中提取的费用视为被资助学生的收入，这就会减少学生下一年度可以获得的援助金额。因此，你可以考虑用该计划中的存款支持这个学生大三或大四的开支，这不会降低其获得援助金额的可能性。

3. 与个人资产相比，个人收入对子女获得援助的可能性影响更大。即便你对储蓄进行了很好的规划，个人收入还是会影响孩子获得财政援助的可能性。一定要调查所有的财政援助来源，包括学术奖学金、勤工俭学计划以及助学金，也要确保你的储蓄计划能够应付需要个人 100% 承担费用的情况。

原则二：构建与目标相匹配的投资组合

不知道目的地，永远不可能抵达。

——尤吉·贝拉

大部分人在人生中都会有买车的经历。在买车之前，人们知道自己买车的目的是什么。我在上大学的时候，需要一辆代步车，当时几千美元的二手车就能满足我的需求；结婚之后，我需要性能更稳定的车，它不仅能作为代步车，还要有空调等设施，舒适一些；后来我有了孩子，安全性成为我考虑的首要因素，而且车型应该方便抱着孩子的成年人进出；又过了几年，我需要开车载孩子和同学们去参加课外活动，这时候如果要买车，我就得考虑这辆车能否坐得下这些生龙活虎的小姑娘和小伙子，能否放得下他们的运动装备。

在买新车时煞费苦心，大家都能理解。但是投资者对长期的投资没那么在意。比如，经常有投资者问："今天买入苹果公司的股票怎么样？"

成熟老练的投资者会从不同的角度看待这些决策。他们首先会明确自己要实现的愿景、具体的理财目标，然后提问：我需要在股市上投入多少钱？在股市投资中，我应该配置多少大公司的股票？我应该配置多少美国公司的股票？在这些问题得到解答之后，他们可能会问："那么，苹果公司的股票是否适合我的计划？"你可能还没有把自己归类为成熟的投资者，但是在读过这本书之后，你肯定比某些所谓专家掌握了更多的相关知识！

我们已经讨论了几个普遍存在的投资目标，比如实现财务自由、支付子女的教育费用，等等。有些人可能还会有更宏大的目标，比如为家人提供更舒适的生活。也有人想要拥有更雄厚的财力，用于支持慈善事业，或者让后代享受自己的财富。

实现这些目标可能需要多种不同"成分"的投资组合，你要选择最合适的配置方法，在资产的增长与保值之间实现平衡。

我们一般常听到的说法是，尽可能地积累更多财富，这完全不同于上述实现平衡的理念。当然，大多数人都想获得更多财富，但是它如果是人生唯一的使命，那么通常会带来不必要的投资风险。投资组合中的资产配置问题，应该是目标决定配置，而不是配置决定目标。有些人可能会想：我才不关心其他事情呢，我的目标就是多赚钱。我来讲一个例子，看看这种想法为什么不现实。

假设你还有 10 年退休，但你已经积累了足够多的退休资产，加上社会保障金，你可以确保自己在退休后每年都有 10 万美元的收入。那么，你未来 10 年的目标是什么呢？如果你说："那就尽可能地让储蓄增值吧。"那么，难题出现了。历史数据和统计资料明确显示，如果储蓄增值是你的目标，那么你应该在投资组合中配置10%或更低比例的债券，因为大多数时候，10年间的债券收益会远远低于股票收益。

你可能会说："那很好啊！既然数据显示得很清楚，那么把钱都投入股市吧！"问题在于，你之前的目标是10年之后退休，且退休后每年有10万美元的收入，实现这一目标的投资组合并不是在未来的10年内将财富最大化的投资组合。要想让实现退休目标的可能性达到最高，你的投资组合中应该有20%~30%的债券配置，其收益率较低，但更加稳定。债券可以让整个投资组合的波动性降低，更有利于稳定获得预期收益。你如果在投资组合中配置高比例的股票，那么10年后，每年收入大于10万美元的可能性提高了，少于10万美元的可能性也提高了。面对这些事实，大部分投资者还是会选择相信概率。任何事情都没有百分之百的把握，但是他们希望将实现退休目标的可能性提升到最高水平。

对超级富豪来说，该原则同样适用。有人以为，超级富豪肯定有秘密的赚钱机器，他们敢于承担巨大的市场风险，总是能让资产翻倍。实际情况与此大相径庭。富豪们更倾向于让资产保值，而不是增值。很多超级富豪的投资目标是给后代留下财富，或者为社会留下慈善遗产，这会使他们的遗产计划有许多可以灵活调整的空间。他们创建基金会或信托基金作为其财务规划的框架，优先考虑税务管理，避免财富遭到挥霍。他们明白，为自身投资目标构建投资组合的目的不是将财富最大化，而是进行高效的风险管理或者税务管理。

例如，很多超级富豪投资者都会建立家族基金，每年将基金中 5% 的资产分配给资产机构。构建该基金的投资组合不是为了让资产价值最大化。实际上，很多超级富豪设立的家族基金都会配置较高比例的债券投资。

超级富豪重视债券投资，正是因为看中了安全性。在投资组合中纳入债券，年收益率就有了更大的保障，他们也不需要在其他波动性较高的产品走低时急着卖出。回顾近年来的市场危机时期，比如"9·11事件"后的大震荡、2008—2009 年的金融危机，以及当前由新型冠状病毒肺炎疫情导致的市场动荡，优质债券都在升值，股票跌幅却达到 40%~50%。在这些艰难时期，配置了债券的基金就能够将投资组合的收益和债券分配给慈善机构，而不需要在市场走低时卖出股票来满足分配需求，后者可能会使得基金破产的风险升高。

我们将在第十章讨论如何构建和管理投资组合。不管你是刚刚起步的投资者，还是已经拥有 5 亿美元资产的高净值人士，你的脑海中都应该有明确的目标或者愿景。一旦明确了自己想要抵达的目的地，其他事情就变得简单起来。

原则三：回顾计划

> 跳伞时不一定需要背降落伞，但如果还想再跳一次的话就要背。
>
> ——佚名

大家应该都经历过赛跑，可能是和邻居比赛谁能首先冲到下一个街区，也可能是在奥运会上进行400米短跑比赛，无论哪种赛跑，都有起点和终点。所有运动员都要明确哪里是起点，哪里是终点。

同理，我们每年都应该回顾和测算个人理财计划，在人生大事（比如结婚、生育、收入大幅变动等）发生时也是如此。在回顾时，你可能会发现你的个人资产净值发生了变动，这可能是因为投资组合的业绩发生了变化，也可能是因为你获得了意外的红利或者遗产，还有可能是因为资产流动性增加（比如卖出房产）。这些都意味着，你的起点发生了改变。

个人的目标也有可能发生变化。你可能想提前退休，你可能想在退休后做兼职工作，女儿理想大学的学费可能比你的预期高一倍，你可能发现肚子里的孩子竟然是三胞胎，你可能结婚了或者又单身了，你的身体可能更健壮了或者更虚弱了。总之，你的终点也有可能发生改变。

人生大事都应该反映到投资组合的变化中。注意，投资组合之所以发生变化，是因为个人生活发生了变化，不是因为市场发生了变化。

假设有一位 60 岁的投资者，她希望从 62 岁开始每年有 10 万美元的生活费。最初的测算结果显示，她的投资组合年收益率为 6%，正好能实现目标。然而，她在年度回顾的时候发现，因为出现了牛市，投资组合的业绩比测算的要好很多。随着退休时间的临近，她开始担心投资组合存在较大的波动性。幸运的是，根据最新的测算结果，要想实现 10 万美元年收入的目标，只需要达到 5% 的年收益率就可以了。综合上述情况，她可以选择减少股票投资，增加优质债券投资。当然，她在做出调整时明确知道投资组合的长期收入将会降低，但是实现 5% 年收益率的可能性提高了，市场波动对自身的影响降低了。

终极原则：不要乱来！

主持人：所以，现在是买入的好时机吗？

嘉宾：现在（标准普尔 500 指数为 2 710 点）我不会选择买入，等标准普尔 500 指数达到 2 680 点的时候我再出手。

这则对话出自美国消费者新闻与商业频道的电视节目，它恰恰体现了人们对待投资组合的错误方式。为什么要在标准普尔 500 指数达到 2 680 点的时候配置股票，而不是在 2 710 点的时候就出手？一旦构建了投资组合，你就要管住自己的手，遵循本章的投资决策原则，或者选择能够理解、接受并落实这些原则的投资顾问。不要被聒噪的声音扰乱思维，不要恐慌，不要在危机时期变换路线，最重要的是，对自己的目标保持专注。

第六章

风险管理

彼得·默劳克

> 每个人都觉得自己有策略,直到挨上一拳。
>
> ——迈克·泰森

风险管理就存在于日常生活之中,比如离开家的时候锁上房门,启动汽车前系好安全带,过马路的时候左右观望一下,等等。在投资中,风险管理就是管理遭受财务损失的可能性。如果投资者已经建立了稳健的储蓄计划或者积累了大量的资产,财务自由的最大威胁其实就是在市场和个人掌控范围之外发生的可导致巨额损失的重大意外,比如房子着火、家人离世等。假设你会因为意外事件而变得一无所有,那么一味提高投资收益其实没有任何意义。

应该给家人订什么口味的比萨饼？[1]应该给家人买什么保险？很多人在第一个问题上花的时间更多。风险管理是财富管理的一部分，你可以猜一下，在这本关于提升投资技能的书中，风险管理有多重要呢？你如果没有保险，就要自己承担所有风险（而风险在人生中又如此常见），那么在出现糟糕的情况时，你就需要承担所有的经济压力。很多投资者在市场动荡的时候放弃投资计划，担心投资组合贬值会对其风险敞口有影响。比如，投资者可能会担心自己突然离世，导致家人一无所有，所以在熊市的时候选择撤出。

成熟的投资者不会让自己陷入上述境地。只要有良好的计划，无论市场如何变化，风险都能得到控制，这样，你就能坚持自己的投资计划。

现在我们就来看看如何为自己提供更好的保障。

人寿保险

对死亡的恐惧源自对生活的恐惧。直面生活的人也能直面死亡。

——马克·吐温

---

[1] 有的人甚至花更多时间思考订哪种比萨饼底。不过平心而论，这个决定确实需要仔细斟酌。

有人说，人寿保险靠的是卖，不能指望有人主动买。很少有人清晨醒来，和伴侣相视一笑，说："亲爱的，我们一起去买保险吧！"然而对很多人来说，人寿保险在风险管理和财富管理中都起着至关重要的作用。

人寿保险的概念非常简单：投保人向保险公司支付保费；当投保人离世的时候，保险公司会向保险受益人支付赔偿金。挺简单吧？当然，近些年来，人寿保险变得越来越复杂。保险行业开发了各种保险产品（还有披着保险外衣的投资产品），这让选择人寿保险变得越来越麻烦。

买保险时，你会遇到一个源自保险行业结构的挑战。作为行业规则，保险代理是拿佣金的，他们每卖出一单保险都会收取相应的费用。销售保险产品，收取佣金，这种模式本身没有问题，但是有可能造成利益冲突。也就是说，代理会推荐最适合客户的产品（在满足需求的基础上价格最低的产品）还是最适合自己的产品（佣金最高的产品）呢？作为消费者，保护自己的方式就是在买保险之前了解自己的需求和动机。

在创意财富中，我们认为，对投资安全来说，风险管理是非常重要的一环。正因如此，我们会协助客户购买保险，包括人寿保险。一般来说，公司客户每年购买的保险中有95%是定期寿险。这种保险利润最低，但是对大部分人来说适用性最高。

定期寿险

对绝大多数美国人来说，定期寿险是最合适的，但保险代理可能不会推荐这个险种，因为他们从中可以收取的佣金非常少。定期寿险的作用相当于为人生的某一段时间提供保障。假设根据你的理财计划，你只要在接下来的 15 年定期存款，就能保证家人后半生的基本需求。这个计划有一个隐患——假设你明天突然去世，你的家人不仅失去了你，还失去了重要的收入来源。[1] 所以，你的家人需要的不是 15 年后的钱，而是现在的钱。这也就意味着：（1）你的投资收益还没有充分的时间增长；（2）没有新的收入补充投资。[2] 而且，不但提款的时间提前了 15 年，使用时间也要比原计划延长 15 年，这真是雪上加霜。这样的意外不但会破坏你的投资计划，还会影响你家人未来的生活。

在职业生涯的早期，我曾向一名医生推荐过定期寿险。他没有听取我的建议，他说他看过文章，还认为所有的保险都没有好处。不到一年，这位医生因为意外去世了，他的全家陷入了经济困境。他的妻子失去了丈夫，女儿失去了父亲，这对两

---

[1] 使用"隐患"这个词可能还是比较保守了。
[2] 你就算能像《人鬼情未了》里的男主角那样魂魄回到人间，帮爱人做陶艺品，应该也不怎么能改变家庭的收入状况。

人都是极大的情感创伤，而且，在之后的很多年，她们还要承受经济困境带来的痛苦。时至今日，这家人仍是我的客户。其实，她们当时的困难原本是可以减轻的，这名医生只需要每年缴纳几百美元的定期寿险，每每想到这里我都非常难过。

负有责任心的人应该有相应的资产，用于确保在自己不幸离世后家人仍有所依靠。如果你的储备金不够多，还不能自己提供这份保障，那么定期寿险是不错的选择。定期寿险的保费不高，因为投保人活到保险期限结束的概率挺高的。如果你购买 15 年期限的定期寿险，那么保险公司当然希望你能尽可能地活到 15 年之后，降低他们赔付的可能性。很多保险代理会以此为由劝说客户不要购买定期寿险，毕竟投保人获得投资收益的可能性很低。这个理由搞错了保险的重点。如果你购买了房屋保险，但是房子一直没有着火，你就会觉得大失所望吗？保险就是"以防万一"，先将一小部分的财富转移出去，换取发生经济灾难时的保障。

要买多少保额的人寿保险应该是理财计划的一部分。现在有很多方法可以测算寿险的保额需求，但它们的实际意义不大。[1]比如，有一种理论认为，人寿保险的保额应该是收入的 5

---

[1] 读到这里，你可能已经预料到了。

倍。你如果每年挣 10 万美元，有 500 万美元存款，就不需要买 50 万美元的人寿保险，毕竟你现有的资产已经可以让你的家人活得很好了。但是，你如果刚从医学院毕业，负债 25 万美元，买了 70 万美元的房子，还有 3 个孩子，那么 5 倍收入的保额在你意外离世后不足以支撑整个家庭。

与创建投资组合的方法一样，保险也需要根据个人的具体情况进行定制。首先，你要明确的是，假设自己今天突然离世，未实现的理财目标（包括用于照顾家人的钱、大学教育存款、房贷等大额债务）有多少。有了这个数值，你就可以计算保险期限，即从保险的角度出发，你需要多长时间能够实现财务自由。[1] 比如，你目前需要保额为 50 万美元的保险，要等多久你才可以不需要这笔赔偿？换言之，你要花多长时间获得 50 万美元的资产，不再需要保险提供保障？假设根据你当前的存款情况，你需要 15 年才能获得 50 万美元，那么你的保单期限就应该是 15 年。

最后一个关于定期寿险的提醒：很多人时常忽略为不工作的伴侣购买人寿保险。如果这类伴侣突然离世，那么家庭收入

---

[1] 这可能不同于从退休的角度计算获得财务自由的时间。例如，当你的孩子读完大学，或者当你还清房贷时，你的"保险财务自由"中就不需要考虑这些数额了。但是，为了退休后的财务自由，你还得继续存钱。

不会直接下降，但是这类伴侣通常担负着家庭内部责任（比如育儿、日常出行、家务等等），在他们去世后，他们生前承担的责任也将成为一笔家庭支出。大家要考虑这个问题。

遗存保险：将遗产价值最大化

对拥有巨额遗产的富裕人士来说，定期寿险通常是全面遗产规划的一部分。保险行业有一种产品叫作"遗存保险"，就是一张保单中夫妻二人同为被保险人，只有在两人都去世之后保险公司才会进行赔付。两人同时被保比一人被保的赔偿金更高。对有应税遗产的人士来说，这类保险能够为潜在支出提供流动资金，避免出现下一代需要出售公司或者农场以支付遗产税的情况。搭配不可撤销信托（后文会谈到），死亡赔偿金就可以以免税形式支付给下一代。

遗存保险的重心和定期寿险有差异。遗存保险并不是为了预防过早死亡而购买的，而是为了遗产税而提前准备的。因为只有两位被保险人都去世之后，保险公司才会赔付，所以这个险种的目的是将夫妻二人每年可以免税赠与的金额最大化，以支付保单的保费。保单的死亡赔偿金等同于每年保费赠与所能达到的最大金额。我们将在下一章更详细地讨论这个问题。

作为"投资"的保险

经验法则是要确保你考虑的险种符合你的具体需求。遗属的需求一般都可以通过一份定期保单得到满足。遗存保险和其他高度专业化的产品（如万能险或保费融资保险）可以为富人提供遗产流动性，但一般情况下，保险本身不应被当作一种投资产品。正因如此，可变人寿保险和可变年金在成熟投资者的投资组合中很少出现。这些类型的产品将投资和保险结合在一起，提高了两者的成本。[1] 相反，成熟的投资者会有效利用资金，单独购买定期保险以满足家人的需求。[2]

伤残保险

> 时间与健康一样，我们在失去之前都不会珍惜。
>
> ——丹尼斯·韦特利

在你看来，自己最大的财富是什么？房子？退休账户中的存款？对大部分人来说，最大的财富其实是挣钱的能力。想想你为自己和家人定下的目标，不论是存钱买房、供孩子上大

---

1 如果有人通过这类保单致富，那么这个人是保险代理，不是你！
2 别管保险代理跟你说过什么不一样的话。是，我知道，即便他的为人真的不错。

学，还是捐赠遗产，基本上都依靠同样的东西——你的挣钱能力。

我的父亲是医生，他在从医生涯中兢兢业业，不辞劳苦。在他年轻的时候，我们家里有房贷、三个要上大学的孩子、出游计划、退休计划。他的理财目标包括还清贷款、让三个孩子得到良好的教育、实现财务自由。除了意外离世，影响父亲实现计划的唯一可能就是自身残疾，不能继续工作。如果他没有保险，又不幸伤残，那么所有的目标都将化为泡影。正因如此，通过自身能力来实现目标的个人，需要为自己挣钱的能力提供保障。

在我职业生涯的早期，有一位客户是疼痛科医生，他在一次使用搅拌器的时候失去了大拇指。但是，他每天的工作就包括利用大拇指给病人注射药物，这意味着现在的这份工作无法继续了。不过，他的伤残保险赔偿机制启动了，家人的基本需求得到了满足。这类情况比想象的要多，我的客户就有一些因外伤或者疾病（比如多发性硬化症、莱姆病、肌萎缩侧索硬化等）致残的人士。在很多时候，正是伤残保险给他们和家人带来了财务安全。

伤残保险一般有两种：短期伤残保险和长期伤残保险。短期伤残指个人在90天以内（含90天）无法获得劳动收入的情况。在这种情况下，伤残人士离开工作岗位的时间较短，对长期经济状况的影响较小，一般没有必要购买这类保险。长期伤残指个人在90天以上甚至终身无法获得劳动收入的情况。必须慎重考虑这类情况给个人财务自由带来的风险。

伤残保险的目的和人寿保险相似，即通过转移一小部分财产给保险公司，在个人意外伤残的情况下获取收入，维系自己和家人的基本生活需求。人在健康的时候总觉得自己不会生病，我希望大家不要跳过这一章节。如果你已经积累了足够的财富，能够还清房贷，拥有财务自由，确定孩子能够上大学，那么你确实不需要这个保险，也不需要保留目前的任何保险。但是，如果意外伤残的情况仍然有可能影响你和家庭未来的财务状况，那么请考虑一下长期伤残保险，从个人健康、收入等方面来决定是否购买。

雇主通常会给雇员提供短期或者长期伤残保险，所以你可以看看雇主当前提供了哪些选择（或者你是否已经被投保）。如果雇主没有提供这一福利，或者保险范围较小，那么你可以再以个人的名义购买伤残保险，你可以咨询理财规划师，看看哪个保险产品更符合你的需求，能够带来最大收益。

长期护理

超过65岁的人群，有40%将会在某个人生节点进入养老院。

——晨星（国际权威评级机构）

如何支付长期护理费用是很多美国人关心的问题，它也确实应该被关心。全美各地养老院的价格高低不一，亚利桑那州为每年9.5万美元，纽约市为每年15.5万美元。超过50岁的人群，仅44%有超过10万美元的流动资产，因此，很多人进入养老院之后没几年就入不敷出了。但是，仔细分析数据你就会发现，在进入养老院的人中，有68%在入院一年之内去世。这些数据，你应该怎么理解？

假设你已经有了上百万美元的投资组合，那么只要配置得当，它就能为你带来足够的收益以支付长期护理费用。而且，在这种情况下，进入专业的养老院往往会降低个人的日常开销。高净值群体在退休生活的黄金时段，可能会选择周游世界，每年花销大概在20万美元，而养老院的费用大部分都在10万美元左右。等到需要长期护理的时候，其他花销也会相应减少，因此高净值群体不需要通过购买保险来保障长期护理方面的支出。

但其他人往往会面临一种困境。对拥有数十万美元的人来说，他们几乎不可能支付长期护理保险；对收入稳定、资产超过 50 万美元的人来说，他们可能会在保险和其他退休投资需求之间摇摆不定。

长期护理对很多人来说可能是最需要随机应变的风险，采取何种行动需要金融规划师协助，给出合理的方案，保证既能充分应对风险，又影响其他退休投资需求。

医疗保险

当今医生使用的工具和提出的治疗方案，在二三十年前，人们可能想都想不到。研究人员每天都在寻找新方法，10 年前的绝症现在已经有了被遏制甚至治愈的可能。但是，创新带来的副产品是治疗成本。如果没有医疗保险，治疗费用很快就会超出大部分家庭可以承受的范围。医疗保险是所有人的必选项。

获取医疗保险的最佳方式就是通过雇主购买团体医疗保险。团体保单的性价比往往较高。第一，很多雇主会为雇员补贴保费，所以个人不需要全额支付；第二，保费会根据被保险对象的一般特征制定，因此团体保单的保费往往比市场上个人保单的保费低。

如果你的雇主提供了弹性支出账户（FSA）或者健康储蓄账户（HSA），那么你也应该利用这些工具支付医疗费用。拥有这类账户后，你每月工资的一部分会存入账户，如果有相应的医疗开支，比如自付小额医疗费、处方费或者其他未被医保覆盖的费用，你就可以直接使用里面的钱。

弹性支出账户和健康储蓄账户有两个好处。首先，进入账户的钱不需要扣税，减少了纳税负担；其次，从中取钱支付医疗费用时也不需要扣税，减少了医疗费用的负担。这就是"两头省钱"啊！比如，你在弹性支出账户上存了1 200美元，那么所有的钱都可以用于支付医疗费。如果你没有弹性支出账户，并且符合25%的税率范围要求，你就必须在税前赚取1 600美元，只有这样才能有1 200美元来支付同样的账单。需要记住的一点是，弹性支出账户里的钱"不用即被作废"。年底时，账户中的任何资金都会过期，所以你要对自己的账户存款制订相应的计划。

如果雇主提供了高免赔额健康计划，那么雇主大概率会提供健康储蓄账户。健康储蓄账户的基本特征和弹性支出账户一样，但是里面的存款在年底不会失效，还可以用于投资并带来收益。在退休之后，你可以利用里面的钱支付医疗费，不需要纳税。健康储蓄账户具有独特的三重纳税优势[1]：这部分存款可以帮助你减少应税收入，实现免税增长，你在退休后提款时也不需要纳税。这是不是很不错！因此，使用健康储蓄账户的最佳方式是每年缴纳最高额度，但不要用里面的存款支付任何医疗费用。[2]你应该先自掏腰包，保留这部分资产，用于未来的退休开支。如果你当前的现金流不足以实现这一点，那么最好还是使用弹性支出账户。

如果无法从雇主处获得医疗保险，那么你可以选择购买个人医保。在这种情况下，大家往往更在意成本，但是在评估各种方案的时候，你应该注意几个基本要素。第一，风险决定了保单的成本。对保险公司来说，风险就是评估当索赔发生时，谁的钱更容易遭受损失。保险公司承担的风险越高，你的保费越高。当保费较低的时候，你往往承担了更大的风险。正如俗话所说：一分钱，一分货。

第二，你需要考虑自己希望从保单中获得什么。你是不是经常看医生，经常服用各种药物？如果是，在各种医保计划中弄清楚自付费用就很重要。你是否需要特定的医生或者专家？如果是，你就要确定自己心目中的医院或者想看的医生能否接

---

1 "三重优势"听起来像一个非常酷的花样滑冰动作，而不像一个非常酷的理财计划优势。
2 美国国会通过的税法竟然鼓励人们发生非预期行为，这很疯狂。

受你的医保，确保自己可以获得所需的医疗服务。

有些退休人士在计划退休生活的时候没有慎重考虑医疗保险，尤其是那些退休时还没有达到 65 岁、未达到联邦医疗保险参保标准的人。对大多数较早退休的人来说，最佳选择是继续缴纳雇主提供的医疗保险，因为个人在退休后还可以继续缴费 18 个月。根据具体的退休时间，你还可以考虑购买个人医保，覆盖退休 18 个月后到 65 岁满足联邦医疗保险参保标准前的这段时间。

一旦加入联邦医疗保险，某些通常由传统医疗保险支付的共付费用和其他费用就会成为自费项目。出于这个原因，你可以考虑加入联邦医疗保险补充计划。这类计划能以合理的费用为你提供全面的保障，而且能让你更好地控制和计划退休后的医疗开支。

房屋保险

"每年大约 1/17 的房子的房主会要求索赔。"[1]

房屋保险在投保人的房子受到损害时为其提供限额之内的

---

[1] 来自保险信息研究所的测算，基于 ISO 国际标准组织、Verisk 分析公司 2013—2017 年的房主保险索赔数据。

赔偿。很多人在索赔的时候才发现保单有赔偿限额。假如房屋遭到火灾、龙卷风、地震或者其他自然灾害的摧毁，很少有人能够负担得起重建梦想中的房子的费用，不过大多数人还是会选择购买房屋保险。房屋被完全摧毁的可能性很低，但是确实存在。好处就是，因为这是概率极低的事件，所以相对于受到保护的房产价值来说，保费比较便宜（见图6.1）。

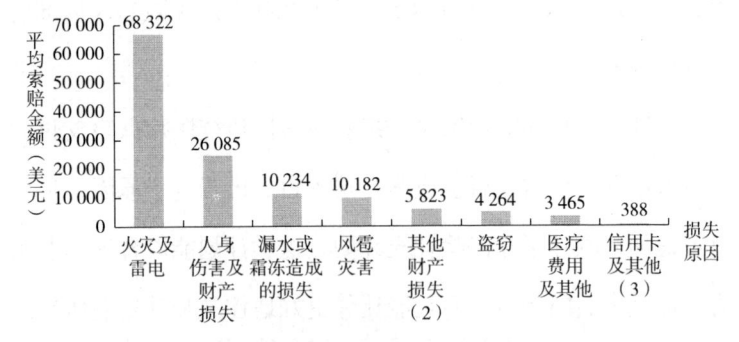

图6.1 房主损失以索赔严重程度排序（2013—2017）(1)

（1）数据包括房主多重风险保单，不包括租户和公寓业主保单。事故年发生的损失，不包括损失调整费用（每个事故年发生索赔的赔偿费用）。数据不涵盖阿拉斯加、得克萨斯和波多黎各。
（2）包括破坏行为和恶意破坏行为造成的损失。
（3）包括对未经授权使用各种卡片、伪造物、假币和未被分类的损失的赔偿。

和投保其他险种一样，你要先确定自己的保额，即房屋保险金额。这需要评估房屋重置价格，可能与其市场价值不同。房屋保险金额应该反映出当前用相同或类似材料重建房屋的成本。在美国的一些地区，材料成本持续上涨，房地产价格却长期保持在同一水平，因此，一定要了解当前的建筑成本是多少，准确计算房屋保险赔付金额。即使房产价值保持不变，材料的成本也在持续增长，因此，了解目前的建筑成本并确保保额设置适当非常重要。你的保险代理可以获得所在地区的平均建筑成本，这是进行估算的最佳信息来源。如果房屋价值较高，那么你可能还需要对财产进行评估，以确定重建的成本。

需要注意的是，只有当房屋保险金额达到房屋重置价格的80%时，保险公司才会全额赔偿房屋损失。假设你家里的一根水管爆裂，造成价值5万美元的损失。如果保单上列出的房屋保险金额是35万美元，保险公司估算的财产实际重置价格是50万美元，那么即使你保单上的房屋保险金额超过了5万美元的损失，保险公司也只给你一张43 750美元的支票（减去免赔额）。[1] 很多人在遇到这种情况时都会大吃一惊。

许多人惊讶地发现，自己的保单并没有想象中那样广泛的承保范围，这是因为保单对某些类型的损失或贵重物品的承保范围和赔偿金额设置了限制。因此，对拥有较高价值的房屋、出租资产或者其他有价财产或较为独特的财产（如游艇、老爷

---

[1] 保险公司使用的是你实际拥有的保险金额（在本例中是重置价格的70%）与你应该拥有的保险金额（房屋重置价格的80%）的比值：350 000美元/400 000美元=87.5%，因此它将赔付5万美元的87.5%，也就是43 750美元。

车等）的高净值人士来说，他们有必要与专业保险公司合作，因为它们提供的保险产品能有效保护这些类型的资产。大多数保险会限制对珠宝、皮草、古董和其他高价值物品的赔偿金额。你如果担心这些物品的价值遭受损失，就一定要和你的保险代理商量，要么在现有的保单上增加保额，要么购买单独的有价物品保险。

降低保费

  房屋保险的另一个重要组成部分是免赔额，即在保单生效之前你需要自己支付的任意理赔金额。我以前讨论过自我保险，即由你自己承担部分或全部风险。在房屋保险中，实现自我保险的一种方式就是设置免赔额。

  从数据角度分析，按照房屋重置价格的1%设置免赔额比较合理（假设你的现金流能够保障这笔支出，保费也在合适的范围内）。免赔额较高时，个人将承担更大的风险，保费相应下降，下降幅度应该足以抵付你在理赔时需要自己支付的金额。

  免赔额的变更受到多种因素的影响，例如个人的理赔历史、所在地区的理赔历史、保险公司以及房龄。因为单独设定每个投保人的免赔额比较困难，所以依照经验法则，可以以5

年为单位设置收支平衡期，也就是说，如果保费在5年之内降低的总数可以弥补免赔额上升的总数，就可以变更。假设你的免赔额为1 000美元，你想将其提高到2 500美元，你就要确定自己的年度保费至少下降300美元，只有这样才值得变更，因为你现在面临的风险增加了1 500美元。

保单上需要评估的另一项内容是责任保险。如果你有雨伞险（你应该有雨伞险，下文马上就会谈到这个问题），那么你的房屋保险和汽车保险的保险范围应该与雨伞险相协调。如果你没有雨伞险，那么责任保险的额度应根据个人的具体情况由保险代理进行评估。

最后，根据房屋所在地区，你还有其他保险产品需要考虑，如针对洪水、地震、飓风、冰雹的保险，你需要与保险代理进行讨论，确保得到最佳保障。

车辆保险

假如当初我问人们需要什么，他们会说，需要马跑得更快。

——亨利·福特

法律规定，车主只有购买车辆保险才能上路驾驶，以确保遇到意外时，车主有足够的资源承担个人责任带来的损失。还有很多人选择购买综合险或者碰撞险，也是为了给自己的车提供保障。在购买这些额外的保险之前，你要仔细评估一下免赔额。如果个人的现金流充足，那么选择较高的免赔额从长远来说更省钱。但是，如果车主是刚达到驾驶年龄的孩子，那么最好还是选择较低的免赔额，万一出现意外，得到的理赔金额较高。总而言之，和房屋保险的免赔额一样，设置免赔额需要综合考虑保费情况。

随着车龄的增长，你可以选择放弃综合险或者碰撞险，只选择责任险。在人生的某些阶段，大家都开过便宜的二手车[1]，没有必要购买全险。

和房屋一样，汽车的责任保险应该与雨伞险的保险范围相协调。如果没有雨伞险，责任保险的保险范围就取决于个人情况以及保险代理的建议。在确定责任保险的保险范围时，不要只参考大多数州的法定最低要求。多辆车受损（或多个司机受伤）的情况现在很常见，车辆维修成本和医疗成本都在上升，在这种情况下，损失很容易突破保险范围的极限，你需要自掏腰包，支付超出的费用。

---

1 反正我肯定经历过。

另外，还要注意的一种情况是，成年子女驾驶你所拥有的车辆，并在你的保单下得到保障。没有婚姻关系的成年人在共同拥有资产时，也可以共同承担相应的责任。如果成年子女在驾驶你的汽车时发生事故并被起诉，那么你的资产也会受到影响，因为你是汽车的所有人。这听起来很不公平吧？如果你已经不再为子女提供经济支持，只是给他们提供了一辆车并附赠了车险，避免上述风险的最佳方式就是将汽车的所有权转让给子女。[1] 这会导致车险的保费增加，不过在大部分情况下，通过支付这笔钱来降低相关风险还是值得的。当然，对于具体情况要具体分析，你还是要根据个人的需求，请保险代理进行评估之后再做决定。

雨伞险

每件事都由很多因素组成，想操控一件事，就相当于想和宇宙作对，这太傻了。

——迪帕克·乔布拉

雨伞险就是针对雨伞的保险，如果你有一把高质量的雨伞，

---

[1] 或者让他们自己打车出行。

比如上面有图案或者大波点,那么你也许需要为它买一份保险。不好意思,我在开玩笑。有关保险的内容写得我有些晕头转向。总而言之,风险管理部分马上就要讲完了,坚持![1]

雨伞险是一种附加责任险,也就是在房屋保险和汽车保险的保险范围外提供额外保障的保险。雨伞险经常被忽视,其实该险种能够让个人在多种特定情况或高风险情况下得到保障。雨伞险覆盖了在多种时刻由于多种原因发生的事件,它们往往都在人们可以预见的范围之外。比如,你在过马路时撞到人,或者别人家的小孩在你家玩蹦床时受伤了,小孩父母要起诉你。在这些情况下,雨伞险能够为你的资产提供保障。在我们生活的社会中,诉讼行为已经越来越常见。[2] 无论你多么努力地保护个人的财务安全,一旦输掉某场大型官司,所有的努力就都白费了。正因如此,购买雨伞险还是很有必要的。在购买雨伞险的时候,你还可以接触到保险公司的律师团队,在出现意外的时候,他们可以帮助你解决问题。

虽然雨伞险覆盖的事件发生的概率很低,但这类事件确实会发生,在许多情况下,它们可能会对个人的财务自由造成永久性的打击。雨伞险的保费其实也反映出这类事件的发生概率

---

[1] 坦白说,风险管理确实不是个人财务中最有趣的部分。我已经竭尽所能了。
[2] 我都能听到你的呐喊了,"可不是嘛!"

极低，相对于该险种提供的保障来说，保费比较便宜。雨伞险的保额最好不低于 100 万美元，200 万美元到 500 万美元之间比较合适（在某些特殊情况下还可以更高），这取决于个人的资产净值。注意，雨伞险的保额不需要与资产净值严格匹配，它只是为了促成和解，而不是为了引人"狮子大开口"。你要有信心，任何针对你的诉讼都可以在保单的保险范围内得到解决。保险代理可以为你提供引导，设置合适的保额。购买了雨伞险之后，你要检查房屋保险和汽车保险，以确保这些保单下的责任保险与雨伞险的要求相协调。因为雨伞险是一种额外的责任保险，它的保险范围与房屋保险或者车辆保险的保险范围之间的差额都将由你个人支付。你必须提前对这些保单进行评估，否则，当你忙于其他事情的时候，说不定你就会因为一个小小的保障缺口而失去一切。[1]

---

[1] 呼！终于说完了！拍拍自己的胸脯。看来你确实在认真改善自己的财务状况！也可能是你真的喜欢保险？我猜想应该还是前者。阅读完这一章，你就算迈过了一个大坎，之后的内容会更加轻松。

第七章

遗产规划

彼得·默劳克

今天有人在树荫下,是因为很久以前有人栽了树。

——沃伦·巴菲特

如果你已经落实了之前章节谈及的内容,那么,恭喜你!这说明你理财计划的关键部分有了明显的进展。现在,把你的眼光放得更长远一些,看看当你离开之后,谁会从你的资产中受益吧。毕竟,这是世界不变的规律,无论计划多么成功,它总有一天会成为你的身后事。如果没有相应的规划,政府就会接管你的资产。

可能你想让遗产处置尽量简单,又或者你想让遗产惠及未来几代人,不论有何偏好,合理的遗产规划都会让你用最少的管理费用和税费实现愿望。规划离世之后的事情并不会让离世提前发生，却能够让人在有生之年更好地实现目标和愿景。

从基础开始

> 拖延症就像信用卡，偿还的时刻到来前一切都很欢乐。
> ——克里斯托弗·帕克

每当提起遗产规划时，我被问到的第一个问题都是："应该什么时候开始考虑遗产规划？"答案很简单：你如果还没有任何与之相关的文件，现在就可以着手。在你离世的时候，如果没有与遗产处置相关的文件，就相当于你把重要问题（比如谁将获得你的财产，谁将抚养你的孩子等）的决策权交给了遗嘱认证法院。你希望由陌生人决定你的家人如何分配你的资产吗？你希望由陌生人决定谁将得到孩子的监护权吗？大概率不会吧。即使你已经准备好了相关文件，在个人生活或者财务状况发生重大变化时，你也应该重新检查一遍。比如：

- 孩子出世。
- 远距离搬迁。
- 个人资产净值发生重大变化（比如获得遗产、彩票中奖）。

- 收购或者卖出公司。
- 结婚或者离婚（包括你个人和你的遗产受益人）。
- 希望改变受益人或者资产分配方式。
- 家庭成员去世。
- 遗产税或者赠与税的变动。

"现在"并不希望得到答案的人往往会找出以下借口：

- "我没有很多资产，所以遗产规划不重要。"即使你的个人资产情况简单明了，你也需要做遗产规划。如果它不重要，那么你为什么工作？为什么投资？为什么规划自己的开支？你其实知道它很重要，只是自己懒得处理罢了。
- "我的资产不少，处理起来很麻烦。"如果你觉得现在准备好这些文件很麻烦，那么试想一下，当你失去行动能力或者死亡后，你的家人要面临的是什么？你如果拥有重要资产，就应该马上着手进行遗产规划。
- "我的情况很复杂。"如果你觉得自己的情况复杂，牵涉一些艰难的抉择（比如子女是问题儿童，或者子女来自不同的婚姻，或者结婚14次，等等），那么试想一下遗嘱认证法庭上的场景吧。法庭会为你做出决策，但是结果跟你的意愿完全没有关系。

对大部分人来说，他们其实只需要一些关键的文件就能做好遗产规划，这并不是很复杂。花半天时间，认真梳理一下自己的遗产事务吧。你的家人（以及投资顾问）会对此非常感恩。

遗产规划主要包括四个问题：失去行为能力后的计划，去世后的资产分配，如何避免遗嘱认证，如何降低或者免除遗产税。对超级富豪来说，遗产规划可能还包括资产保护。但是对大多数人来说，只有这四个问题。我们来一件一件梳理。

问题一：失去行为能力后的计划

假设有一名客户走进我的办公室，说："如果我失去了行为能力，那么我根本不在乎谁来决定我的医疗，也不在乎谁会管理我的财务。假设需要做出选择，那么我相信政府会做出合理明智的决策，都交给政府吧，我觉得挺好。"这听起来有点儿荒谬。如果你对自己无行为能力后的情况没有任何计划，你就相当于说了这些话。

"无行为能力"是一个法律概念，指一个人失去了处理个人事务的能力。[1] 无行为能力有可能在任何年龄段因为医疗原因而产生，比如陷入昏迷；也有可能因为自然衰老而产生，由于敏锐度下降，无法做出有利于个人的决定。不论出于什么原因，在无法再为自己的财务和医疗事务做出决定时，这个人就可以通过法律文件授权他人代为决策（这又叫"委托"），也可以授权遗嘱认证法庭指定。

问题二：去世后的资产分配

> 生命中最美好的事情都不要钱，
> 那就把它们留给小鸟和蜜蜂吧，
> 给我金钱就可以（正合我意）。
> ——《钱（这就是我想要的）》[Money（That's What I Want）]

大部分人在想到遗产规划时，通常会关注一个显而易见的问题：在自己离世之后，谁来继承遗产。与上述的医疗和财务决策一样，如果个人没有明确表示意愿，遗嘱认证法庭就将做

---

[1] 注意，法律意义上的无行为能力和日常生活中大手大脚是两回事。我经常向妻子解释二者的差别，因为每次我走错路、忘记接孩子或者弄错了家庭活动的时间，她就会说我没有行为能力。

出决定。

如果个人资产没有被明确分配，那么很有可能会导致其财务陷入混乱，家庭陷入纷争。孩子们争抢遗产，兄弟姐妹为了祖母的古董首饰大打出手，八竿子打不着的亲戚突然出现……类似的故事比人们想象的更为常见。在被继承人离世之后，家庭时常弥漫着紧张的气氛，因为唯一能把事情说清楚的人已经不在了。正因如此，为了避免让家人陷入纠缠，你作为被继承人，应该给出清晰明确的遗嘱。你是不是觉得孩子们相亲相爱？可能是吧。但是只有在你离世之后，在那些你倾注一生精力积累的资产开始清算、在孩子们之间进行分配的时候，考验才真正开始。大部分遗产分配都进行得比较平和，但是在遗产分配的时刻到来时，不少人会哼着上面的歌词出现。

如果你去世前没有遗产规划，你就属于无遗嘱死亡，谁来处理你身后的事务、谁将获得你的遗产，这些问题将由你所在州的无遗嘱规定决定。换言之，如果你连规划草稿都没有，州政府就会给你准备一个！每个州都有规定的继承人、继承顺序、继承比例。遗嘱认证法庭将会给未成年子女指定监护人。在无遗嘱死亡的情况下，处理时长、行政手续以及相关成本都可能减少受益人实际获得的资产（而且，受益人可能也和你的预想不一样）。

遗嘱

你如果想知道一个人真正的品格，就和他共享遗产。

——本杰明·富兰克林

遗产规划中最常见的文件就是遗嘱。在起草遗嘱之前，你需要做出三个重要决定：

- 选择受益人。遗嘱让遗嘱人有机会决定谁将继承自己的资产。以书面形式表达意愿在法律层面至关重要，同时这也有助于减少家庭成员关于财产分配的分歧。
- 选择执行人。执行人就是遗嘱人在遗嘱中指定的负责交税、还贷、收回并保管资产、根据遗嘱分配资产的人。执行人会将遗嘱提交法庭，在遗嘱认证过程中管理资产，处理遗产相关的各项事务（例如信用卡、车贷、房贷等），建立遗产银行账户，等等。一般来说，遗嘱人会选择家庭成员、密友、信托公司或者律师作为执行人，总之，一定要谨慎选择！
- 选择监护人。遗嘱人如果有未成年子女，就可以在遗嘱中指定监护人，即在遗嘱人离世情况下的子女抚养人。选择监护人时要考虑此人是否有承担这项责任的意愿（可能还需要考虑此人的价值观、信仰是否与遗嘱人一致）。[1]如果遗嘱没有指定监护人，那么任何有意愿照顾孩子的人都可以向法官申请监护权，即由法官选择监护人，凭借法官个人的判断来做出"最有利于孩子"的选择。

直接分配与交付信托

在决定遗产如何分配时，可以直接将资金或者财产交给受益人（直接分配），也可以交付信托。信托是一种持有资产的法律形式，遗嘱信托就是在遗嘱人死亡后产生的信托。遗嘱信托有多项功能，主要目的是明确在遗嘱人去世之后，其资产可以使其子女或其他继承人获益。

假设一对儿夫妻拥有 40 万美元的资产，计划将其平均分配给两名子女，两名子女分别为 19 岁、20 岁。如果夫妻二人现在意外去世，那么两名子女将各自无条件获得 20 万美元的资产，但问题是，19 岁、20 岁的子女能好好规划这笔钱吗？所以，夫妻二人在遗嘱中增加了一项条款，要求建立遗嘱信托，并规定子女在 30 岁以前可以领取部分信托本金及收益用于医疗健康以及教育，在年满 30 岁时获得全部余款。[2] 该遗嘱

---

1 当然啊！
2 我个人认为，30 岁与 20 岁的差别不大。

也将指定受托人，即根据遗嘱信托条款持有该遗产并负责投资及分配的个人或者公司。

问题三：避免遗嘱认证

年轻人，法庭讲的是法律，不是正义。

——小奥利弗·温德尔·霍姆斯

遗产只要达到一定数额，不论是否存在遗嘱，都将交由遗嘱认证法庭进行遗嘱认证。"遗嘱认证"和"遗嘱认证法庭"这两个词已经出现了很多遍，它们到底是什么？遗嘱认证即法庭确认遗嘱的有效性（如果有遗嘱）和遗嘱执行人的过程（如果没有遗嘱，法庭就会指定执行人）。遗嘱认证需要执行人依法提交相关文件和报告，以便缴纳税款、偿还债务，并在法庭的监督下分配剩余资产。[1]遗嘱认证的主要目的是为遗嘱人的债权人提供时间窗口，追讨欠款，以及让遗嘱执行人追讨他人对遗嘱人的欠款。遗嘱认证也会在必要的情况下确定房地产所有权。

1　还可能出现问题吗？

可能有人会说："所以，我的遗嘱要经过遗嘱认证，这有什么坏处呢？"幸亏你提出了这个问题！遗嘱认证过程中有几件事情，很多人都希望避免。

- 资产被管控。在遗嘱认证过程中，继承人不得出售资产，执行人只能在获取法庭准许的情况下出售资产。
- 过程漫长。遗嘱认证至少需要 6 个月，一般情况是 1 年。如果出现遗嘱争议（即遗嘱的法律效力受到质疑）、商业问题或者其他异常情况，认证过程就会更长。认证时间在各州也有差异。
- 可能产生较高的费用。各州的费用不同，不过遗嘱认证的费用确实可能会达到上万美元。
- 遗产细节会被公开。一些名人的遗产细节是如何出现在媒体报道中的？因为遗嘱认证成了公开记录。任何人都可以通过遗嘱认证法庭的记录获取遗嘱人所有的财务信息、遗嘱分配计划、资产目录。想到自己最隐私的财务信息要被公之于众，大部分人都不会高兴吧。可能有人会觉得，不相关的人不会在意自己的遗产，非也，有人可是专门凭借遗嘱认证来"工作"的。这种人专门搜索谁将获得大笔遗产，并将遗嘱受益人列为自己的目标。

法庭还会要求执行人提交各种文件，公示遗嘱人的死亡，让各种债权人有机会索要遗产。[1]

而且，如果你的财产分布在各州，多次遗嘱认证（又叫作辅助遗嘱认证，即在财产所在各州分别进行遗嘱认证）可能就会出现。例如，遗嘱人过世前居住在纽约市，同时在佛罗里达州拥有一处公寓，那么遗嘱认证就需要在纽约州和佛罗里达州分别进行。

遗嘱能够让遗嘱认证程序推进得较快，但整个流程仍然是必需的。在现实中，只要有遗嘱的存在，最后基本上都要进行遗嘱认证。如果你不太喜欢这个程序，那么，有一些方法可以避免遗嘱认证。

- 某些资产可以绕过遗嘱认证。若资产已经有指定受益人，则不需要再进行遗嘱认证，比如人寿保单、退休账户等。假设遗产继承人的名字不在上述资产的受益人中，或者上述资产的受益人已去世，且没有变更为其他受益人，那么这部分资产将会纳入遗产，进入遗嘱认证程序。

---

[1] 总的来说，就是失去对资产的控制、耗费时间、成本很高，还会面临信息被公开，仅此而已，也没有多糟糕。

- 某些州允许其他特定资产绕过遗嘱认证。各州的规定差别比较大。如果你的遗产数额不大，而且资产类型在本州刚好不需要进行遗嘱认证，就可以完全避免遗嘱认证。
- 共同持有。共同持有的资产在第一所有人去世时无须进行遗嘱认证。但是，用这种方法避免遗嘱认证有几个缺点。共同持有只是延后了遗嘱认证的时间，如果两位所有人同时去世，遗嘱认证就会立即进行。另外，将个人财产转为共同财产可能会带来相应的责权问题和税务问题。
- 设立可废止生前信托。妥善设立的可废止生前信托可以避免所有财产的遗嘱认证。

可废止生前信托

我有父亲的遗产，就是月亮和太阳，无论我流浪到世界哪个角落，都花不完。

——海明威，《丧钟为谁而鸣》

大概是在10年前，我认识一对儿上中西部地区的夫妇，他们通过房地产行业发家。他们不打算在遗产规划中设立信托，因为律师告诉他们，遗嘱认证"不是什么大事"，没必要设立信托。4年前，丈夫不幸去世了，妻子直到现在还在等待遗嘱认证法庭的手续，一直没能卖出资产。遗嘱认证非常麻烦，即使遗产规模不大也可能很麻烦，要避免遗嘱认证其实有非常简单的办法。

很多人都理解遗嘱的重要性，但是没有多少人理解信托及其机制。通常的想法是，信托是高净值人群关注的事情。事实并非如此。不论个人的净值高低，可废止生前信托都可以成为遗产规划的核心部分，它可以帮你避免遗嘱认证。

简单而言，可废止生前信托就是一种持有资产的法律形式。因为信托是遗嘱人在世时设立的，因此叫生前信托，该信托可以随时被终止，因此叫"可废止"。虽然名字不好听，但是可废止生前信托是"可以在人生中任何时间终止的一种持有资产的法律形式"。

可废止生前信托（下文简称"生前信托"）最大的优势在于，其中的所有资产都不需要进行遗嘱认证。因为委托人和受托人都是遗嘱人本人，所以委托人有生之年可以直接管理生前信托中的所有资产，如使用生前信托银行账户进行消费、报税时扣除生前信托名下房产的抵押贷款利息等。如果委托人失去行为能力，继承受托人就会接管信托，直至委托人康复。如果委托人去世，继承受托人就会根据生前信托的条款分配资产。

生前信托与遗嘱有很多相似之处，包括委托人指定受益人、设置遗嘱信托条款、分配慈善捐赠等等。我知道肯定有人会问："既然生前信托那么好，为什么没有人人都设立？陷阱在哪儿？"

我可以给出一个最简单的回答：生前信托非常好，如果你拥有的资产达到了遗嘱认证的要求，你就应该设立生前信托。如果你的资产数额不大，比如房子和车子都是租的，其他资产也已经有了指定受益人，没有达到遗嘱认证要求，那么设立生前信托就没有特别大的优势。不过，话说回来，往遗嘱规划中纳入生前信托非常简单，这为这一选择增加了优势。

设立生前信托或者起草遗嘱前，你需要考虑两个主要问题：成本和文书。起草生前信托的成本比起草遗嘱更高，文书通常涉及改变资产的所有人和受益人。生前信托的条款只适用于信托名下的资产。因此，如果要用生前信托管理房产、银行账户、投资账户，就必须将它们的所有人从自己改为生前信托。改变这些资产的所有人就意味着为信托提供资金。

在自己的有生之年，如果某些资产没有进入生前信托，那么该怎么办？在设立生前信托时，委托人还需要设立"倾注遗嘱"，该文件将确保委托人在信托之外的其他资产在委托人去世后被并入信托。这就像个人资产的"安全网"。但是，与其他遗嘱相似，倾注遗嘱也需要进行遗嘱认证，因此，委托人在世时将资产的所有人变更为自己设立的生前信托还是非常重要的。如果设立了生前信托,但是在提供资金的过程中做得不够完善,那么还是可能导致所有遗产又要进行遗嘱认证,相当于白白耗费了设立信托的时间和开支。

关于遗嘱认证还有最后两点思考。我经常听到有人说:"为什么要担心遗嘱认证啊?到那个时候我人都不在了。"首先,生前信托可以在委托人失去行为能力的时候起作用,即继承受托人会管理资产直至委托人康复。其次,如果委托人死亡,遗产就和委托人无关了,变成了继承人的事情。当家人们都在为亲人的离去而伤心时,继承人还要履行复杂的法律程序,这无疑就是雪上加霜。委托人的资产和账户可能会被冻结,直到遗嘱认证结束,这可能会影响到处理遗产的费用和家庭的日常开支。

我还经常听到有人说:"我不需要生前信托,我们州的遗嘱认证很简单。"有一些州在简化遗嘱认证程序方面确实取得了很大的进步,但是你知道什么更简单吗?不走程序更简单!我的不少客户都听了律师的建议,坚信遗嘱认证简单易行,结果后来因为解决遗产问题花了好多年的时间。如果考虑出庭时间和其他烦人的事情,那么,相比之下,设立生前信托还真是个不错的选择。

财务

失去行为能力不仅会涉及医疗方面的问题，还会涉及个人事务的处理，例如缴水电费、签法律合同、与其他机构（如电信公司、保险公司等）联系。如果没有法律授权文件，就没有人能够代为处理。假设在你失去行为能力的时候没有类似的法律文件生效，你的配偶、亲属或者朋友就可能需要经过法官的授权才能处理你的个人事务。

这种情况就需要举行遗嘱认证公开听证会。和其他庭审一样，听证会的持续时间可能很长，需要律师参与，费用也很昂贵。如果法庭任命代理人处理你的事务，那么这相当于你的个人权利被取代，而且被交到了并非你自己选择的人的手中。即使法庭任命了代理人（法庭一般称监护人），你也可能遇到其他麻烦事。这听起来有趣吗？一点儿意思都没有。其实也有避免麻烦的简单办法。

你可以通过持久授权书指定某人作为你的代理人，处理财务方面的事务。持久授权书不同于普通的授权书，在个人失去行为能力，无法做出抉择时（往往也是最需要授权书时），持久授权书依然有法律效力。很多人会授予自己的代理人较大的权力，其实，代理人的权力大小完全由授权人决定，例如，你可以限制代理人转赠自己资产的权力。

医疗护理

几年前,一位客户给我打电话,她整个人处于一种歇斯底里的状态。她一边抽泣一边说,我几乎听不清。原来,她的女儿在从学校开车回家的途中遭遇车祸,已经被直升机送去了当地某医院。因为女儿已经19岁了,所以这位客户并不能直接获得法律授权,在医疗方面替女儿做决定。后来女儿完全康复了,但是这位客户意识到自己在事情发生时的无能为力。自此之后,我都会建议自己的客户不仅为自己准备医疗方面的持久授权书,也要为成年子女准备。

近75%的美国人在医院或者其他医疗服务机构去世。如果没有完整的法律文件,提供医疗服务的机构就掌握了你的医疗决策权。在很多情况下,医生有责任尽一切办法延续病人的生命,但是医生的判断与病人的信仰或者临终医疗意愿不一定一致。在重大手术或者延续生命的技术方面出现问题时,医生可能不会征求病人亲属的意见。即使医生征求了病人的配偶或者亲属的意见,如果治疗方案出现分歧,那么问题也很多。在某些情况下,一些分歧可能需要通过遗嘱认证法庭[1]处理,法官会判断由谁(法庭对此一般也称监护人)决定病人的治疗方

---

[1] 没错,又是遗嘱认证法庭,它比车辆管理所还可怕。

案。这个过程不但费用高，耗时长，而且对牵涉其中的每个人来说都是一场煎熬。

只要填写一些基本的医疗文件，你就能够在个人的医疗方案问题上掌握主动权，并确保自己的意愿得到执行。医疗保健持久授权书，也叫医疗保健委托书，可以授权医疗保健代理人在授权人无法做出医疗决定的时候代为决定。在选择医疗保健代理人时，你要确定对方能够遵照你的意愿做出决定。记住，在现实中，不是每个医疗决定都像《实习医生格蕾》里的那样惊心动魄，医疗决定也包含换医生或者转院这类比较简单的事情。代理人可以是你的配偶、亲属或者朋友。记住，代理人可能需要和委托人的家人、医生进行交涉，这些人可能有不一样的理念或者利益关切。你如果觉得可能会出现类似情况，就要确保代理人在冲突发生时能够坚持按照你的个人意愿行事。另外，最好选择居住地离你较近的代理人，也挑选好候补代理人，以应对第一代理人无法或者无意愿出面的情况。

生前遗嘱（又叫医疗声明、医生指示、医疗指示）明确个人在无法沟通治疗意愿时会接受或者取消何种治疗。医生一旦收到该指示文件，就必须遵照病人的意愿执行，或者将病人转给能够遵照其意愿的医生。生前遗嘱不同于医疗保健持久授权书，后者将医疗决定权转移至他人，前者仍由遗嘱人本人掌握。生前遗嘱的内容往往包含器官捐献、疼痛管理以及心肺复苏。确保自己和配偶（如果已婚）订立这份文件，父母和子女也应该有相应的文件。

问题四：降低或者免除遗产税

我留给孩子的，要足够让他们感到可以有所作为，又不能多到让他们觉得可以无所事事。

——沃伦·巴菲特

对大部分人来说，遗产税规划不大可能是一个问题。比如，美国国家税务局2020年的个人赠与税免税额（赠与人终身免税赠与的额度）为1 158万美元。如果生前赠与额超出这一数字，就需要缴纳赠与税；如果去世后赠与额超出这一数字，就需要缴纳遗产税。赠与税的税率与遗产税一致，均为40%。

美国国家税务局允许个人每年赠与他人1.5万美元，不计入终身免税额（又叫年度免税额）。也就是说，你可以每年送给朋友或者家人1.5万美元，并且在去世时仍享有1 158万美元的免税额。这些加起来就很多了。

已婚夫妻在生前或者去世后都享有彼此的无限免税赠与额度，所以遗产税只有在两人都去世之后才需要被缴纳（在存在应税遗产的情况下）。配偶双方的终身免税额可以叠加，也就是说，只有两人的净值资产超过2 316万美元，才需要缴纳遗产税。

需要注意的是，我们对遗产税免税额的讨论，主要针对联邦法律中的规定。某些州会在遗产税之外对个人死亡时的财产转移征税。这对很多中产阶层人士来说存在影响，因为人寿保险就在这个范围内。

在当代政治领域，遗产税和赠与税的问题一直存在极大的争议。税法改来改去，说不定哪天你的后代就需要缴纳遗产税了。[1] 因此，你应该定期与律师回顾自己的遗产规划，了解新的法律规定会不会对自己的遗产规划有影响。

降低遗产税最简单直接的方法就是花钱。[2] 遗产税的课税基础是个人的遗产，所以你只要花得够多，将整体资产数额减少到终身免税额以下（目前约为1 100万美元），你就基本避开了遗产税。而且，利用个人资产和家人出去旅游、与朋友社交、听音乐会，或者追求个人的兴趣爱好，都可以让你获得极

---

[1] 在你读到此处的时候，税法可能已经被改了6次。
[2] 我猜你可能没想到这本书里还会出现这样的策略吧。

大的快乐，反正比让遗嘱执行人替你向美国国家税务局缴税快乐得多。

对拥有应税遗产的个人来说，通过花钱的方式避税不是解决问题的合理方法，你需要进行严谨的规划。关于遗产税规划，总的来说，就是充分利用年度免税赠与额、终身免税额，以及慈善捐赠。很多政策在被继承人生前或者即将过世时都可以被使用。

首先，被继承人在有生之年有许多赠与方式，这在一定程度上有助于降低遗产税。

- 每年直接向受益人支付1.5万美元。配偶双方的免税额分开计算，因此两人可以分别向一位受益人支付1.5万美元；如果该受益人已婚，那么还可以分别向其配偶支付1.5万美元。也就是说，被继承人夫妻每年可以向受益人夫妻赠送6万美元，不需要支付赠与税，也不影响终身免税额。

- 支付大学学费。可以利用年度免税赠与额每年给予受益人1.5万美金，并存入529储蓄计划，赠与人还有可能因为这项赠与获得所得税的减免。如果受益人已经上大学，那么可以直接向其学校支付学费，学费不计入年度赠与额。

- 支付医疗费用。可以支付朋友或家人的医疗费用,在直接向医疗机构支付的情况下,这部分费用不计入年度赠与额。
- 慈善捐赠。向慈善机构的捐款不计入赠与税或者遗产税的额度。

直接赠与受益人资金非常简单(而且显得很大方),但是赠与人无法控制受益人如何使用资金。就像设立遗嘱信托一样,很多人还是希望能对赠与后受益人的行为有所限制。通过设立不可废止信托就能实现这一点。与遗嘱信托相似,不可废止信托可以让委托人决定受益人如何使用资金,比如用于医疗、教育、抚养、赡养等。但是,和可废止生前信托不一样,不可废止信托不能被撤销、替换或者修改。信托一旦被设立并有资金注入,它就不再受委托人控制。委托人可以任命被委托人决定如何管理和分配资金。那么,不可废止信托的优点是什么?它是一个独立的法律实体,其中的资产在委托人去世后并不会被纳入遗产税的计算范畴(但是该信托需要在委托人去世3年前设立)。

不可废止信托的使用方法有如下几种:

- 利用年度免税赠与额。可以选择不直接将年度免税赠与额以现金形式支付给受益人，而是将其放入不可废止信托中，这种方法特别适用于受益人年纪较小或者在管理资金方面有困难的情况。
- 持有人寿保险。将人寿保险纳入不可废止信托是十分常见的情况，甚至已经有专属的名称——ILIT，即不可废止人寿保险信托。很多人都知道，人寿保险保单的收益不需要缴纳个人所得税，但是，这类收益需要缴纳遗产税。为了避免被征收遗产税，现有的保单可以转入不可废止信托，或者可以通过信托建立终身寿险保单。如此一来，信托中的资金就可以用于支付人寿保险的保费，当投保人去世后，保险金将支付给信托受益人，而不需要缴纳遗产税或个人所得税。对高净值人群来说，这种安排有较大的优势，因为它代表有一笔信托资金不再需要缴税，而且，如果每年都通过信托支付人寿保险的保费，那么应税遗产的数额也会降低。假设有一对儿55岁的夫妻，遗产总价值为2 500万美元，有3个子女。夫妻两人希望利用对子女的年度免税赠与额来支付不可废止信托中联合人寿保险的保费。他们可支付的保费是每年9万美元（1.5万美元年度免税赠与额×2个配偶×3个孩子=9

万美元）。根据核保结果，他们如果余生坚持支付这笔保费，就可以获得死亡赔偿金约为1 300万美元的终身人寿保险。假设他们在85岁时去世，通过支付保费，他们可以减少270万美元的应税遗产（9万美元×30年=270万美元），而他们的子女将免税共享1 300万美元的死亡赔偿金。这些资金通常可以被用来作为必要的现金流，用于被继承人过世后的费用支出和大笔遗产的结算。

- 使用终身免税赠与额。对超高净值的个人来说，不可废止信托可将他们的全部终身免税赠与额（单身为1 158万美元，已婚为2 316万美元）赠送给受益人，这有助于保护这笔可观的资金，还可以为他们节省大量的资金。可是，为什么现在就要赠与这么多钱？假设某人当前的资产为1 000万美元，预期资产会在有生之年大幅增值，将来可能会被征收遗产税。将这笔资产转入信托，就不需要缴纳税费，因为资产数额小于终身免税赠与额。假设20年后委托人去世，信托中的资产价值为2 000万美元，由受益人免税继承。如果这2 000万美元是在委托人去世后直接赠与受益人的，那么这笔钱需要缴纳高额的遗产税。

不可废止信托可以提前设立，也可以在委托人过世后设立。还记得遗嘱信托吗？ 遗嘱信托其实就是在委托人过世后设立的不可废止信托。[1]例如，在重组家庭中，在委托人死亡后设立一个不可废止信托的做法非常常见，这种方法既可以为在世的配偶提供收入来源，也可以将信托中的本金留给委托人的子女。

不可废止信托还可用于更复杂的规划策略，比如资产保护、为有特殊需求的家庭成员提供经济支持、医疗补助计划、慈善赠与规划、企业出售规划等等。财务规划师或遗产规划律师可以帮助你确定哪些策略最适合你的个人情况。

慈善规划

> 我们靠赚钱生存。我们靠给予生活。
>
> ——温斯顿·丘吉尔

美国人民属于世界上最慷慨的人群之一。对很多投资者来说，慈善规划已经是理财规划中的一部分了。把钱送出去应该很简单（一般情况下是这样的），但是对要将遗产用于慈善的

---

[1] 因为委托人已经不在世了，无法进行什么变更，此时的遗嘱信托都相当于"不可废止"。

高净值群体来说，他们可能需要探究一下具体的选择。

很多高净值人士会通过每年例行的捐赠造福社会。但是，很多人也希望个人的慈善影响力能够延续到自己过世之后，建立慈善遗产，造福更多代人。这些目标通过合理的规划是可以实现的。这需要制定接受赠与的法律框架，通过该框架投入资金，并进行管理，在捐赠者去世之后，由合适的管理人员延续慈善遗产的工作。

我们来看看，哪些方法可以将个人的慈善捐赠与财务遗产最大化。

- 将资产直接捐赠给慈善组织。这不一定是最佳选择。例如，如果子女继承的个人退休账户中的资产价值是10万美元，用于慈善捐赠的一片土地价值为10万美元，那么子女需要为个人退休账户的遗产纳税。但是，如果将个人退休账户直接用于慈善捐赠，将土地留给子女，慈善组织就可以获得个人退休账户中的资金，无须纳税，子女也可以在被继承人去世后出售土地，不需要纳税。[1]
- 与捐赠人建议基金合作。捐赠人建议基金是一种公共慈

---

[1] 可以说，这是既简单又体面的做法。

善机构，由慈善捐赠人出资建立账户，然后基金协助其分配资产，用于支持对其最有意义的慈善组织和事业。该账户可以在捐赠人生前或者死后建立，管理费用相对较低。向基金投入资金后，捐赠人即可获得所得税减免，同时可以引导资金的使用时间和方向。对财力中等和财力雄厚的个人来说，这是一种建立慈善遗产的好方式。

- 建立私人基金会。对超高净值的个人来说，私人基金会可以更好地发展为造福多代人的慈善遗产。私人基金会是一种独立慈善实体，由基金会人员管理，负责基金会的运作以及资产的分配，实现慈善使命。私人基金会中资金的使用和分配有很多规则和规定，比如，其中的部分资金需要被用于支付工作人员的工资，整体的运营成本会更高，捐赠人的家庭成员如果在基金会工作，就可以获得工资。基金会可以由捐赠人生前或者去世后的资产提供资金，也可以由捐赠人、捐赠人的后代管理或捐赠人与后代共同管理。

- 给高净值人群的额外提示：如果你计划在自己去世之后将大笔财产用于慈善，那么你可以重新考虑一下。如果在世时捐赠，那么，即便是捐给自己的基金会或者投资给捐赠人建议基金，你也可以避免遗产税，还可以得到较高的所得税减免。[1]

为自己的慈善遗产规划愿景，对在投资组合中选择最合适的工具和方法来说至关重要。比如，假设某人希望建立个人基金会，从今年开始，每年都捐赠 5 万美元（经通货膨胀调整）给各项慈善事业。为了实现这一目标，他需要现在就给基金会投入 100 万美元。另外，基金会的投资组合也需要定制，争取让每年的捐赠额主要来自投资收益和资产升值，为资产保值，造福未来更多代人。和其他财务计划一样，只有在明确个人希望实现的目标之后，才能设计投资组合，制订储蓄计划。

目前，我们已经讨论了退休规划、教育规划、慈善规划，可能你已经发现了，我们竟然还没有说到挑选投资产品。其实，我们已经讨论了最重要的决策——确定自己希望落实的目标、制订存款计划、识别最能提高成功可能性的工具，这些为后面的内容打下了基础。一旦完成了规划，我们就可以着手建立投资组合，一一实现目标了。

你如果想要变得富裕，就从学习富人的行为开始。[2] 首先

---

[1] 这也是我们对世界上最富有的 1% 的人发出的公告。
[2] 不要学习如何颐指气使，更不要学习花钱如流水。

清晰地陈述愿景，然后朝着那个方向不断努力。

着手开始吧！

无论你的资产净值是 10 万美元还是 1 亿美元，你都应该做好遗产规划，而且不仅仅是自己的遗产规划。子女在成年之后就需要遗产规划，父母也需要遗产规划，如果你能将这件事告知他人，那么这最好不过。这其实是追求财务自由的旅程中最简单的部分，你只需要和遗产规划律师花两到三个小时就可以完成。然而，这也是人们最难执行的部分。为什么？人们回避遗产规划有三个原因：他们不喜欢面对自己的死亡；他们不想做出艰难的决定[1]；他们以为这会耗费大量的时间。

在遗产规划的问题上，有计划永远好过无计划。相关文件可以根据情况的变化而调整，但只有文件在，自己和家人才能有平和的心态。而且，知道自己可以避免无端的压力，减少纳税负担，省去不必要的遗嘱认证，这些事本身就能让人睡个好觉。如果你比较幸运，拥有极高的资产净值，希望财富能够世代延续，或者留下慈善遗产，那么合理的遗产规划能够帮助你

---

1 这个计划只是看起来让人压力很大，就像芝乐坊的菜单一样，看起来有无穷无尽的选择，但是你只需要思考片刻，结果就会变得显而易见，哪怕通过排除法，你也能完成选择。

确保自己的辛勤劳动所得能够尽可能地造福自己所关心的人和事业。思考自己离世之后的事情可能会让人很难受，但在这件事上付出时间和精力一定是值得的。尽管去做！

大功告成！

没错，你已经有了遗产规划！我们再来回顾一下投资之前需要准备的各项计划（也许你已经开始投资了，那么本书将为你提供更多可以考虑的投资）：

- 资产净值表。
- 退休预期。
- 教育等其他预期。
- 保险预期。
- 风险管理计划，其中包括人寿保险、伤残险、长期护理、医疗险、房屋保险、车辆保险、雨伞险等等。
- 遗产规划，包括订立相关文件，比如信托、遗嘱、律师委托函、慈善规划文件等。

上述要素构成了理财计划的基础，你只有审慎处理才能确保自己的财务健康。这些就像登山前的准备，如果没有做好准备，你无法登顶的风险就会大大增加。本章罗列的计划将有助于个人设计正确的前进路线，在意外发生时更好地保护自己和家人。

在创意财富，我们在为客户选择特定的投资产品前，会评估上述所有要素。如果不能充分理解客户的现状和目标，就无法定制最合适的投资组合。而且，无论个人的投资能力有多厉害，如果有可能因为伤残、家人去世或者其他意外变得一无所有，那么，投资都会失去意义。你的投资顾问有没有考虑到这些？如果没有，那么你还是从计划清单的第一项做起，找一个新的投资顾问吧。

第三部分

启程

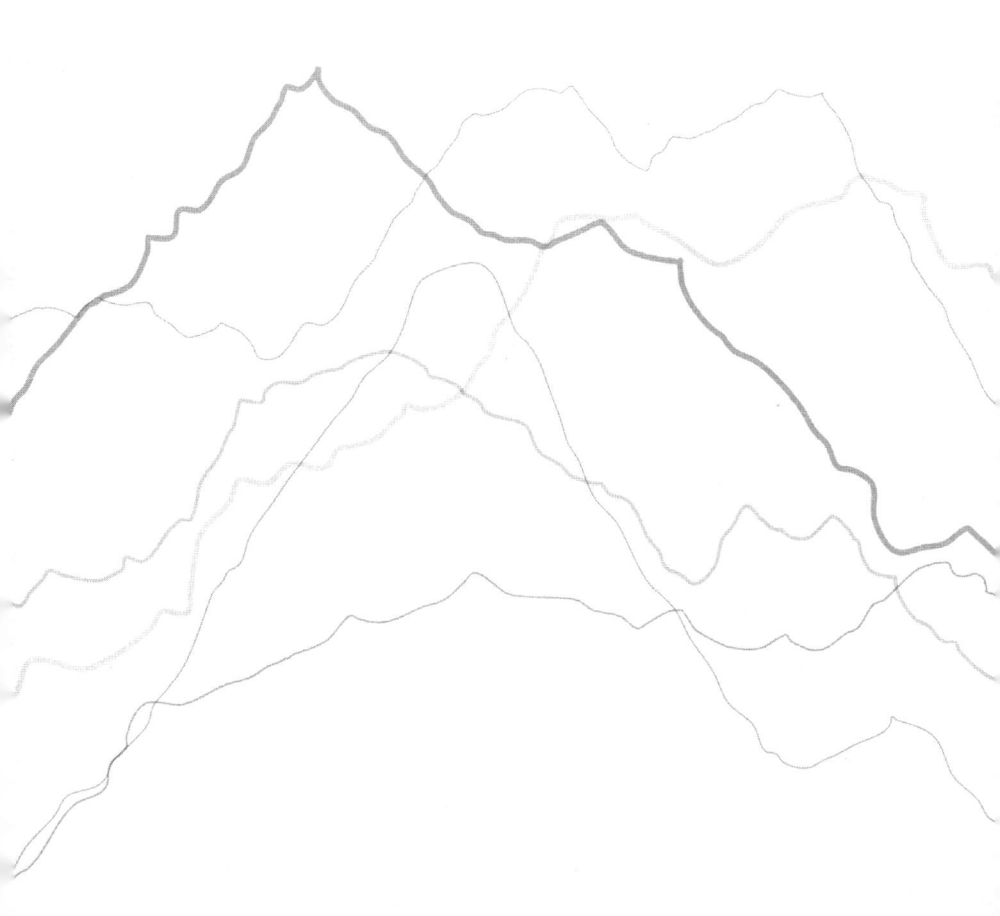

第八章

市场是如何运作的？

彼得·默劳克

风险源自不知道自己在做什么。

——沃伦·巴菲特

既然本书看起来是要讲投资，那么这里先来提供一则屡试不爽的获利信息：在过去近100年中，有一项投资的年收益率为10%，收益轨迹持续上扬，图8.1可以让你一目了然。

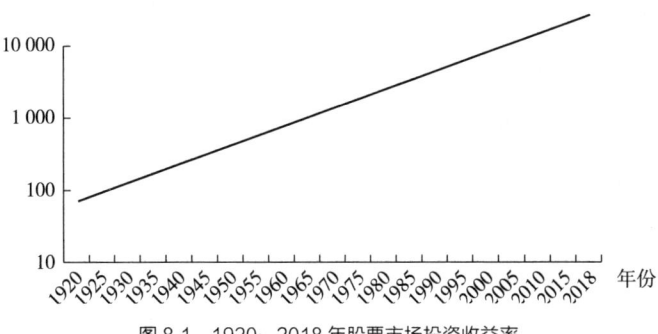

图 8.1　1920—2018 年股票市场投资收益率

在大部分美国人看来，这种稳定的高收益率产品只存在于白日梦中。不过我偏要说一句，说不定这件事就是真的呢？没错，它确实存在，而且是大家都能接触到的投资。你是不是更加好奇了？到底是什么神奇的东西？其实大家肯定对它不陌生，它就是股市。

市场时机的悖论

有不少大规模的研究都在个人投资者与主要的股票市场指数（比如标准普尔500指数或者道琼斯工业指数）之间进行对比。所有研究结果都表明，个人投资者的平均投资收益低于市场指数，甚至有数据显示，两者的差距可能高达每年若干百分点。为什么投资者没有从市场中获得最大收益呢？

原因之一是，投资者总是试图计算市场时机。市场时机的意思就是存在买入和卖出的正确时机。乍一听好像很有道理。难道在股市下行的时候还要坚守吗？下文将会谈到，持续准确地预测市场波动是不可能的。和众多事情相似，持续性也是获得最大收益的关键所在。[1]

---

[1] 更不用说税收和成本了，还有那些不眠之夜。

我们就开门见山,先把话说透——计算市场时机没有意义。当然,你也不需要争辩自己从来没有计算市场时机。回想一下你有没有说过或者听过下面的话:

我先观察观察,等稳定下来就入手。

我账户中有一笔奖金,等到股价下跌,我就出手。

等到××(此处可以插入任何蹩脚的理由——大选之后/新年之后/市场调整之后/债务危机过去之后/议会通过预算之后/英国成功脱欧之后)我再投。

这些都算计算市场时机。

如果一项投资能够稳定持续地带来丰厚的收益,为什么大家还想频繁变动?计算市场时机听起来非常理智,其实却暴露出人类情绪的波动。我来解释一下。股市曲线并不是直线上升的,更贴近实际情况的曲线如图8.2所示。我们现在回过头来看,当然不难发现,在过去近100年的历史中,股市虽然下跌了很多次,但是整体趋势保持上扬。然而对当年的亲历者来说,股市的每一次狠狠下跌都仿佛世界末日。回想20世纪30年代的经济大萧条时期,或者20世纪70年代的滞胀时期,谁能不慌乱?再想想不久之前的金融危机以及随之而来的经济衰退，那种无力感可能还未完全消散。在投资方面，当市场与你的期待背道而驰时，哪怕只有几个星期，每一天对你而言都非常难熬。而且，现代社会的新闻播报24小时不停歇，智能手机的信息推送无孔不入，觉察市场的风吹草动变得再简单不过，甚至令人上瘾。在这些时候，人们总会认为自己应该尽力避开市场的下行趋势，却没有意识到下行只是一种常态。因此，大家总是急着卖掉股票，却失去了获取长期收益的机会。

要想在投资方面做出明智的决定，第一步就是消除对股票市场的所有误解。掌握市场的正常规律，有助于大幅提升自己的投资表现。这种新意识还会为你带来意外的收获——压力水平降低，实现投资目标的可能性上升，生活质量提高。

有一点需要明确的是，"市场"有许多种类型。图8.2通过道琼斯工业指数（代表美国30家大型上市公司的指数）回顾了过去近100年的美国金融历史。另外，还有更常见的标准普尔500指数，涵盖了微软、谷歌、宝洁、麦当劳等500家美国上市公司。虽然股票有上千种，但是这500家公司占据了美国股票市值的80%。[1] 这是因为标准普尔500指数中的企业规

---

[1] 用股票价格乘以股票数量，就是股票市值。

模非常庞大，比如麦当劳的市值可能是芝乐坊的50~100倍。[1]

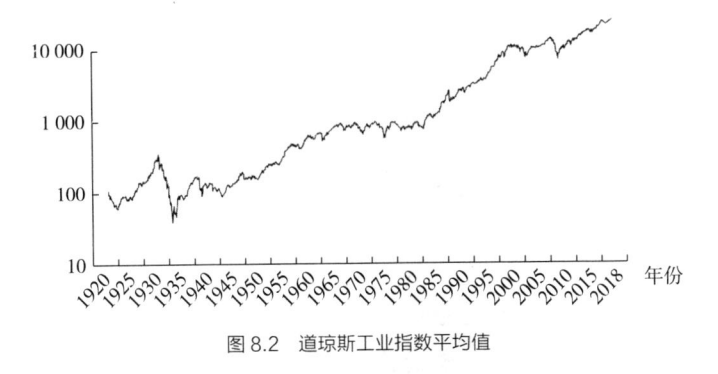

图8.2 道琼斯工业指数平均值

你也许可以看出，我对这些得到广泛认可的股票市场指数没有偏好，无论是美国市场的小型股票，还是国际市场股票，或者新兴市场股票，总而言之，市场的整体走势就是上涨，大幅上涨。

这看着是不是挺不错的？但是，为了获得收益，你还是需要避免第一大坑：市场时机。这听起来很容易，实际上，很多人都在怂恿大家犯这个错误，其中包括电视节目主持人、单位里的同事、家里那些"刚好赶在暴跌前退场"的亲戚[2]，还有大部分金融行业的从业人员。

---

[1] 没错，股票市值并不能说明哪家公司的甜品最好吃，我们之后还会谈及这一点。这也是我在本书中第二次提及芝乐坊的原因，看来我最近得去一趟才行。

[2] 还有很多人说自己见过大脚怪和尼斯湖水怪呢。

这些计算市场时机的人大致可以分为两类，如图8.3所示。

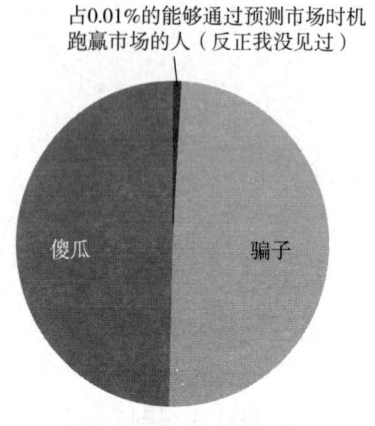

图8.3 市场时机测算者阵营

图8.3不够科学。我并不能确定傻瓜和骗子分别有多少。不过可以确定的是，计算市场时机的人基本都属于这两类，哪一类都非常危险。我们来分析一下这两类人。

傻瓜

市场大跌的时候人们应该干什么？读一读《华尔街日报》上投资专家的观点。读着读着就笑了。我们都知道这些专家无法预测短期的市场波动。但他们还是要说，并且要拼尽全力展现出胸有成竹的样子，然而他们自己根本摸不着头脑。

——乔纳森·克莱门茨

有很多坦诚的投资者和顾问，他们是真的相信自己能够测算市场时机。他们坚信自己掌握了别人不知道的信息，或者拥有别人没有的视角。他们总是会说自己之前有过算中的经历——可能有吧，算中一次也是算中。想想你那些从拉斯韦加斯回来的朋友，他们得意地告诉你他们赢了，其实隐瞒了输了好几次的事实。顾问会忘记自己糟糕的决策，只记住那些成功的决策。他们提出观点可能是出于好意，但这还是会不可避免地对投资组合的表现，以及信赖他们的投资人造成伤害。

骗子

做市场预测的有三类人：什么都不知道的，不知道自己什么都不知道的，知道自己什么都不知道但还是假装自己知道从而赚别人钱的。

——伯顿·麦基尔[1]

其他投资顾问知道市场不可预测，但是他们的营生就是说服客户，自己能够在市场下跌前把钱"捞出来"。在投资顾问行业，这是最容易上手的个人卖点。在股市走高的时候持有股

---

[1] 伯顿·麦基尔著有《漫步华尔街》一书。他本人倡导利用各种指数作为投资组合的核心，在某些领域的"边缘地带"进行积极管理。我非常认同他的理念。

票，在股市下跌时毫无损失，谁会不愿意这样呢？聪明的投资者知道这不可能实现，但是这样的话总有人信。只要有人信，千千万万故弄玄虚的顾问就会继续推销他们的"灵丹妙药"。

我发现，很多投资顾问其实能够获得充足的信息，改变自己关于市场时机的立场，但是，丰厚的报酬往往让人难以接受现实。这就像邪教成员发现了确凿的证据，这些证据认为他们的领袖是个骗子。很多时候，投资顾问难以接受现实，所以继续沉浸在幻觉和愚昧中。正如勒内·笛卡儿所言："人无法理解任何涉及自己收入的论点。"[1]

为什么留在市场上很艰难

在一个有效市场中，在任何时间点，证券的实际价格就是对其内在价值的合理估算。

——尤金·法玛

市场时机测算无效有各种原因，投资顾问想要劝说客户"它仍然有用"也有很多原因。我们先来看看宏观情况，然后

---

[1] 他非常聪明，但是读他的书学不到任何有关投资的知识。

看看这些投资专家的建议和最终结果。

有效市场

有效市场假说由诺贝尔经济学奖获得者尤金·法玛提出。他认为，投资者跑赢市场非常困难，因为市场在整合相关信息方面非常高效。很多聪明人（以及不太聪明的人）都知道一只股票或者关于一只债券的相同信息，要长期掌握优势，跑赢市场，几乎是不可能的。

这在现实中的意义就是，市场由很多参与者组成，包括个人、机构、高速计算机，这些参与者时时刻刻都在买入和卖出同样的证券，新的信息几乎在同一时间"被记入定价"。无论影响公司或市场营收潜力的好事或坏事在何时发生，接下来发生的交易活动都会使股票价格迅速波动，直到价格反映出新的经济价值。一般来说，在投资者能够进行交易的时候，他们认为自己所拥有的优势其实早就消失了。

个人投资者跑赢市场，往往是由于承担了额外的风险。比如，有证据显示，从长期角度看，小公司的股票比大公司的股票表现得更好，但这很可能是因为小公司的股票风险更高（波动性更大）。

大众总是搞错，一而再、再而三

股市、利率、商业活动一年之后会怎样，我们对此没有任何判断。我们早就感觉，预测员的唯一价值就是让算命的人看起来更体面一些。我们认为，短期的市场预测就是毒药，应该被锁在找不到的地方，让儿童远离，让那些在市场上任性如儿童的人远离。

——沃伦·巴菲特

普通的投资者对市场时机的测算总是出错，而且错得离谱。在2001年熊市的低谷，投资者将大笔资金从股市撤出，数额打破了历史纪录，然后在市场复苏的时候重新进入。在2008—2009年的金融危机中，投资者撤出股市的资金数额再创纪录。这就是从众心理的最佳体现。现在市场处于暴涨时期，投资者又一次错误地测算了市场时机，大批资金涌入，数额又创新高。总之，不论是进入还是退出，依据的都是错误的测算。

媒体总是搞错，一而再、再而三

预测未来的人都在说谎，即使他说出的事情成真了。

——阿拉伯谚语

投资者一般会从媒体报道中获取金融信息。不过，媒体提供的市场方向性信息价值为零。而且，如果你跟从这类信息的指引，那么其价值甚至可能是负数，毕竟一番操作之后，你可能会亏损。

　　媒体报道中的预言家总是希望提供一些关于市场的大新闻、大动作。我曾经接受过几家全国性商业媒体的访谈，包括美国消费者新闻与商业频道以及福克斯商业新闻。每次节目开始之前，制作人都会问我"市场走势如何"，也都会对我的回答（"我不知道"）感到失望。一个全美有线网络电视节目给我打上了"时光机投资顾问"的标签，因为我坚持在提供每一个建议前先说自己并不知道市场的短期走势，但是长期来看，我对市场非常有信心。[1]

　　投资顾问发现市场时机的概念非常有助于赚钱，新闻媒体也不敢质疑他们，毕竟媒体通过那些大胆的市场预测新闻也吸引了更多观众。我们就来看看被媒体青睐的金融专家的预测有多离谱吧。

---

[1] 这个电视节目组还制作了一些图，图中的我从时光机里探出头，那个时光机就像老式的电话亭。我的家人肯定不会让我忘掉那些画面。

经济学家搞错了，一而再、再而三

> 预言可能会让你知道预言家是什么人，但是无法让你知道未来。
>
> ——沃伦·巴菲特

在预测经济走向方面，经济学家已经展示了他们的无能。市场中有太多变量，太多已知和未知，多到任何人想要获得准确的结果都不可能。回顾历史，两个重大事件可以证明这一点。

1929年10月15日，欧文·费雪（米尔顿·弗里德曼口中的"美国历史上最伟大的经济学家"）坚定地表示："股票价格看起来已经上涨到一个永久性的高位。"接下来的一个星期，市场大跌，美国进入了"大萧条"时期，股价一落千丈，道琼斯工业指数暴跌88%。如此迅速而大幅的下跌在80年后才再次出现。当然，80年后也出现了另一名备受注目的经济学家，他同样做出了大胆的预测。2008年1月10日，本·伯南克宣称"美联储目前没有预测到会出现经济衰退"。[1] 可惜，美国经

---

[1] 仔细揣摩一下这件事。据说在美联储工作的是世界上最厉害的经济学家团队。这些人还掌握了对市场多少有些影响的利率，连他们都无法预测市场，你的朋友、投资顾问还能做得比他们好？

济没听到这番话，几个月之后，美国经济迎来了自大萧条之后最严重的经济衰退，股市跌幅高达50%。

有人说："好吧，那两位仁兄可能真的不太擅长预测市场走向，但这并不意味着其他人也不行啊。"行，既然出现质疑，我们就来看看整个经济领域中喜欢做高调预测的人，看看他们的预测表现如何（如图8.4所示）。

当然，我自己不需要花时间研究这个问题。经济学家杰克尔·德雷尔和房晓扬汇集了2002—2005年的《华尔街日报经济预测调查》，将研究范围缩小到在预测极端结果上最为成功的一组经济学家；如果一位经济学家的预测比平均预测值高20%或者低20%，他们就将其定义为"极端预测"。

两人分析了这组经济学家的其他预测情况，他们在预测极端事件时很成功，但整体的预测准确性更差。换言之，总是追求极端预测的经济学家可能会时不时算中，但是他们的整体预测表现比一般水平低。你想从这种人身上获得投资建议吗？一个预测员对自己的结论越有把握，猜中结果的概率越低，而且这种预测很可能只是为了博人眼球。在投资方面，预测越大胆，信息来源越不可靠。如果想要保障财务健康，那么从数据角度出发，你还是要远离上述这类人群。诺贝尔经济学奖获得

图 8.4 时代的教训

者约瑟夫·斯蒂格利茨说过[1]，经济学家"十次中有三四次"能说对。用这样的概率投资，我可不放心，你应该也一样。[2]

投资经理搞错了，一而再、再而三

在股市的高点退场，低点进场，当然再好不过啊。可是我从业55年，还没有见过谁知道如何做到，也没见过谁说自己遇到过能做到的人。

——约翰·博格

很多投资顾问宣称自己掌握了"市场指数"，能够预测市场时机。但是正如晨星公司的总经理丹·菲利普所说，"我不知道世界上有哪一只基金可以将市场时机作为投资标准，获得长期的优越表现"。我相信他的说法。晨星公司以专业的基金评级著称，它的掌门人都没见过能准确预测市场时机的人，你要是还想在这方面投入毕生精力，真的要仔细斟酌一下。

请记住，没有证据表明投资经理能够持续准确地测算市场时机。能够多次"命中"的概率极低，把毕生积蓄寄托在这样的事情上太过愚蠢。当然，还有一些人更蠢，竟然要聘请别人

---

[1] 没错，又是一位诺贝尔奖获得者。
[2] 任何时候，你如果听到大胆的股市预测或者经济走势预测，就请默念一句"不一定吧"。

来替自己玩儿这样的赌局。如果有个赌徒连赢了几局，面前堆满筹码，那么，你觉得他还会一直赢下去吗？对测算市场时机的人来说，长期结果必然是失败，有可能是轻微失败，有可能是重大失败。[1] 一点建议：如果你和投资顾问见面，对方说自己可以在市场低点到来之前让你退场兑现，那么请你马上离开。

投资通讯也搞错了，一而再、再而三

> 通过通讯赚钱的方式就是售卖通讯。
>
> ——迈尔康·福布斯

成千上万的美国人都订阅了关于市场时机的投资通讯。他们会定期续费，还会花很多时间阅读这些信息，结果投资收益还不如市场的一般表现。

1994年，约翰·格雷厄姆和坎贝尔·哈维分析了马克·胡尔贝特提供的数据[2]，对投资通讯预测市场的能力进行了调查，该研究也被认为是同类型研究中最全面的一次。他们研究了237封关于市场时机的1.5万份市场预测，时间跨

---

[1] 投资原则第一条：避免一败涂地的局面。
[2] 马克·胡尔贝特运营了一项追踪投资通讯预测表现的服务。

度长达 13 年。结论是：75% 的投资通讯带来了负面的投资结果。也就是说，大部分投资通讯会带来糟糕的收益！名噪一时的《格朗维尔市场通讯》带来的年均投资收益率是 –5.4%。热衷于末日预言的《艾略特波浪理论家》带来的年均投资收益率是 –14.8%。[1] 在同一时期，标准普尔 500 指数的年收益率为 15.9%，超过了 3/4 的投资通讯。

你可能会问："另外 25% 呢？是和市场保持一致吗？还是跑赢了市场？"这项研究其实高估了投资通讯的表现，因为进入和退出市场的成本非常高，如果计入手续费、交易费、税费，那么你会发现，投资通讯带来的负面影响更糟糕！最后，两人将研究推进了一步，调查预测较好的投资通讯是不是维持了良好的表现。结果他们发现，准确的预测并没有重复上演。在研究报告中，两人做出了尖锐而明确的判断：没有证据显示投资通讯能够测算市场时机。

马克·胡尔贝特的研究也显示，为数不多的在个别年份跑赢了市场的投资通讯后期并没有同样的表现。更多数据显示，从长期看，没有任何一个关于市场时机的投资通讯能跑赢市场。

---

[1] 末日狂热分子虽然拼尽全力但还是损失了那么多钱，是不是很有意思？

聪明的投资者如何看待市场时机

市场时机的名人堂中空空如也。

——简·布赖恩特·奎因

在历代伟大的投资者中，没有任何一个人提倡市场时机的概念。19世纪的金融界巨头J.P.摩根曾经遇到年轻人向他咨询市场走势会如何表现。摩根回答："市场会起起落落，年轻人，起起落落。"价值投资之父本杰明·格雷厄姆也公开反对市场时机的概念。他在1976年就说过："在华尔街工作的60年中，我学到的最重要的事情就是，人们不可能成功地预测股市将会发生什么。"全球最大的基金公司先锋领航集团的创始人约翰·博格多次强调，测算市场时机是一种徒劳。当今投资界无人能及的沃伦·巴菲特也无数次嘲讽市场时机的概念，认为它是投资中最愚蠢的事情。关于市场时机的话题，他曾说过，"预测员的唯一价值就是让算命的人看起来更体面一些"，以及"我从未遇到过能够准确预测市场时机的人"。

那么，投资者应该怎么做？经济学家、预言家、投资顾问、投资通讯之所以能够获得媒体的关注，是因为人们确实想取得快人一步的优势。如果没有人能帮得上忙，那么我们应该如何保护自己的财务状况呢？答案就是，要对自己的投资有审慎的规划，为市场波动做好准备。我常在车里放一把伞，因为我知道，总是会下雨的，下雨的时候我就能用上。在市场上投资，建立投资组合，必须注重风险的应对。

市场回调

> 衰退到来的时候，股市会下跌。你如果不能理解这一点，就是没有做好准备，进入市场不会有好结果。
>
> ——彼得·林奇

据说世界上只有两件事情是确定的，那就是死亡和税收。我觉得还可以加上一件：市场回调。何出此言？因为市场回调经常发生。预测市场回调会发生就像预测西雅图会下雨一样。

什么是市场回调？市场下跌超过 10% 就是市场回调，如果下跌达到 20%，就是进入熊市。那么市场回调多久发生一次？自 1900 年以来，市场回调基本每年都会发生，因此，作为投资者，我们应该理解市场回调现象，学会安然度过市场回调期。假设你现在 50 岁，那么你可能还要再经历 35 次市场回调！

有人可能会说："为什么不在市场下跌10%时就撤出？只要不等到进入熊市的时候，不就可以了吗？"但是，大部分市场在回调后并不会直接进入熊市。历史上，市场回调的平均跌幅为13.5%，大部分持续时间不到两个月，平均时长为54天。只有不到1/5的市场回调最终会演变为熊市。

因此，在市场回调期抛售变现并没有意义。很多时候，当你的资金刚刚撤出时，市场就触底反弹了。如果在几次回调期都进行抛售，就很有可能给投资组合带来巨大的损失。我们既然知道市场回调经常发生，既然知道大部分市场回调并不会演变为熊市，既然知道历史上市场都从回调期恢复过来了，那么在市场回调期恐慌抛售难道不荒谬吗？

与预测市场时机的情况相似，很多投资顾问总是想尝试预测市场回调，市场回调的发生有时候确实是另有原因的，但有时候并没有任何理由。无论在哪种情况下，看那些市场专家预测回调都挺好笑的。图8.5展示了市场的任性，也展示了专家们在预测市场回调方面屡屡受挫。

这些对我们有何启示？市场回调时有发生，但大部分并不会变成熊市，过去几乎每一次回调之后市场都恢复了。因此，不要惊慌，不要抛售。

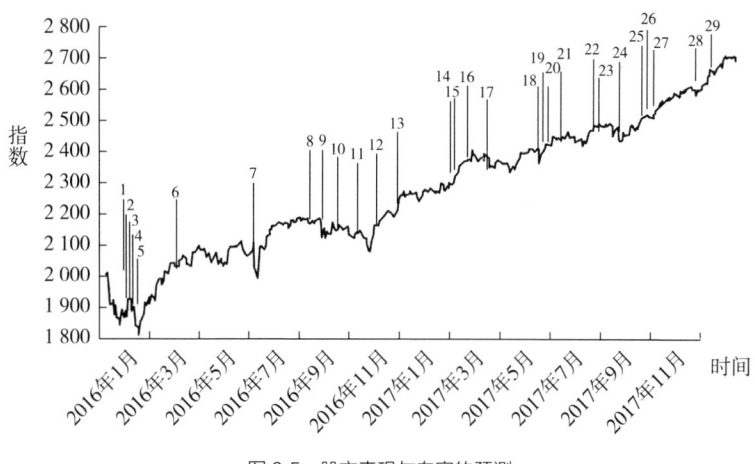

图 8.5 股市表现与专家的预测

以下预测与图表中的数字一一对应：

1.《乔治·索罗斯：2008 年的危机再次上演》，马特·林奇，美国消费者新闻与商业频道，2016 年 1 月 7 日。

2.《2016 年世界又将再次陷入经济危机吗？》，拉里·艾略特，《卫报》，2016 年 1 月 9 日。

3.《苏格兰皇家银行经济学家提醒投资者"在股市崩盘前抛售所有"》，尼克·弗莱彻，《卫报》，2016 年 1 月 12 日。

4.《30 年来最大的股市崩盘即将上演》，克里斯·马修，《财富》，2016 年 1 月 13 日。

5.《当前的典型熊市征兆》，阿曼达·迪亚兹，美国消费者

第八章　市场是如何运作的？　　187

新闻与商业频道，2016年1月20日。

6.《第一次大崩盘很可能近在眼前》，哈里·丹特，《经济与市场》，2016年3月14日。

7.《新一轮全球金融危机已经开始的证据》，迈克尔·斯奈德，寻找阿尔法财富股票网，2016年6月17日。

8.《花旗集团：若11月特朗普大选胜出或将导致全球经济衰退》，卢克·卡瓦，彭博新闻社，2016年8月25日。

9.《股市即将出现2016年度的第二次回调》，迈克尔·A.盖伊德，《市场观察》，2016年9月7日。

10.《2016年股市暴跌的原因》，《货币早报》，2016年9月26日。

11.《经济学家：特朗普的胜出会让市场完蛋》，本·怀特，《政客》，2016年10月21日。

12.《我们很可能正面临着一场看不到尽头的全球性衰退》，保罗·克鲁格曼，《纽约时报》，2016年11月8日。

13.《经济学家哈里·丹特预测将出现"百年一遇"的市场崩盘，道琼斯工业指数将会下跌17 000点》，斯蒂芬妮·兰茨曼，美国消费者新闻与商业网，2016年12月10日。

14.《现在可能是时候卖掉你的股票了》，劳伦斯·克特里考夫,《西雅图时报》,2017年2月12日。

15.《4个步骤保护你的投资组合不受即将到来的市场回调影响》,约翰·珀西诺斯,《街报》,2017年2月18日。

16.《美国股市回调可能引发经济衰退》,亚历山德罗·布鲁诺,《隆巴迪通讯》,2017年3月1日。

17.《三大关键指标说明2017年股市崩盘可能成真》,迈克尔·隆巴迪,《隆巴迪通讯》,2017年3月28日。

18.《平民经济学家哈里·登特的警告:道琼斯工业指数跌至6 000点只是噩梦的开始》,劳拉·克林顿,《经济与市场》,2017年5月30日。

19.《为什么2017年市场崩盘的可能性比你想象的要大》,《货币早报》,2017年6月2日。

20.《我们一生中最糟糕的市场崩盘即将到来》,吉姆·罗杰斯,亨利·布洛吉特访谈,《商业内幕》,2017年6月9日。

21.《"毁灭博士"麦嘉华警示,股市将下跌40%,情况会"极其糟糕"》,斯蒂芬妮·兰茨曼,美国消费者新闻与商业频道,2017年6月24日。

22.《今年夏末或秋初股市即将回调的三个原因》,霍华德·高德,《市场观察》,2017年8月4日。

23.《股市将迎来重大回调》,马克·赞迪,《财富》,2017

年 8 月 10 日。

24.《为两个月后的市场回调做好准备》，西尔维亚·阿玛罗，美国消费者新闻与商业频道，2017 年 9 月 5 日。

25.《10 月股市将再次暴跌的 4 个理由》，大卫·约伊·威廉姆斯，《街报》，2017 年 10 月 2 日。

26.《股市崩盘警告：黑色星期一又要来了》，拉娜·克莱门茨，《快报》，2017 年 10 月 7 日。

27.《摩根士丹利：股市回调迹象"更加显著"》，乔·乔利，《商业内幕》，2017 年 10 月 17 日。

28.《先锋领航集团：当前美国股市回调的发生概率高达 70%》，埃里克·罗森鲍姆，美国消费者新闻与商业频道，2017 年 11 月 29 日。

29.《股市回调在即》，阿特拉斯投资人（投资服务机构），寻找阿尔法财富股票网，2017 年 12 月 19 日。

1980—2019 年的 39 年间，标准普尔 500 指数的年内跌幅均值为 13.9%，其中 29 年实现年度正收益，如图 8.6 所示。

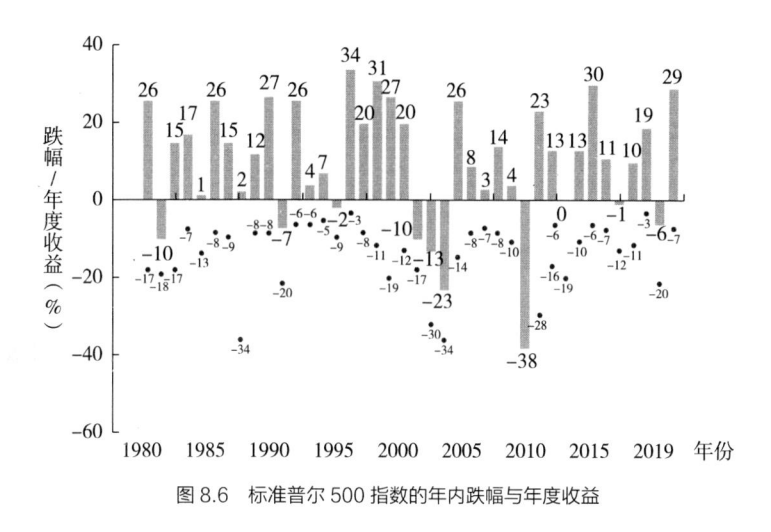

图 8.6　标准普尔 500 指数的年内跌幅与年度收益

熊市

你如果不敢想象 20% 的股市跌幅，就不要买股票。

——约翰·博格

熊市出现的频率没有市场回调高，但也经常出现。熊市的定义是市场跌幅达到或超过 20%，通常每 3~5 年出现一次。1900 年至今一共出现了 35 次熊市，1946 年之后出现过 15 次。[1] 最近的 4 次熊市显示出一些危机，包括恐怖事件、经济崩溃、

---

[1] 那些嚷嚷着市场过去多么稳定，怀念"过去的好日子"的人，显然不了解历史。这些人可能也喜欢回到过去没有暖气、空调、室内管道、互联网、尖端医疗的时候吧！

第八章　市场是如何运作的？　　191

欧洲债务危机、每10年左右必然发生的石油危机[1]和全球大流行病。熊市的平均跌幅为33%，超过1/3的熊市跌幅超过40%。熊市的平均持续时间接近一年，几乎所有的熊市都会持续8到24个月。熊市经常出现，也必然会再次消失！

既相同，又不同

> 投资界最忌讳的一句话就是："这次情况不同。"
>
> ——约翰·邓普顿

既然大家知道每次熊市之后都会迎来牛市，那么人们为什么还是会恐慌，还是想要抛售变现？因为熊市往往是由某个事件引发的，该事件本身对市场基本面有迅疾而强烈的影响，引发熊市的事件往往每次都不一样。

自由市场经济的运行靠的是供应商自由地提供商品以及服务，满足相应的需求。供需两股力量达到平衡，就是市场均衡。[2]供需的关系决定了股票的价格，甚至决定了地球上所有可以买卖的东西的价格。

---

[1] 体现为有人抱怨油价太低一段时间之后，又有人开始抱怨油价太高了。
[2] 这就是世界上最短的经济学课。

在熊市中，市场均衡明显被打破。比如，在"9·11事件"发生后，市场迅猛下跌，因为需求受到了负面影响。在市场下滑阶段，标准普尔500指数下跌了44%，纳斯达克指数下跌了78%。恐怖袭击事件发生之后的数天、数周、数月里，世界各地的工厂、企业、服务机构都在照常营业，因此问题不在供给端。那段时间，大家都躲在家里，谁也不想出去，做不了什么刺激经济增长的事情，比如买东西。美国人不知道会不会再一次发生袭击，不知道政府有没有采取措施防止下一个悲剧的出现，不知道什么时候才能重新获得安全感。随着时间的推移，人们的生活回归正常，需求恢复，市场逐步回到正轨，再次走向高点。

表8.1为1946—2009年历次熊市的持续时长与标准普尔500指数的跌幅表现。

表8.1 熊市的频率、持续时长与严重性

年份	持续时长（日）	标准普尔500指数跌幅（%）
1946—1947	353	−23.2
1956—1957	564	−19.4
1961—1962	195	−27.1
1966	240	−25.2
1968—1970	543	−35.9
1973—1974	694	−45.1

续表

年份	持续时长（日）	标准普尔500指数跌幅（%）
1976—1978	525	−26.6
1981—1982	472	−24.1
1987	101	−33.5
1990	87	−21.2
1998	45	−19.3
2000—2001	546	−36.8
2002	200	−32.0
2007—2009	515	−57.6

2008—2009年的金融危机与"9·11事件"后的经济衰退相反。大家都已经知道了，那时候的大银行对自己和投资者的资金非常不谨慎，危机结束前，由于供给匮乏，金融行业已经瘫痪。整个贷款行业都冻结了，没有人能够再借到钱，什么都做不了。没有资金供应，企业开始倒闭，各类供给进一步收缩。与此同时，美国人感觉到了自身财富的缩水，开始萌生恐惧情绪。在各种因素的作用下，美国人无法获得安全感，购物意愿降低。2009年3月9日，股市触底，距离最高点下降了53%。在这场危机中，政府最终出面给银行撑腰（解决供给端的问题），为消费者提供免税优惠，降低借贷成本，并且实施了其他金融刺激措施，多管齐下，最终稳定了金融系统，刺激

了个人消费（解决需求端的问题）。随着时间的推移，人们的生活回归正常，市场也恢复正常，又开始冲向高点。

2020年1月初，一种全新的冠状病毒出现，后来被正式命名为新型冠状病毒。这种病毒的传染性极高，可导致肺炎，甚至有可能在极短的时间内致人死亡。几个月的时间里，新型冠状病毒肆虐全球。新闻每天都在播报着不断增加的感染人数、死亡人数、隔离人数、企业倒闭数量，在不到一个月的时间里，全球股市下跌了30%。

这一次，市场的供给端和需求端都对冲击有所反应。在隔离措施正式实施之前，人们就已经开始待在家里，避免聚集，比如外出看电影、逛商场、看球赛等活动，以降低感染的风险。对商品和服务的需求中断了。与此同时，为了进一步遏制病毒的传播，工厂和商店开始歇业，出行限制导致航班、邮轮停运，酒店、主题乐园停业，商品与服务的供给也中断了。一周又一周过去了，供需的中断会持续多久？市场的恢复需要多长时间？各种不确定性导致市场进一步下跌。

与此同时，人们也见证了其他的事情。政府开始落实新颖且强有力的措施以稳定经济，人们开始自觉保持社交距离，同时进行必要的工作，以维持各类服务的运转。医生和科研人员开始研究并完善治疗方案，情况开始好转。在曾经的牛市与未来的繁荣之间，一定会出现"桥梁"，即使缓慢，也一定会出现。

了解市场历史的人都会理解这个循环。历史上的其他熊市中也出现过这种现象。经历过任何一次市场大萧条的人，都能够清楚地记得当初恐慌与焦虑弥漫的景象，也记得当恐慌和焦虑退去之后，市场最终又回到了正轨，走向新高。

每一次熊市的市场大跌都是由不同的事件引发的，所以投资者会恐慌，觉得"这次可能不一样了"。虽然每次熊市背后的故事有所不同，可能是计算机系统崩溃，可能是互联网泡沫破裂，可能是恐怖袭击，可能是战争，可能是流动性危机，可能是疾病暴发，但是，最终的结局是一样的，经济还是会找到前进的道路。

下次遇到熊市的时候，你可以提醒自己回顾一下过去80年发生的事情：第二次世界大战（20世纪40年代），越南战争（20世纪60年代至70年代），经济滞胀（20世纪70年代至80年代），大宗商品危机（20世纪70年代至80年代），美国储贷协会危机（20世纪80年代），新兴市场危机（20世纪80年代），"黑色星期一"（1987年），亚洲金融风暴（20世纪90年代），互联网泡沫破裂（2000年），"9·11"恐怖袭击以及阿富汗战争、伊拉克战争（2001年），次贷危机（2008

年）。[1] 既然经济能挺过这些难关，也一定可以挺过下次熊市。而且这些都是重大事件，历史上还有很多"微型危机"时不时地出现，比如信用评级下调、预算辩论、总统选举，以及其他频繁出现在新闻中的事件，都会引发预测专家对熊市的预判。

熊市不可避免，但是也很难预测。与市场回调相似，没有人可以持续准确地判断熊市出现的时机。

需要注意的一点是，如果想利用熊市，就要知道何时退出市场，何时进入市场，然后不断重复。如果你想找到能够完成这种操作的人，那么我只能祝你好运了。毕竟这个人只存在于都市传奇中。[2] 你也许希望他存在，甚至有一段时间确信他存在，然后突然有一天，你发现自己意识到了他其实并不存在，却仍然不愿意承认。最终，你可能会被迫接受现实。有时候，你愿意相信这个人存在，碰巧周围又有不少人假装自己就是这个人，这时情况往往会更糟糕。

可能有人会说："但是××（此处可插入任意一个经济学家、交易商或傻瓜的名字）在电视上说过自己预测到了市场崩

---

[1] 美国和美国经济还经历过降落伞裤的流行、过膝袜的流行（两次）、霓虹色棒球帽的流行，还有卡戴珊一家的走红。所以，我们前进的步伐确实无可阻挡！
[2] 他和牙仙子、复活节兔子都住在理想国，唯一的区别就是，人们在成年之后就知道后两者并不存在于现实中。

盘，这是怎么回事？"因为这些人不断预测坏事即将发生，所以他们总会有对的时候啊，就像停摆的时钟一天也会有两次恰好跟正确的时间碰上。不过，通过电视上的投资专家获得准确市场时机的概率，还不如在停摆的时钟上看到正确时间的概率高。

当熊市扭转的时候，那些退场的人看起来特别尴尬

示意投资者进场或者退场的钟声根本不可信。我不知道有谁能一直敲准这个钟。我也不知道有谁见过这样的人。

——约翰·博格

当你读到此处时，我希望你已经认同，要在股市中准时进场和退场是根本不可能的。不过，有人会想："我先取出现金，等情况平息之后再进去，只是错过了恢复期的一小部分收益。"恐怕这也行不通。没有人会在某一天早上突然收到邮件，被通知牛市已经开启。市场经常会发出一些错误的恢复信号，然后突然高歌猛进，迎来真正的上涨时期（留下测算时机的人停在原地，一脸茫然）。表 8.2 清晰地展示了这一点。

表 8.2　从熊市到牛市

时间	之后 12 个月的标准普尔 500 指数变化（%）
1949 年 6 月 13 日	42.07
1957 年 10 月 22 日	31.02
1962 年 6 月 26 日	32.66
1970 年 5 月 26 日	43.73
1974 年 10 月 3 日	37.96
1982 年 8 月 12 日	59.40
1987 年 12 月 4 日	22.40
2001 年 9 月 21 日	−12.50
2002 年 7 月 23 日	17.94
2009 年 3 月 9 日	69.49

波动性时有发生

按兵不动代表了我们的观点，股市就像一个重新配置资金的中心，将资金从频繁交易的投机者手中转移到耐心的投资者手中。

——沃伦·巴菲特

有时候市场可能长达一年都不会出现回调，也不会出现熊市。有时候市场会大幅下跌，但在年底反弹，综合全年来看，似乎情况也不是很艰难。但这些都是少数情况。自 1980 年后，市场年内跌幅的平均值是13.9%，但在过去39年中，有29年市场都实现了正收益。这个比例不低啊！市场总是会波动的，作为投资者，你要习惯，最好能够尽早接受、正视、爱上市场的波动！[1]

前文已经说明，熊市十分常见。如果你现在55岁，那么你可能会经历7次甚至更多的熊市。难道每次熊市你都要恐慌吗？还是打算预测一下熊市开始和结束的时间呢？不不不，你还有更好的方法。市场一定会从回调期恢复，熊市也一定会变为牛市。为什么还有那么多投资者陷入恐慌？因为对大多数人来说，做出投资决策凭借的不是理性的思考，而是情绪。

消费者信心

消费者信心调查"用处不大"。

——迪恩·克鲁肖，里士满大学

在熊市期间，新闻评论员喜欢讨论消费者信心，因为经济发展的很大一部分是由消费推动的。如果消费者对经济没有信

---

[1] 当你把市场回调和熊市视为由神包装好、送到你家门口的礼物时，你就知道自己已经是一位老练的投资者了。

心，消费意愿就会降低。消费者不花钱，企业就无法赚钱。如果企业不赚钱，市场就无法复苏。这个思路有一定道理，但是它忽视了一个重要的事实：市场的表现并不是对当下做出的反应。市场关注的是未来。对市场来说，当前的经济状况和消费者的感受并没有未来的其他可能性那么重要。牛市出现的时候往往是投资者对未来最悲观的时候。表 8.3 总结了几次消费者信心低于 60% 之后 12 个月内的股市表现。

表 8.3　到底谁需要信心?

消费者信心指数低于 60% 的年份	之后 12 个月内标准普尔 500 指数的表现（%）
1974	+37
1980	+32
1990	+30
2008	+60
2011	+15

确信自己可以坚持投资配置

认识你自己。

——苏格拉底

我有三个孩子，每次去游乐园，我都会观察他们在看到各种过山车时的表情。对两个年纪小一点儿的孩子来说，有的过山车实在有点儿无聊，而对最大的孩子来说，这些过山车非常令人兴奋。当最大的孩子比较小的时候，在那种上下翻转的过山车面前，我经常从他的脸上看到那种"要不还是等下一次吧"的表情。是的，他们每次都会斟酌到底哪个过山车是自己可以尝试的。

以前，只要他们选好了，我就跟着一起坐。但是最近这几年，我发现这个决定不太明智，主要是因为过山车慢慢爬上特别高的坡道和之后迅速下落的过程太令人难受了。即便如此，我也知道在中途下车可不是什么明智的选择。其实，我只要老实坐好，坚持到终点，就肯定不会有事。

市场也是同理。

债券市场就像乐高乐园的儿童过山车，谁坐都没问题。股票市场就像六旗游乐园的大型过山车，跌宕起伏，惊险刺激。房地产市场就像迪士尼乐园的"飞越太空山"，在黑暗的世界中快速穿行。大宗商品市场就像索普公园的雷管过山车，上上下下，毫无预警。

站在地面上的时候才是选择过山车的最佳时机（同理，市场稳定的时候是做选择的最佳时机）。如果过山车已经启动了，你要改变决定就有点儿难了。停下的过山车迟早会再次启动。

知易行难。美国人很擅长遗忘，当然这也是一种能让我们不断前行的有效应对机制。我在和儿子一起坐过山车之后，总是告诫自己这是最后一次。然而到了下一次去游乐园的时候，上一次的惨痛记忆显然已经不再深刻，胃里翻江倒海的场景再次上演。现在，我确实长记性了，如果儿子再去游乐园，我就会让他带上朋友，让朋友陪他坐过山车。

聪明的投资者会定制自己的"过山车旅程"，也就是在不同的市场选择不同的投资比例，建立投资组合，满足个人短期、中期和长期的需求。投资组合可能会经历很多曲折，为了达成投资的目标，投资者必须承担波动性风险，但是投资者应该在自己可以承受的风险范围内构建投资组合。对很多人来说，最佳的投资组合往往会以最低的波动性满足目标。如果波动性超出个人的承受范围，你就需要调整目标或者储蓄计划。

理解测算市场时机的风险

我从不试图从股票市场赚快钱。我在买入的时候就会预设市场第二天将要关闭，停市5年。

——沃伦·巴菲特

现在，我们已经明确了，测算市场时机是无效的。也许有人会说："有什么关系呢？为了手中资金的安全，错失一些收益也没关系啊。"这也是人们反对在下跌时期继续留在市场的主要理由。然而，退出市场的风险大于留在市场的风险。假设你意外获得一大笔钱（比如一笔分红或遗产），你有两个选择：马上投资；等待某件事情的发生，突然对市场有信心后再投资。现在投资，有三种结果：市场走高（必然是好事），市场走平（那还有分红），市场走低（确实会发生，但不会一直持续下去）。市场下跌，请记住两点：（1）你还可以获得分红收益；（2）市场是会恢复的。留在市场中不会让你损失什么，因为市场的下跌总有尽头，而且对长期投资来说，市场下跌的影响不大。如果换作持有现金呢？你也会面临几种不同的结果：

1. 市场走高。（看看你错过的收益！）

2. 市场走平。（和你储蓄账户上0.06%的利率相比，情况是不是也好很多？）

3. 市场走低。（如果你之前就害怕投资，那么你觉得自己这个时候就能把市场下跌当作入场信号吗？平心而论，应该不会。）

大部分人都忽略了一点：如果你在市场上涨时还持有现金，就相当于永远错失了那段时间的收益。是的，市场未来还会下跌，但是还会下跌到之前的水平吗？说不准。如果没有下跌到曾经的最低点，持有现金的投资者就不可能再获得之前那样的收益了。那些在2008年随大溜退出市场的人，在之后的几年中只能眼巴巴地看着市场在触底之后强势反弹。做市场的旁观者通常意味着永远错失上涨时的收益，而对已经进入投资市场的人来说，最糟糕的事情不过是短暂地经历市场的低潮。两者的差距显而易见。

也许我就是最棒的[1]

> 只有骗子能做到在下跌时退场，在上涨时入场。
>
> ——伯纳德·巴鲁克

虽然证据清晰可见，但是有的人还是会觉得自己可以做到无懈可击，总可以找到方法完美测算市场时机，上面提到的种种结论对他们来说并不适用。为了检验那些完美投资人在不同

---

[1] 妈妈说的话我们也别全信。

投资条件下的收益结果，嘉信理财金融研究中心做了一项研究。研究假设一位投资者每年有 2 000 美元可以用于投资，在未来 20 年中，他可能会遇到 5 种情况：

1. 所有资金都以现金形式持有。
2. 每年都立即将资金投入市场。
3. 利用平均成本法[1]进行投资，每月定期投入等额资金。
4. 每年都在最糟糕的时机将资金投入市场（在市场最高点买入）。
5. 每年都非常幸运地在最佳时机将资金投入市场（也就是"无懈可击"的投资者，刚好在市场最低点买入）。

最终的研究结果出人意料。在准确测算市场时机的情况下，投资收益为 87 004 美元，在立即将资金投入市场的情况下，收益为 81 650 美元。如果你觉得自己不可能连续 20 年都在最佳投资时机将资金投入市场，立即投资就是最佳选择。在最佳时机投资和立即投资之间的 6 000 美元收益差距基本可以忽略不计。而且，即便是在最糟糕的时机进行投资，收益也比

---

[1] 平均成本法即定期、定额地将资金投入市场。

持有现金多出 2 万多美元。由此可见，留在市场比撤出市场更好！

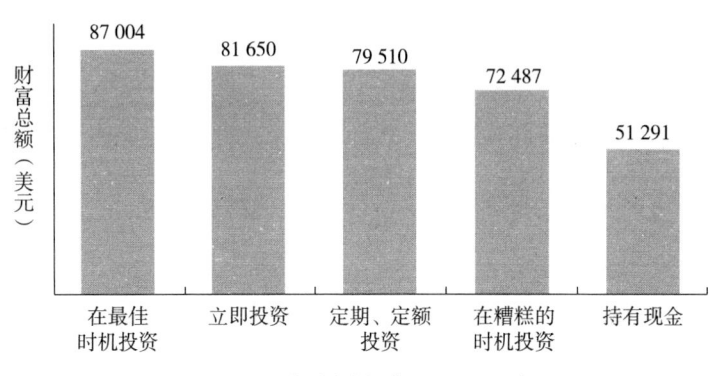

财富总额（美元）
- 在最佳时机投资：87 004
- 立即投资：81 650
- 定期、定额投资：79 510
- 在糟糕的时机投资：72 487
- 持有现金：51 291

图 8.7　最终财富总额（1993—2012）

学习飞翔

我在学习飞翔，但我没有翅膀。

——汤姆·佩蒂

小鸟总有一天要离巢，纵身一跃，展翅高飞。很多投资者都尝试了一次，结果重重摔落。尽管如此，"回巢"之后，他们还会想要再来一次。

回顾历史，股市其实没有从人们手中拿走一分钱。对投资没有任何概念的人来说，只要投资标准普尔 500 指数，在过去的10年、20年、30年间，他们就可以赚得盆满钵满。然而，那些投资组合出现失误，或者听信了投资顾问的市场时机建议、选股建议的人，最终倒是赔得很惨。选择持有现金，一分钱都没有用于投资的人，理论上说应该也损失了很多，因为在过去任何一个时间段进入市场的投资者，肯定都获得了更多的收益。我们现在来看看那些最"倒霉"的投资者：

在1987年"黑色星期一"之前投资：标准普尔500指数为334点。

在20世纪90年代的经济衰退开始前投资：标准普尔500指数为363点。

在"9·11事件"发生之前投资：标准普尔500指数为1 096点。

在2007年股市最高点进行投资：标准普尔500指数为1 526点。

即便是最自律的投资者，在短期市场波动前也常常坐立难安。

历史经验证明，波动性只是投资者为了获得股市长期收益所要承担的代价。

这些人虽然在最不幸运的时机进行了投资，但是仍然比那些守着现金、等待"正确时机"的人赚到了更多的钱。在我撰写此书的当下，标准普尔500指数达到了2 830点，这还不包括股票分红——自2007年以来，分红率达到2%，这相当于额外增加了460点。投资者即便在最糟糕的时机进入市场，也会比守着现金、等待尘埃落定得到更多收益。

看到"市场正处于史上最高点"的报道标题，很多人都会被吓到。没错，这种情况经常发生。如果在这个时候进入市场你感到害怕，那么很可能在其他时候进入市场你也不会特别放心。

在市场回调或者崩盘之后入场，当然是最好的。但是，没有人知道确切的时间，而且，也没有人知道市场在崩盘前会持续走高到什么位置。假设道琼斯工业指数从25 000点升至26 000点，然后又下降为25 000点，你如果持有现金，就还是错过了这段时间的分红。另外，如果投资者在道琼斯工业指数处于25 000点的时候感到非常紧张，那么23 000点也不会让他特别振奋。当情况看似非常乐观的时候你都觉得不合适，那么情况不太好的时候，你更不可能有信心了。无论发生什么危机，可以确定的一点就是，市场一定会找到生存之道，继续前行。参见图8.8。

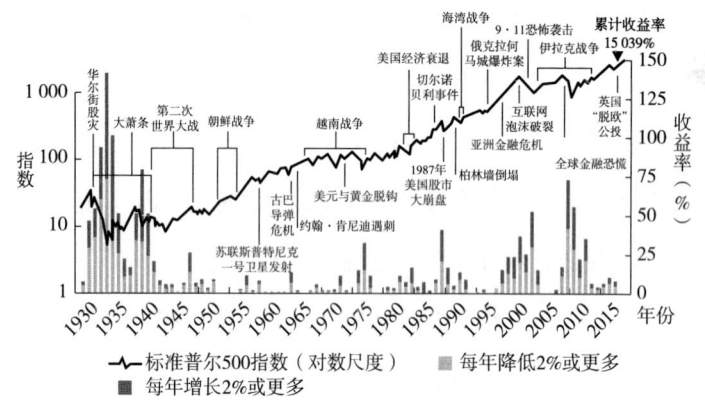

图 8.8　市场波动性总览图

市场就是市场，市场的规律就在那里。市场回调和熊市时有发生，属于正常情况，没有任何一位投资经理、经济学家或预言家可以准确且持续测算出市场时机。对成熟的投资者来说，最好的投资时机永远是现在，因为已经过去的日子无法重来。你如果已经掌握了上述知识，就做好了进入市场的准备。

第九章
像聪明的投资者一样思考

彼得·默劳克

对投资者来说,最重要的是性情,不是智商。

——沃伦·巴菲特

人类的本性使得人类并不适合成为伟大的投资者。人们总是对变化非常警惕,又容易冲动,时常凭借情绪或"直觉"而不是事实来做出决策。所有人都有根深蒂固的偏见,很容易让自己走上错误的道路,本以为精心策划了旅程,却可能在不知不觉中就把自己带到悬崖边上!为了避免误入歧途,需要有意识地防范偏见。

对投资产生兴趣的人大多会一头扎入学习的海洋,阅读与市场时机或者选股有关的投资通讯,订阅在线咨询服务,长期关注金融新闻。在他们看来,掌握的信息越多,见识越广,犯错误的可能性越低。但是前文已经讨论过了,事实并非如此。一个人如果智商尚可,那么只要理解了本书中最基本的原则,就能超越大部分投资者了。关键在于不要"瞎折腾"。

但是,瞎折腾的方式实在太多了。之前我们已经讨论了一些弊大于利的投资策略,比如雇用经纪交易商和尝试测算市场时机。不过,在理财中,危害最大的应该是与投资者的情绪相关的错误。所以,我们要认识自己的冲动,预防此类错误的发生。让我们一起来看看吧。

恐惧,贪婪与从众

在他人贪婪时恐惧,在他人恐惧时贪婪。

——沃伦·巴菲特

2014年,美联储前主席艾伦·格林斯潘在一次采访中回顾了自己的毕生所学。他没有谈经济分析和历史,反而分享了自己对人类行为的一些观察。

如果你能咬紧牙关,对市场的短期下跌置之不理,甚至对长期下跌也不理会,那么你最终的投资结果应该不错。我的意思是，你可以将钱投入股市，然后回家，从此不再看投资组合，这种方式与频繁交易相比，投资结果会好很多。这件事背后的道理其实就是恐惧和亢奋的不对称。[1] 最成功的股市玩家、最出色的投资者，都能够识别恐惧和亢奋的不对称性，因此很少失败。我们需要稳定性，但与此同时，我们也会收到很多垃圾数据、垃圾分析、垃圾邮件，这些内容根本不该被写出来。情况确实很荒谬。

在格林斯潘的职业生涯中，他认识到几乎所有外界的信息都是噪声，最厉害的投资者从来不会因为恐惧而抛售，反而会在他人感到恐惧的时候抓住买入的机遇。格林斯潘其实就是在重复一个概念：控制自己的恐惧和贪婪。控制自己的情绪，避免从众行为，船到桥头自然直。在其任期内的大部分时间中，格林斯潘可以说是全球最具影响力的人物之一，我们能从他口中听到上述说法，还是挺有意思的。

图 9.1 展示了典型的股市年度走势，以及每一次市场出现"大动作"时的外界评论。这些评论是不是听起来很熟悉？它们恰恰折射出了人们内心的恐惧、贪婪以及由此做出的糟糕决

---

[1] 格林斯潘的措辞很花哨，以"亢奋"替代了"贪婪"，它们其实是一个意思。

定。恐惧和贪婪是我们人生中最强大的两股力量（也是最丑陋的两种品质），影响着我们的日常生活方式，也可能给投资者带来灾难性的后果。投资界的传奇人物无不深谙情绪控制之道，但新手投资者往往会成为情绪的受害者，金融媒体和大众传媒总是用"市场大师"和"市场专家"的意见助长大家的狂热。恐惧加上贪婪，再加上本能的从众心理，糟糕的结局似乎已经被写好了。

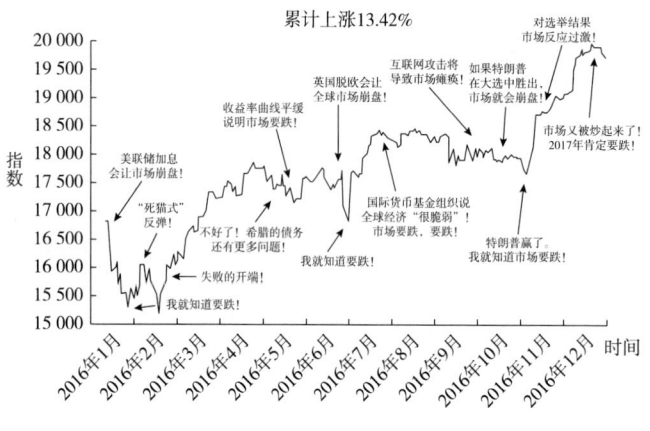

图 9.1　道琼斯工业平均指数

人类的本能就是成群结队，随大溜，从共识中获得安全感。当市场下跌的时候，从新闻到朋友，围绕在你耳边所有的声音都在呼吁"弃船逃生"，从众本能（同时还有难以抗拒的恐惧）会让你也做出同样的选择。当市场上涨、耳边回荡的声音又变成"冲啊"时，从众本能（加上同样难以抗拒的贪婪）会让你再次做出与他人相同的举动。

我们的祖先在猎杀猛兽时，从众本能确实很有必要。但在当今的投资领域，从众本能可不是什么好事。恐惧会让投资者离开惨淡的市场，贪婪会让投资者进入火爆的市场，总是在错误的时间做出错误的决定，类似的行为在每一次牛市和熊市时都会发生，如表9.1所示。

表9.1 投资者现金流

	日期	股票权重（%）	之前两年的投资者现金流（百万美元）		股票市场的累计收益率（%）	
			股票资金	债券资金	之前两年	之后两年
20世纪90年代牛市早期	1993年1月31日	34	—	—	—	—
牛市顶峰	2000年3月31日	62	393 225	5 100	41	-23
熊市低谷	2003年2月28日	40	71 815	221 475	-29	53
牛市顶峰	2007年10月31日	62	424 193	173 907	34	-29
熊市低谷	2009年2月28日	37	-49 942	-83 921	-51	94

虽然市场整体上一直保持着上涨趋势，但是投资者会因为屈从于恐惧和贪婪最终搞砸投资。相反，聪明的投资者会认为

熊市是买入的好机会，这又叫再平衡。在股票市场大幅下跌的时候，投资者能以极低的价格购买想要增加到投资组合中的资产，因此，他们往往会卖掉一部分债券，买入股票。通过这种策略，在股票市场复苏的时候，投资组合的价值就会大幅增长。这种方法总能带来收益，问题只是时间的长短。在沃伦·巴菲特的传奇投资生涯中，在每个投资者集体恐慌时期，他总是维持持仓，然后大幅扩张自己的投资组合。他曾说，聪明的投资者应该"当他人贪婪时恐惧，当他人恐惧时贪婪"。想要规避恐惧、贪婪和从众的陷阱，不妨听听巴菲特的忠告。[1]

行为经济学研究公司 MarketPsych 的联合创始人，弗兰克·穆尔沙博士说过："投资过程充满压力，在市场情况艰难的时期，压力会让我们做出情绪化的决策，通常是由恐惧主导的决策。"他进一步阐述，基于恐惧情绪的决策会阻碍财务目标的实现，因为这种决策情绪集中在情感（尤其是那种希望"重新掌控一切"的感觉）上。在投资决策中消除情绪的影响是获得成功的关键。这不仅能够避免在恐慌时冲动，也可以更好地利用市场波动性提供的机会。市场波动不应该是毁灭性的力量，而应该是实现未来增长的工具。

---

[1] 我觉得，巴菲特的投资建议还是比饮食建议更值得听从。据说巴菲特每天早餐都吃麦当劳，然后还会喝几罐樱桃可乐。

确认偏误

确认偏误是我们最需要重视的敌人……我们的观点、判断，都源于经年累月选择性地关注那些自己已经认定为事实的信息。

——伊娜·卡特里内斯库

有一次，我在纽约和客户开了几场会，然后提出与当地团队的同事一起吃晚餐。他们强烈推荐一家当地的牛排馆。我表示，自己来自堪萨斯城，牛排和烧烤对我来说可能有点儿吃腻了，其他吃什么都行。他们坚持说，纽约有最好的牛排。我们争执了一会儿，最终还是来到一家牛排馆。服务员推出了一辆展示着各种精切牛排的餐车。他一种一种地介绍，最终讲到了"纽约客牛排"。

服务员解释道，这款牛排最好，他强烈推荐。然后他骄傲地说："这是今天早上刚刚从堪萨斯城送过来的！"当然，我听到了自己最想听的话：堪萨斯城有最好的牛排。然而，我的同事竟然说，这番话正好证明了纽约所有的东西都是最好的，一直都是！朋友们啊，这就是确认偏误。[1]

确认偏误就是人们往往会寻求并重视肯定自己的预想或者

---

[1] 我必须承认，那个从堪萨斯城运过去的牛排真的非常棒。

观点的信息，忽视那些与自己的观点不一致的信息。以政治话题为例，保守党人士可能会阅读《华尔街日报》《标准周刊》《国民评论》，浏览德拉吉报告网站，听拉什·林博、肖恩·汉尼蒂和格林·贝克的广播节目，看福克斯新闻频道。相反，自由党人士可能会阅读《纽约时报》，浏览《赫芬顿邮报》和Salon.com网站，听美国全国公共广播电台，观看约翰·奥利弗、比尔·马赫和美国全国广播公司的电视节目。双方主动寻求的信息将会进一步加深自己已有的观点，回避与自己相左的意见。所以，无论电视新闻、网络新闻还是政治评论员的评论，大家会在什么时候关注那些与自己意见相反的信息？大部分人在大部分时间里都在不断肯定自己已经认定的事情。

　　大到国家的财政政策，小到厕纸的摆放方向[1]，每个人都觉得自己在任何事情上都不会错，并不断寻求信息肯定自己的观点。人类的大脑就是不善于接受那些与自己的认知（或者认为自己已经掌握的认知）相冲突的东西，心理学家又称其为"认知失调"。当新信息与自己所理解的事情保持一致时，新信息往往更容易被接受。但是，高智商的人往往会做截然相反的事

---

[1] "专家"表示，厕纸的纸头应该"朝外"。你如果和我一样也有强迫症，现在就可以把书放下，到卫生间把纸头的朝向"纠正"过来。

情，他们会寻找相反的观点，质疑自己的立场，甚至不时改变自己的信念。成熟的投资者也应如此。

有充分的证据显示，确认偏误在大部分投资者的决策中有重大影响，比如，一位偏好某类产品的投资者会不断地寻找信息（比如从网络信息平台上）以肯定自己的投资选择。即便是沃伦·巴菲特这样成功的投资者也表示自己会受到确认偏误的误导，所以他会积极寻找与自己意见相左的投资者，以降低确认偏误的影响。

如果你对某一类投资产品很感兴趣，那么不妨拿出最大的力气质疑一下这种产品。这类投资可能会产生什么问题？如果出现损失，那么会是什么原因？其中的风险是什么？强迫自己认识一类投资产品的潜在问题，相当于打开了自己认知的对立面，你可以进一步挖掘其中的信息，从而成为更好的投资者。

过度自信效应

这个世界的问题就在于聪明的人满怀疑惑而愚蠢的人自信满满。

——查理·布考斯基

最近，一家另类投资公司的员工来找我们，介绍新的投资产品。他们在言谈之中展示出极高的自信，还用到了"确定性""无风险"等词语，我立刻警惕起来。出色的投资顾问知道，未知的事情数不胜数，在投资领域，几乎不存在所谓"确定性"和"无风险"。他们之所以会有这样的说法，只有两种原因：一种就是他们根本不理解市场，无知者无畏；另一种可能就是他们理解市场，只是在粉饰其中的风险。无论是哪种原因，都让我们对产品的兴趣顷刻消散。他们过度自信的表现足以让我方团队委婉拒绝合作。

过度自信是指在个人的判断中，主观自信对判断结果的影响超越了客观准确性，这种影响在个人信心高度膨胀的时候表现得尤其明显。换言之，人们眼中的自己比真实的自己更优秀、更聪明。这不同于相信自己的能力，对自己能力的信任是比较合理的自信来源，但是过度自信往往是因为觉得自己的能力超越了其他所有人。

在《决策与判断》一书中，作者斯科特·普劳斯指出："过度自信被认为是影响人类'最普遍且危险性极高'的认知偏见，是众多法庭纠纷、罢工、战争、市场泡沫和崩盘的罪魁祸首。"这绝不是夸张。无数研究都证明了过度自信的巨大影响：93%的学车人士认为自己的水平高于一般司机；94%的大学教授认为自己的教学水平在平均水准以上；想找到自认为恋爱能力一般的人，估计得看运气了。[1] 我最喜欢的一项研究和学生品行有关：79% 的学生认为自己的品行好于一般人，但是同一群学生中的 27% 承认自己曾经在商店里偷过东西，60% 承认自己在过去一年中有考试作弊行为！[2]

过度自信的影响也非常明显地体现在投资领域。金融学教授布拉德·巴伯与泰伦斯·奥迪恩比较了男性与女性的投资表现。通过分析 3.5 万户家庭在 5 年里的投资成绩，他们发现男性通常对自身能力过度自信，这导致他们比女性的交易频率高 45%；频繁交易导致男性的投资表现比女性更差，年均收益率较女性低 2.65%，而且在交易费用和税款方面的支出也更多。没错，过度自信很费钱。

那么专业人士的表现呢？他们掌握了更多的企业信息，拥有更先进的分析软件，也经过了专业训练，我们即使不相信自己，也至少可以相信这些专业人士有能力吧？研究显示，当投资分析者说自己有 80% 的信心判断一只股票会上涨时，正确率仅为 40%。2006 年，詹姆斯·蒙蒂耶让 300 位专业基金经

---

[1] 难道会有人承认自己不懂谈恋爱吗！
[2] 研究发现，当有人表示自己的信心为 99% 时，通常他只有 80% 的信心。我一直忘不掉这个数字，因为太多人使用 99%，我现在已经无法直视它了。

理评价自己的工作表现，74%认为自己的工作表现超出平均水平；安德鲁·扎哈拉基斯与迪恩·谢泼德发现，当风险投资人被问及个人的投资成功率时，96%都有过度自信的表现。这里自然要提到关于过度自信的一项重要研究。在《情报分析心理学》一书中，作者小理查兹·霍耶尔分析了美国中央情报局分析师的行为偏见。研究有一项重要发现，分析师一旦凭借最低限度的信息做出判断，新的信息就不会再增加其判断的准确性，只会让其对之前判断结果的信心上升到过度自信的水平。

过度自信认知偏差问题的核心是，人们总是会将新的信息误读为自身才智的增长。信息没有为人们带来新的洞见，反而让人们进一步肯定了自己原有的观点和信念。这在投资领域往往非常不利。搜索和收集的信息越多，投资者越想进行交易，交易越频繁，越容易导致不良的投资表现。最终，过度自信的投资者往往给自己带来了麻烦和压力，还浪费了宝贵的时间和成本。

如果你觉得自己很聪明，不会过度自信[1]，那么我再提一下普劳斯的研究：准确性和自信心之间出现偏差和决策者的智商没有关系。不仅如此，还有充分的证据显示，智商越高的人，

---

[1] 思考自己的过度自信是不是还挺讽刺的！

往往越容易过度自信。大智若愚不是没有道理的！

锚定效应

> 锚定思维的影响在人类的决策过程中普遍存在。
> ——托德·马塞洛伊与基斯·唐德

20世纪70年代，心理学家丹尼尔·卡尼曼与阿莫斯·特沃斯基提出了"锚定效应"，开启了人们认知的新世界，正是这一认知偏见影响了人类各种各样的决策过程。心理学家用"锚定"的概念解释了大脑为什么会走捷径。简言之，人们往往会对大脑接收到的第一条信息产生过度依赖，这条信息就是"锚"。当锚被抛出之后，所有的决定都会围绕其展开，理性思考的空间受到挤压。大脑在对某个答案不确定的时候，就会受到锚定效应的影响，根据最近接收的信息做出猜测。比如，有人问你，津巴布韦的人口比2 000万多还是比2 000万少，你会给出一个答案。之后如果有人问你，津巴布韦的人口是多少，你的答案很有可能是一个和2 000万非常接近的数字。[1]

---

[1] 2019年，津巴布韦的人口为1 465万。非常接近了！

在商业谈判领域，新手和老手都知道锚定效应的重要性。在谈判中出现的第一个价格基本会成为之后的讨论围绕的"锚"。市场营销人员也会利用锚定效应对消费者支付习惯的影响。在一次神奇的实验中[1]，布莱恩·万辛克、罗伯特·肯特和史蒂芬·霍奇为金宝汤罐头设计了两种不同的广告，摆放在不同的货架上。其中一个货架的广告显示，每个罐头79美分，购买数量不限；在另一个货架的广告中，罐头的价格一样，但是"每人限购12罐"。在购买数量不设限的情况下，消费者平均购买了3.3罐。在设限的情况下，消费者平均购买了7罐。后一组消费者被数字12锚定了，他们还给这个数字赋予了意义（比如："哇！这个价格应该很划算，商家不希望我买那么多，否则他们就要赔钱了！"）。关于锚定效应还有数不胜数的研究，它体现了真实而鲜活的现实，多年来，不少人都成了锚定效应的"受害者"。

我为什么要提锚定效应？在投资中，"锚"往往就是买入股票时的价格。如果你以每股50美元的价格买入，那么当之后价格下跌到30美元时，你可能会坚持等待股价攀升回50美元（或者买入更多，因为你觉得它本身应该值50美元）。如果

---

[1] 有人说我经常会对实验结果做出这种评价。

每股价格从50美元上涨至70美元,你就可能会卖出,因为你觉得这属于估价过高,毕竟在你看来,它的价值就是买入时的50美元。在这类情况中,你的决策都受到了锚定效应的影响。投资者深受其害,股价暴跌的时候,他们会觉得"好便宜啊!快买",当股价暴涨的时候,他们却不再买入,觉得"太贵了!肯定不值"。无论他们怎么想,其实都是受到了买入价格的影响。意识到锚定效应之后,你可以避免过长时间持有表现不佳的股票,也可以避免过早卖出表现不错的股票,说不定还可以在逛超市的时候省钱。

控制力幻觉

人们喜欢一切尽在掌控中的感觉,至少是自己能够承担结果的感觉。如果你坐在车上容易紧张,那么这种感觉对你来说一定不陌生。当自己开车时,你是不会怕的,毕竟方向盘就在自己手中,你会觉得自己掌握了主动权。

控制力幻觉就是人们倾向于高估自己对事件的掌控能力,甚至想要为自己不可能左右的结果承担责任(如图9.2所示)。回想一下你上下班通勤或者最近常走的路线。人们可能会认为,只要计算好出发时间,规划好路线,就能准时到达目的地。然而，道路限速、车流量、红绿灯、交通事故，甚至路上可能突然出现的大鹅、施工队伍等，都会影响出行时长，而这些因素无一在个人的掌控能力范围之中。简单来说，有时候人确实可以对现实产生影响，但是影响与控制是两回事。

图9.2 控制力幻觉

生活中的其他领域也会出现这种现象。[1]"控制力幻觉"由心理学家艾伦·兰格命名。他曾做过一个彩票实验：部分实验参与者可以自主选择彩票号码，还有一部分参与者会得到指定号码的彩票。所有参与者都有机会交换彩票，交换可能会带来更高额的奖金。兰格发现，自主选择号码的参与者更不愿意放弃自己的彩票，虽然每张彩票的中奖概率相同，但是这组参与者觉得自己选择的数字对结果有重要的影响。

很多人在投资中也有类似表现。即便多元化的投资组合更利于实现投资目标，投资者也对自己选择或者熟悉的产品难以

---

1 育儿可以说是"控制力幻觉"的终极体现，一本书都写不完。

放手。成熟的投资人都知道，投资组合的表现并不会受到个人行为的影响，市场才是关键。

损失厌恶和禀赋效应

戴上试试吧。

——每一家珠宝店的每一位店员

丹尼尔·卡尼曼与阿莫斯·特沃斯基也以"损失厌恶"的研究著称。损失厌恶是指，与获得相比，人类更倾向于规避损失。

换言之，人们对于失去的恐惧要大于获得的快乐。大量关于损失厌恶的研究表明，损失带来的负效用为同等收益的正效用的两倍。

在其中一项实验中，参与者被分为两组：第一组参与者拥有标价 3.98 美元的钢笔，第二组参与者没有钢笔。实验人员询问第二组参与者会花多少钱购买钢笔，询问第一组参与者会以多少钱卖出钢笔。第二组参与者对钢笔价格的估计远远低于第一组。为什么？答案很简单：第一组参与者觉得自己如果以低于 3.98 美元的价格卖出，就会遭受损失，第二组参与者觉得，自己如果出价高于 3.98 美元，就会遭受损失。

还有，你最近有没有去过珠宝店？销售人员总是会提出"戴上试试"的建议，对不对？他们其实就是在利用损失厌恶让你买下产品。这种形式的损失厌恶又叫"禀赋效应"，一个人一旦拿到了笔、珠宝，或者其他任何东西，就会觉得自己已经拥有了它，不想再失去。[1]

损失厌恶带来的负面影响在投资者群体中可能最为严重。由于厌恶损失，因此投资者即使知道持有现金其实就是放弃了金钱的购买力，也没有把钱投向市场。货币市场的平均收益率数十年来都远低于通货膨胀率。但是投资者还是愿意承担每天一点点的损失，避免自己想象中由投资带来的更大的损失。如果采用这种财务规划，手中现金的购买力在 24 年后就会降低 50%。

1994 年就穿不进去的裤子你还没有扔，2003 年后就没再穿过的毛衣还在那里，车库里摆满了不再使用的物品，这统统都是因为损失厌恶。损失厌恶也解释了为什么在一只股票走低之后你还会选择持仓。你不想面对损失，不想承认自己犯了错误，干脆就等着吧，情况（可能）会恢复的，对吧？每当客户

---

[1] "看看这条项链你戴起来如何。""我觉得这件衬衫你穿起来肯定很好看。""试一试吧。""不如试驾一下这辆车啊。"

不愿卖出某个投资产品，想要等待价格上行，我就会问："如果你现在拥有的是现金，理财目标也相同，那么你会不会购买这只股票？"答案基本都是否定的，这个时候就可以明确判断出，投资者持仓的理由仅仅是损失厌恶。理解损失厌恶的影响可以帮助我们成为更好的投资者。[1]

心理核算

意识在特定的时间内只能处理若干条信息，因此我们需要不断将信息"分块"，让生活中的繁杂情况变得稍微好应对一些。我们不会计算花出去的每一元钱，但是我们会把钱归类成不同的开支项目。由于计算能力有限，因此人类只能依赖于这种具有误导性的思维捷径。

——乔纳·莱勒

理查德·塞勒以其行为经济学研究著称，他提出并定义了"心理核算"现象，即人们会将自己当前和未来的财富划入独立且不可转换的分组。

---

[1] 也有助于我们确保自己不会在《囤积强迫症》的下一集陷入混乱！

在一项心理核算的研究中，实验参与者被要求在设定的场景中做出选择：假设你决定去看电影，已经花了 10 美元购买电影票，结果进入电影院之后发现票不见了！而且电影票遗失不补！请问你会不会花 10 美元重新买一张？仅有 46% 的参与者认为自己会买。之后，参与者又被要求在另一种场景中做出选择：你决定去看电影，电影票的价格为 10 美元，进入电影院之后，你发现自己丢了 10 美元，这个时候，你还会不会花 10 美元买电影票？其实，第二种场景在经济层面的影响和第一种一模一样，但是在第二种场景下，88% 的参与者都表示会买电影票！

在两种场景中，参与者都先损失了 10 美元，然后面临是否要再花 10 美元买票的选择。两组参与者做出了不同的回应，主要是因为心理核算的强大影响。参与者购买了电影票，他们就会将花费计入心理账户中的"娱乐"项目。也就是说，他们已经损失了看电影的资金，不想重新做这个项目的开支计划，所以就不会再买一张票。在第二种场景中，参与者损失了 10 美元，但是这笔钱还没有特定的用途，因此，即使遭受了损失，他们也愿意再花 10 美元买票。这项实验说明，同样数量的钱在人们的眼中有不同的价值，但是从理财的角度上说，这并不是一件好事。

心理学家哈尔·阿克斯通过研究证明，人们会很快花光退税或者彩票中奖的钱，就是因为心理核算，因为从心理核算的角度看，这些都是"意外之财"。

心理核算会影响日常生活中的选择，但是聪明的投资者不应该被其影响。投资者将投资产品分开看待，也就相当于为每种产品的持仓设立了独立的心理账户。你如果拥有不同的投资账户，就不应该将其割裂，而是要分析它们整体上是否有助于长期投资目标的实现。从大局出发，能够更好地判断自己是否离目标越来越近。如果分开看待每个账户，人们就会受到心理核算的影响，做出错误的投资决定。想要削弱心理核算影响，其中一种方法就是尽可能地将所有投资放到一个账户中，这样你对大局的观察就会更清晰，你就能做出更明智的决定。

近因效应

投资者会将自己近期看到的事情投射到将来，这是大家难以摆脱的习惯。

——沃伦·巴菲特

近因效应就是人们会将最近的经历或者想法投射到未来，

正因如此，人们会根据最近发生的事情预测未来。[1]

人类的大脑有许多神奇的功能，但是大家依然想识别特定的模式，简化决策过程。有的时候，你识别出的模式可能有些作用，比如你连续几天开车的时候在相同地点看到巡逻车，那么以后只要经过该区域，你就会特意看一下自己的时速表。但是，在投资领域，近因效应可能会带来高昂的成本和惨痛的后果。

研究发现，经纪交易商往往会推销过去一年表现很好的热门股票，结果接下来的一年，它们往往都表现不佳。投资者会倾向于选择那些连续几个月都在上涨的股票，希望走高的趋势会延续下去，结果发现"狂欢"已经结束了，不但没有收益，还要开始承担损失。互联网泡沫和"9·11事件"的刺激导致了接连不断的熊市，投资者预测熊市还会持续下去，所以错失了反弹时期的机会。2008—2009年金融危机之后，很多投资者认为每一次市场下跌都预示着市场崩溃将很快到来。

市场还真不是这么运作的。无论前一年发生了什么，市场在某一年度以正收益收尾的概率都极高。无论之前的几周、几个月、一整年发生了什么，每年基本都会出现市场回调。无论

---

[1] 我不允许17岁的儿子在学校的舞会中待到零点以后，就是因为近因效应。他下次还想待到零点之后，也是出于同样的原因。

上一个 10 年发生了什么，每 10 年可能都会出现两次熊市。就像抛硬币，连抛三次都是正面，但下一次出现正面和反面的概率依旧相同。在市场上，最近发生的情况并不是预测未来的可靠指标。

为应对近因效应的影响，你可以给自己的资金管理设定一个强制机制。比如，假设你的投资组合中股票占比为 60%，债券占比为 40%，你可以设定配比偏离 5% 以上才能进行再平衡，恢复原来的比例。利用系统性的方法做投资决策，可以防止因近期出现市场波动而冲动行事。

在现实生活中，近因效应既有积极影响又有消极影响，但在投资领域，投资者如果置之不理，那么往往弊大于利。

短视损失厌恶

如果足够冷静，准备充分，那么你在每一次失望后都能获得补偿。

——亨利·戴维·梭罗

最成功的人不会让失败阻挠自己实现目标与梦想。在境况变得艰难的时候，人的本能是放弃和逃跑，而不是不断尝试、换用不同的方法解决问题。人们往往会关注短期的结果而不是长期的目标，尤其是在事情的进展违背预期的时候。行为经济学家将这种现象称为短视损失厌恶。

在孩子学习骑自行车的时候，我们会一遍又一遍鼓励他们：跌倒了要再次爬起来。我们自己的人生也需要这样的提醒。有时候，大家都能理解并认同一个投资策略，但是坚持落实很难，尤其是在这个策略短期内没有产生效果时，虽然你清楚它从长期的角度看应该会带来收益，但坚持下去并不容易。面对不能即时获得收益的产品，很多投资者都想放手。

要想避免短视损失厌恶，你必须了解自己拥有的投资及其在投资组合中的用途。很多时候，人们会被一项投资当前的表现吸引，完全不考虑它在投资组合中的用途。研究发现，投资者通常会任意设定时间框架来评估资产或投资策略的有效性；他们通常会选择在一年后进行重新评估，即使针对某项投资产品来说，这个时间段并不合适。[1] 一个明智的投资组合会基于资产长期的增值可能性进行构架，这个时间可能是 10 年或者更长的时间。如果你当前不需要出售某项资产，它现在的价格就无关紧要。

---

[1] 评估投资组合有效性的方法可不是每个小时查一下收益率。

高净值投资者的投资组合中往往有私募股权投资的成分，其中部分投资在早期可能会出现负收益，下一章我们将进行更多的讨论。几乎每一种投资都有较大的交易区间（价格的大幅度波动），也有不可预测的短期表现。然而，这些资产的长期表现都比较容易预测。要想遏制短视损失厌恶的本能，就要注意这一点！只要需求没有改变，投资组合构成仍然与目标保持一致，就要给予投资产品充分的时间，让其实现自身价值。

消极偏见

在不断的重复中，思维对坏事的反应比对好事的反应更迅速、猛烈、持久。

——乔纳森·海特

人们在回顾过去的时候，消极经历比积极经历更生动鲜明，避免消极结果的有意识行为和潜意识行为也是如此。

与损失厌恶相似，消极偏见也有非常强大的力量。特雷莎·阿马比莱与史蒂夫·克拉默发现，在职场生涯中，工作中轻微的挫折对个人幸福感的影响是积极进展的两倍。研究人员发现，人们在负强化中学习的速度是正强化的 2 倍。在分析人类语言的时候，研究人员还发现，描述情绪的词汇有 62% 都是负面的，描述个人品质的词汇有 74% 是负面的。[1] 消极偏见并不是后天习得的结果，研究人员发现年幼的儿童也会展现出消极偏见。儿童在判断面部表情的时候，认为积极的面部表情是好的，消极或者中立的面部表情是不好的。有研究甚至发现，婴儿也会带有消极偏见。

人们会对负面事件做出强烈的反应，所以新闻媒体总是充斥着负面新闻。可能你会听说附近的街区又发生了抢劫，但是你不知道整体的犯罪率其实呈下降趋势。在政治竞选中，竞选人的宣传广告几乎都是针对对手的攻击，而不是专注于自己的优点。这很明显都是想要利用人们的消极偏见，引发更强烈的情绪。

消极偏见在投资中也有明显的体现。基于消极导向的视角，投资者会在市场回调或者熊市期间抛售。撤出市场能够让自己避免股价下跌的负面经历。如果近期发生的事件还历历在目，人们就更容易受到消极偏见的影响，行为科学家称其为"具象性"。比如，投资者经历了 2008—2009 年金融危机时期的熊市，或者经历了当前由新型冠状病毒肺炎疫情引发的熊市，消极偏见可能会让他们以后在面对轻微的市场波动时担心

---

[1] 消极偏见研究显然不是最让人振奋的工作。

又一次危机即将到来，因恐慌而抛售。

和其他行为偏见相似，减轻消极偏见影响的方法是承认其存在，当自己出现消极偏见的趋势时，你可以及时觉察并遏制，避免对投资组合带来伤害。消极偏见的影响如此强烈，本书的第一章其实就是在讲如何克服这个问题。

本垒打偏见

我全部都要，现在就要！

——弗雷迪·默丘里，皇后乐队

人们总是希望在最短的时间内获得最好的结果，而不愿意寻求渐进式的改善，这又叫"本垒打偏见"，流行减肥法就是很好的例证。大家都知道，减肥的关键在于减少热量的摄取，同时多运动。但是仍然有成千上万的人想要走捷径，比如吃药，或采用果汁排毒、极端节食等方法。[1]在投资领域也有相似的现象，投资者总是想在短期内获得丰厚的收益，不想专注于可持续的长久收益。

---

1 我的朋友通过吃胡萝卜实现大幅减重。他连续一星期只吃胡萝卜，确实减了肥，但是皮肤变成了胡萝卜色，真没开玩笑。

在投资中追求"本垒打"和在棒球比赛中追求本垒打有着同样的缺陷：三振出局的概率很高！但如果击球手选择稳妥的进攻方式，那么整场比赛下来，效果可能更好（有时也能够实现本垒打）。投资领域应该有这样的理念：资产配置应该符合个人的理财目标，同时可以积极利用市场提供的机遇。稳步前行，可能有机会实现"本垒打"，但是大可不必冒着出局的风险追求某一次成功。[1]

赌徒

> 知道何时持有，知道何时放手。
> 知道何时转身，知道何时逃跑。
>
> ——肯尼·罗杰斯

有些人是投机者，将市场视为自己的私人赌场。他们在不同的股票上下注，交易频繁，预测市场时机，希望能够大赚一笔。[2] 大部分人喜欢做投资者，依照可重复使用的策略，不断

---

[1] 我不会再用体育赛事类比啦！
[2] 现在"赌徒"中最流行的就是加密货币，有些人赚得盆满钵满，但大部分人遭受了巨大的损失。

提升实现长期目标的可能性。但是很多人兼具两种心理状态。

打赌的欲望是人性的一部分。博彩业就是基于人类渴望胜利的心理而出现的：赢钱会让人体释放内啡肽（让人感到兴奋），刺激大脑想要继续玩儿下去；输钱也会让大脑想要继续玩儿下去，这样才能释放更多内啡肽，避免因损失过多带来的情绪痛感。[1]赌场的运营者知道应该如何将这种机制发挥到极致：他们会向赌场内泵入氧气，让客人保持清醒，还会提供免费的酒水，让人更放松。因为，客人玩得越多，他们就赚得越多。

之前我们说过，活跃的交易行为不利于投资者，但是对经纪交易商来说，这肯定是好事。活跃的交易会产生手续费，这些手续费会成为经纪交易商的收入。看看这些公司的广告，它们都在宣传交易免手续费或者手续费极低，鼓励客户挑选有潜力的股票，提供花哨的工具让人们获得所谓的市场"情报"。红绿搭配的色系、滚动播放的交易行情、闪烁的图像、"叮叮叮叮"的背景音……在线交易平台和赌场无论看起来还是听起来都挺像的，你觉得这是巧合吗？

人们想要压制内心深处的欲望并不容易。从长远来看，投

---

[1] 赌场生意好，就是因为赌博本身迎合了本章谈及的各类偏见。另外，赌场往往还提供免费的自助餐。

资者应该确保所有投资都符合个人的整体投资策略，这样更有可能实现最终目标。但是，如果不能摆脱内心的欲望，那么你可以开一个单独的账户，用一小笔钱来"玩儿一把"，这样既可以享受博彩的快感，又不会妨碍自己达到财务自由的目标。

政治立场

你可能在新闻中看到过，美国人在政治问题上有些分歧。新闻媒体还在煽风点火，推送着用户希望看到的信息，分歧也就越来越深。我已经目睹很多投资者受到政治分歧的影响，依据政治观点做投资决策，最终严重损害了投资组合。2008年，奥巴马当选总统，很多金融媒体开始迎合极端情绪，声称社会主义就要到来，市场将被摧毁。其实，在奥巴马任总统的8年间，股市表现可以说是历史上最好的时期之一。特朗普在2016年当选总统后，金融媒体又声称市场将无法应对他所带来的不确定性，战争言论可能会导致市场崩溃，特朗普的政策将会终结市场上涨。然而，市场在特朗普当选后的一年内持续走高，而且每个月都以正收益收尾。

请记住，市场可不关心坐在总统办公室里的人是谁。市场只关心未来的收入（公司利润）。很多因素都会影响未来收入，其中仅有几项和美国总统是谁有关。这几项因素当然也很重要，但通常无法匹敌那些不受总统控制的因素，比如利率。所以，不论是你支持哪个党派，还是在投资上尽可能保持中立，你都不要根据当权的政党决定投资组合。

解放思想

本章谈及的问题表面上看偏离了理财规划与投资，其实不然。无论花多少精力和时间做规划和投资，重大的（且可防范的）行为偏见都可能会让前期的努力功亏一篑。正如 En Vogue 乐队 1992 年的经典歌曲所唱的那样，"解放思想，其他将随之而来"。

第十章

资产配置

彼得·默劳克

一般情况下，90%的收益波动都可以用资产配置解释。

——罗杰·伊博森

本章之前，我们已经讨论了投资领域的几个重要问题。首先，大家已经对市场有了更好的理解：市场有起有落（以及应该对其抱有何种预期），整体呈增长趋势，有利于长期投资者。其次，大家已经了解了在市场动荡时期需要更强大的心理，保持镇定，不要被媒体、经纪交易商或者个人的恐惧情绪干扰。具备了这些知识，我们就可以开始讨论投资产品了。本章将一一讨论主要的投资类别，其运作规律以及它们在投资组合中的作用。

现金：安全感幻象

我可以肯定的一点是，现金是最糟糕的投资。人人都在说"现金为王"之类的话，但是现金会随着时间的推移失去价值，而好的投资应该随着时间的推移不断增值。

——沃伦·巴菲特

谈到高风险的资产，大家可能会想到大宗商品（比如黄金和石油）、房地产、股票，甚至债券，根本不会有人想到现金。然而，现金本身存在诸多风险。首先，现金是历史上表现最糟糕的资产。[1] 从长期视角观察，现金比其他主要资产类别的表现都差。持有现金的比例越高、时间越长，投资组合表现不佳的概率就越高。[2]

其次，基本可以确定的是，长期持有现金不仅不受通货膨胀影响，还会失去购买力。现金的数额没有变，但是物价在上涨，它就越来越不值钱。假设你把 10 万美元存入银行，年收益率是 1%，10 年后你再次取出，自己可能还挺开心。但是，1%

---

[1] 一上来就很猛吧！
[2] 专业的投资组合经理非常清楚这一点，他们甚至创造了一个词——"现金拖累"，即现金拖垮投资收益。

的收益率甚至赶不上邮票涨价、西装涨价、零食涨价、医疗涨价、高等教育涨价。你可能觉得自己赚了钱，但实际上，你的现金已经失去了宝贵的购买力。

很多"投资者"持有现金的原因之一就是想要测算市场时机。他们希望手中掌握"干火药"，可是，并没有翔实的研究表明，频繁进出市场是有效的投资方法，毕竟，没有人能精准地预测进场和退场的时间，更不可能持续地重复精准预测。如果出现一次失误，投资组合的表现可能就会遭到永久性的损害。你已经知道这些信息了，毕竟前面花了一整章的时间！

最后，还有一些投资者持有现金是为了金融界的"末日大决战"，即股市跌至零或者接近零，而且永远不再恢复。在现实世界中，亚马逊、麦当劳以及其他世界级公司如果都倒了，一蹶不振，随之而来的可能就是美国政府债务违约。如果美国企业都垮了，政府还怎么还债券的钱啊？谁来工作和纳税，以偿还债务呢？在这种情况下，美国联邦存款保险公司对个人银行账户的担保就没有意义了，现金也失去了价值。你如果根本不相信美国企业能挺过难关，自然就会认为美国的经济体系无法维持，那么现金可能也就成了最糟糕的资产。[1]即

---

[1] 与此同时，地堡、配方食品和求生包可能会突然成为热门的投资产品。

便如此，美国人当前持有的现金高达数万亿美元，处于历史高峰。

持有短期储备是一件好事，囤积大量现金作为长期投资可不是。在投资组合中，你应该考虑消除现金的存在。

债券

> 如果可以将债券称为"贷款"，那么肯定更容易理解！
> ——来自一位不喜欢金融行业日趋繁杂的人士[1]

你购买债券，其实就是把钱借给公司、政府或者其他机构。债券就是贷款[2]，就这么简单。你把钱借给联邦政府，这笔贷款就叫作"国库券"；你把钱借给某州、某市或某乡，这笔贷款就叫作"市政债券"；你把钱借给网飞或者微软这样的企业，这笔贷款就叫作"企业债券"；你把钱借给一家通过支付高利率吸引投资者的企业，那么这笔贷款就叫作"高收益债

---

[1] 就是我本人。
[2] 债券的设计时常过于复杂，主要是因为金融服务行业总是在竭尽全力地让所有东西都令人迷惑。

券"[1]，又叫作"垃圾债券"[2]。

当某机构希望向公众借钱时，它可能会发行债券，债券购买人就是债权人。假设美国零售百货集团塔吉特希望筹款1亿美元，那么应该没有哪个人或哪家机构愿意向一家公司借出那么多钱，因为风险很高。因此，塔吉特就会发行面额较小的债券，比如一张2.5万美元，发行量满足其总筹款额即可。在这种情况下，更多的投资者就可以参与到塔吉特的贷款中。与其他贷款类似，投资者会在固定时间内（偿还期）获得利息，在偿还期结束时（到期日），本金就会被偿还给投资者。

债券的发行机构不同，利率也不同。决定债券利率的两大主要因素是信用质量和偿还期。

我们先来看看信用质量对利率的影响。很多人认为，借钱给美国财政部是世界上最安全的投资，所以美国国库券的利率才会比企业债券的利率低那么多。企业破产、无法偿还贷款的概率远远高于美国政府债务违约的概率。[3] 为了吸引投资者，地方政府或企业等债务人往往需要提供高于美国财政部的收益。实力较弱的企业为了吸引投资者，让其乐意承担风险，往

---

[1] 行业术语。
[2] 实话实说。
[3] 有些人可能会马上想到一些极糟糕的情况。但是请注意，联邦政府是唯一能够通过加印钞票偿还债务的债券发行人。

往会提供更高的利率。当其他条件相同时，债券的收益越高，其风险越大。这就叫作信用风险。

有专门的机构对债券进行评级（类似于费埃哲公司对个人信用进行评级）。惠誉国际与标准普尔都使用相同的评级标准（AAA为最高级，其次为AA+、AA、AA-，以此类推）；穆迪使用的是不同的评级标准（Aaa为最高级，然后是Aa1、Aa2，以此类推）。被惠誉国际或者标准普尔评为BBB-及以上级别（或者被穆迪评为Baa及以上级别）的都是投资级债券，评级更低的都是投机级（垃圾）债券。[1]

我们再来看看偿还期对利率的影响。假设你要借给联邦政府一笔钱，偿还期为10年，利率比较低；如果同样一笔钱，偿还期为30年，利率就会比较高。此规律同样适用于市政债券和企业债券——债权人愿意出借资金的时间越长，可获得的利率就越高。原因很简单，偿还期越长，债权人要承担的利率风险越高。[2] 你如果持有债券直至到期，就可以得到所有本金，也能够一直获得利息。但是，你还需要考虑以下两个因素。

---

[1] 高收益债券的发行机构还真得找个好点儿的营销团队才行。
[2] 顺带提一下，有时候也会出现长期债券利息较低的情况，这种情况叫作收益曲线"倒挂"，通常是因为：（1）有可能很快出现经济衰退，因为投资者已经表示愿意锁定长期的资金，而不是倾向于短期投资，说明他们对前景不太看好；（2）金融媒体对极端情绪的渲染。

首先，你如果购买了收益率为2.6%的30年期国库券，那么利率很有可能在这段时间上升。假设经济走势向好，美联储提升了利率，提供了收益率为4%的10年期债券，那么你要把30年期的债券卖给谁？你只能打折出售了。比如，20年后你想卖掉债券，那个时候大家已经购买了收益率为4%的国库券，谁还想买你收益率为2.6%的国库券？其次，你如果持有债券直至到期，就错失了中途投资其他债券的机会，失去了获得更高收益的可能。

一旦理解了信用质量、偿还期和利率风险，理解债券的定价自然就非常简单了。有人会觉得收益较高的债券较好，但其中往往存在更高的风险，有可能是因为发行债券的公司信用评级较低，也有可能是因为偿还期较长。

企业债券的风险低于股票，因为债券一定有利息。支付债券利息对债券发行方来说是一种合同义务，但是股息是由企业自主决定的，也就是说，如果哪一天企业想不给股息，它就可以不给。正因如此，投资者持有债券直至到期，只要债券发行方没有破产，投资者就一定会获得所有本金和利息。在85%的情况下，债券都能带来正收益。但是，债券的类别有很多，预期收益的范围非常广。那么债券在投资组合中应该如何配置呢？对2~7年的投资需求而言，短中期、高质量、多元化的债券比较合理。对想要在股票市场下跌期间能及时获得资金买入的投资者来说，债券也属于"干火药"。多元化的债券投资组合能满足大部分保守型投资者的需求。这类人群无法忍受市场波动，投资组合的规模足够大，仅凭债券收益就足以满足所有需求。

股票

> 股票的背后是一家公司。
>
> ——彼得·林奇

当你购买一只股票的时候，你就拥有了一家公司的股份，你也从消费者变成了股东，这是非常重要的思维转变。在某些财经媒体的描述中，买股票就像买彩票，或者像去赌场，其实完全不是那么回事。一旦购买了一家上市公司的股票，你其实就拥有了其业务的一部分。意识到这一点有助于你选择合适的股票，明确购买动机。股份增值或者贬值取决于公司的估值，还有一些股票会给股东带来股息，也就是公司会向股东分发季度利润。

从历史上看，股票的年均收益率达到9%~10%，尽管有些专家认为股票的收益率近期可能会低于平均值。总而言之，股票应该是收益率最高的投资类别。但是，股票的波动性非常大，每隔几年大跌 20% 甚至 50% 的情况也很常见。胆小的人可不适合进入股市。

根据风险溢价的概念，即承担的风险越高，收益越高，股票的预期长期收益率比债券高。如果长期收益率不高于债券，就没人愿意购买股票了。你能想象有人打电话给投资顾问说："我想获得类似债券的收益，但是请帮我选择价值波动幅度达到 50% 的产品。我就喜欢那样的。"怎么可能呢？

那么，如何在投资组合中配置股票呢？从长期来看，股票市场最能反映经济的发展程度。如果你认为未来 10 年经济总体向好，企业前景光明，那么你不妨在股票市场上配置部分资金。但是，从短期来看，股票的不确定性极高。

实际上，股市每四年就会下跌一次，而且大跌的情况并不少见，有时候有合理的原因，有时候根本没有原因。正因如此，用于满足短期财务目标的资金不适合投入股市。股市投资适合用于满足长期目标的资金，比如为退休计划储备的资金。

房地产

不要等待购买房产；先购买房产，然后等待。

——威尔·罗杰斯

投资者也可以转向投资公开交易的房地产。这通常是通过公开交易的房地产投资信托基金（REITs）进行的。房地产投资信托基金拥有商业地产（例如工业建筑、公寓大楼或露天购物中心），以及其他能产生收入的财产。

投资者喜欢公开交易的房地产，因为其表现与股市并不完全相同，不过两者经常同步，有时候也确实存在联系，尤其是在金融危机的时候。总体来说，公开交易的房地产还是与股票存在差异的，因此有利于投资组合的多元化。另外，在房地产市场中，也有十分多元化的选择。假设你有10万美元可用于投资房地产，那么一个选项是购买小城镇的小型出租物业，还有一个选项是购买公开交易的房地产投资信托基金，拥有商业地产中不同的细分市场（公寓、工业建筑、仓储等）的一小部分。

房地产投资信托基金的分红往往比股票多，时常达到股票的两倍以上或更多，因为净租金收入会直接发放给投资者。没有当房东的麻烦又能收租金，谁会不喜欢这种投资形式呢？租金往往会随着通货膨胀而上涨，所以房地产投资信托基金可以为投资者提供一定的保护。最后，公开交易的房地产投资信托基金具有流动性，这意味着它可以像股票一样被交易。总体而言，作为投资组合分散配置的一部分，公开交易的房地产投资信托基金是一个明智的选择。[1]

大宗商品

大宗商品指可以买卖的原材料或农产品，如石油等能源产品，咖啡豆、玉米、小麦等食品，金、银、铜等贵金属。大宗商品本身并不产生收入，价格波动性大，通常比其他投资的税率高。[2] 我们看一下最受欢迎的大宗商品之一：黄金。

绝大部分人购买黄金是因为相信恐惧的人会越来越多。在过去10年中，这种想法得到了证实。除此之外，（黄金的）价格上涨本身也激发了人们的购买热情，吸引了更多的人购买，

---

1 警告：非公开交易的房地产投资信托基金现在已经成为经纪交易商热捧的产品，因为他们可以从中收取大笔佣金。但是，这类投资不具流动性，而且远远达不到公开交易的房地产投资信托基金的透明度。请绕行！
2 截至目前来看，这还不是一件好事。

这些人认为，价格的上涨证实了自己的投资理论。和所有"从众投资者"一样，他们创造了属于自己的真相——虽然这种真相仅能维系一段时间。

——沃伦·巴菲特[1]

很多投资者认为全球经济可能会崩溃，黄金将成为唯一的货币（不过，加密货币正在盗用这种言论）。还有一些人认为，严重的通货膨胀可能会发生，现金会贬值，黄金是最安全的投资。

和企业、房地产、能源不同，黄金本身几乎没有任何价值。企业和房地产都有创造收入的潜力，能源公司也可以创造收入，因为它们提供了全球经济中最重要的资源之一。但是，黄金本身不会带来收入，而且也不是一种重要的资源。回顾历史，黄金的表现比股票、房地产、能源、债券都要糟糕，每一次在价格暴涨之后必定会崩盘（参见图10.1）。黄金的表现远不如股票和债券，长期来看，它也是波动性最大的资产类别之一。黄金只能在恐惧煽动者或者投机者的投资组合中找到一席

---

[1] 另一个来自巴菲特的观点更有趣：人们从非洲或某些地方的地底下把黄金挖出来，然后把它熔化，再挖一个洞，把它埋起来，花钱雇人守着。黄金并没有什么实际用途。如果火星人看到地球上的这番操作，那么他们一定搞不懂人类在干什么。

之地。普通人如果将黄金纳入投资组合，那么预期收入可能为零，或者税率极高，这比在股市里闯荡还要惊心动魄，且长期收益率低于债券。总之，我不会这样选择。

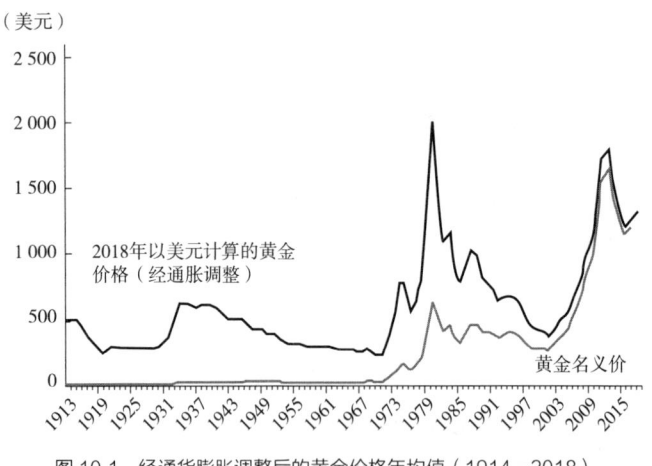

图 10.1 经通货膨胀调整后的黄金价格年均值（1914—2018）

另类投资

请 100 个人定义什么是"另类投资"，你会得到 100 个不同的答案。这里主要通过两个视角分析另类投资市场中较为常见的情况。另类投资较为常见的定义是"替代投资公开市场的方法"，另一个定义是"在不投资公开市场时能够获取收益的投资"。对冲基金是最常见的符合第一个定义的投资（剧透：我并不喜欢）。

公开市场交易的最常见的替代品就是私人持有的股票、债券和房地产。没有上市的公司也有私下交易的市场。这些公司大多数由个人企业家所有，也有一些由私募股权公司拥有。私募股权公司希望收购它们眼中的成长型企业，这些企业在其资本的助力下将会进一步增值。另外，还有一些私人房地产基金。有没有人向你推荐当地的开发项目、露天购物中心或公寓大楼？它们就是私人房地产。

很多另类投资的成功概率不高，也有一部分另类投资有利于具有高等教育背景的成熟投资者。我将会在下一部分揭开其中的秘密。

大部分另类投资要求投资者满足最低监管要求：某些产品只提供给净资产超过100万美元的授信投资者，或净资产超过500万美元的合格购买者。[1]

对冲基金：购买股票的最糟途径

我希望支付更多的费用，缴纳更高的税额，放弃获取资金的自由，也不需要知道自己的钱到底去哪儿了，收益率很低也没关系。

——一个不存在的人

---

[1] 此处已经将规则过度简化，总而言之，这类投资并不适合大部分人。

对冲基金有很多，最常见的是投资于股市的基金。2008年，沃伦·巴菲特与对冲基金公司 Protégé Partners 的合伙人特德·塞德斯立了一个 10 年赌约，他们打赌 100 万美元[1]，赢家会将这笔钱捐助给对方最喜欢的慈善机构。巴菲特声称对冲基金无法战胜市场，也无法证明自己收取的投资费用合情合理。塞德斯持相反观点，而且认为对冲基金的投资风险更低。巴菲特非常自信，直接让塞德斯选择 5 只中意的对冲基金，而不是比较整个股市和整个对冲基金市场的表现。换句话说，这是标准普尔 500 指数基金与 5 只精选对冲基金之间的较量。稍后我们再来看看故事的结局。

我个人坚信，要利用不同的资产类别进行投资，包括股票、债券、房地产和另类投资。然而，投资组合中不应该配置投资于股市的对冲基金。理由有很多，但关键在于投资对冲基金会大大增加收益不佳的可能性。这可能与你通常听到的与投资工具有关的言论不符。我们来分析一下现实情况。

对冲基金是私人投资基金，可供符合条件的投资者用于投资各类活动。某些对冲基金由"事件驱动"，这意味着投资人会根据重大事件，如战争、石油短缺、经济事件等，在市场上

---

[1] 好大一笔赌注，我在牌桌上拿出 25 美元都有点儿难受。

获得优势。有些是长仓基金或短仓基金，就是赌某些股票会上涨，某些股票会下跌。有些使用衍生品和期权，许多使用杠杆（借钱）投资。这些都只是关于对冲基金的最浅显的表述。许多基金的主要目标是提供与股市持平的回报，甚至更高的回报，同时降低波动。在业绩不佳的时候，比如过去10年，对冲基金经理声称自己的工作是以较低的收益确保维持较低的波动性。但根据我的经验，对投资对冲基金的（在很多情况下）非营利机构或专款基金会而言，"较低收益"的说辞它们可是第一次听到。[1]

创意财富从不使用股票对冲基金，因为我知道驱动未来投资业绩的因素有哪些，而对冲基金在每一个主要因素中都存在很大劣势：税额、费用、风险管理、透明度和流动性。

第一，对高净值个人来说，在进行资产配置后，衡量未来投资业绩的首要指标是税额。大家应该积极减少纳税。[2]但是对冲基金经理往往会频繁进行交易，这会直接带来更高的纳税负担，税额远远超过投资一只市场指数基金。

第二，大部分对冲基金的收费标准高得离谱，不论投资组合是涨是跌，都要收取1.5%~2%的管理费，如果收益率超过

---

[1] 还不得不接受现实。
[2] 我知道很多机构都不用缴税，但是你应该不属于那些机构。

一定水平（假设产生收益）[1]，还要再收取收益的20%。[2]

第三，如果我们来讨论一下对冲基金经理如何获得报酬，你就知道为什么他们愿意为你的投资承担巨大风险了。在任何情况下，基金经理都能获得2%的报酬，另外还可能有庞大的利润收入，既然如此，放手一搏又如何？有的基金经理凭借某只对冲基金上涨30%，一夜之间成为百万富翁或亿万富翁，即使一年之后，这只基金崩盘，也对基金经理没有任何负面影响，他可能只需要应对一些尴尬的场合。[3]这种情况并不少见。

第四，对冲基金并不会定期披露资产信息和投资策略，因此，投资者往往不知道自己到底拥有什么资产，或者承担着哪些风险。对大多数对冲基金来说，投资者只能等待报表，看看发生了什么。我个人非常看重透明度，在任何时候，投资者都应该知道自己拥有什么、情况如何。[4]

最后，对冲基金缺乏流动性。对冲基金的投资者如果需要提取资金，就需要在一年中的某些时候等待赎回"窗口"开启。这与指数基金形成鲜明对比，后者具有高度的流动性，投

---

[1] 这个假设请大家一定要注意，对冲基金表现糟糕的概率还挺高的，下文会说到。
[2] 如果你恰好是机构投资者，前两个问题也适用于你所在的组织。那么为什么在每一次投资委员会上，基金经理都想解释收益不高是一件好事？真实原因就是这样。
[3] 开着100万美元的游艇驶过阿马尔菲海岸时往往就比较尴尬。这是我听说的。
[4] 根据"三振出局"规则，上述三个问题就足以排除这个投资选项了。

资者能够在任何时间退出。对某些投资类别（比如私人房地产）来说，放弃流动性有一定的合理性。但是没有必要把本身具有流动性的投资，比如公开交易的股票捆绑在没有流动性的投资工具上。

如果人们知道自己将支付更高的税款，缴纳高出平均水平2~6倍的管理费，对风险的掌控能力降低，无法获取透明信息，也不能随时退出，那么他们为什么要投资对冲基金？

答案很简单，投资者认为对冲基金的表现会超越其他投资产品。[1]

问题就是，对冲基金的表现根本没有投资者想象的那么好！

对冲基金并不稀缺，也不特别。你可能没有想到，现在有超过1万只对冲基金，比美国股票的数量多出一倍！这就是对冲基金。瑞信对冲基金指数追踪了对冲基金的表现，数据分析的结果显而易见：自1994年该指数成立至今——涵盖牛市与熊市出现的时期，标准普尔500指数的年化收益率比主要的对冲基金高出2.5%。此外，大多数对冲基金的表现太糟糕，已经倒闭了。最近的一项研究调查了1995—2009年的

---

[1] 还可以成为自己参加派对的谈资，因为很多基金特意设计了类似某些夜店的会员制！

6 169只对冲基金（剔除非美国货币的基金和那些"基金中的基金"[1]）。在这6 169只基金中，只有约37%（2 252只）在2009年研究结束时仍然存在。

你可能在想："那么最好的对冲基金呢？有没有某些'独角兽'在很长一段时间内表现优越？"没错，对冲基金经理有成千上万人，从统计学上讲，应该有一两个很厉害。但是，还有一个可怕的真相：最好的对冲基金往往会遭遇最壮观的坠落。长期资本管理公司由多名诺贝尔奖获得者经营，被认为是当时最优秀的对冲基金，它在1998年一夜崩溃，还差点儿把市场拖垮。沃伦·巴菲特曾多次表示，他认为对冲基金是荒谬的投资，在谈到长期资本管理公司的惨败时，他说："在美国的任何领域，以16人团队的平均智商看，这个团队都无人能及……这些人的智商高得惊人。而且，他们16个人在自己从事的领域有着丰富的经验……合在一起有350~400年的行业经验。另外，他们之中的大多数都将自己大量的资产投入基金……这也意味着他们现在基本上都破产了……我认为这是个非常有意思的现象。"[2]

---

[1] "基金中的基金"就是另一个话题了，意思是某些对冲基金投的钱其实是用于投资其他的对冲基金的。
[2] "有意思"是巴菲特的用词，我敢保证，该基金的投资者想用的词没法印在这本书上。

对冲基金领域近期的大明星约翰·保尔森预测了次贷危机,利用对冲基金进行了准确的"投注"。一年内,投资者获得了高额回报,保尔森本人也获利数十亿美元。不幸的是,2011年市场上涨,基金跌幅高达52%,自此之后的资金损失超过290亿美元。不过,他也不是唯一一个面临如此境况的人,自2015年以来,每年对冲基金倒闭的数量都超过了创办的数量。

对冲基金的支持者[1]会说,对冲基金曾经的目的是超越市场,但现在的目的是降低投资组合的波动性,平稳发展。一项2002—2013年的研究分析了以降低波动性为主要目标的对冲基金的表现,将其业绩与配置60%股票、40%债券的投资组合进行了比较。投资组合不仅业绩表现优于对冲基金,波动性也更低。

我们回到沃伦·巴菲特和特德·塞德斯之间的赌约。在10年之期结束时,标准普尔500指数上涨了99%,平均每年上涨7.1%。对冲基金实现了24%的收益率,年收益率仅为2.2%。

没错,对冲基金确实可以让一些人发达,只是不太可能

---

[1] 通常是对冲基金的经营或销售者。

包括你。[1]

私募股权

私募股权基金通常在长达数年的时间里向私人公司投资，以换取其非公开交易的股权。[2] 私募股权有三个主要类别：风险投资（许多人认为它本身就是一个独立的资产类别）、成长型股权、并购基金。风险投资基金投资于初创公司：没有利润，有时没有收入，有时没有产品。很多时候，风险投资基金是对一种理念或一个想法进行投资。这是一个高风险的游戏，不适合大多数投资者，不过我们在本节还是分析一下。

大多数人在谈私募股权时，其实指的是资产类别中的一个常见类型——成长型股权。成长型股权基金投资于已经展现出良好前景的企业，这类企业不仅有营收，而且通常会盈利。最后，并购基金以购买企业的多数股权而著称，通常会应用杠杆。[3]

让我们来——讨论。

---

1 对冲基金经理去银行取钱或者去游艇的路上倒是很开心的。在他们眼中，投资者是有多蠢啊？可能投资者本身确实也给了他们充分的理由。
2 私募股权基金也可以投资于公共实体，即便如此，基金的股权也不能在公开市场上交易。
3 有钱人称其为"债务"。

风险投资

我们已经遇到了敌人，就是我们自己。

——波戈[1]

2017年的某一天，我坐在洛杉矶的一家咖啡厅里，等待某位备受关注的科技行业亿万富翁。他迟到了一个小时，胡子拉碴，穿着连帽卫衣。看到他的时候，我都有点儿怀疑自己走进了电视剧《硅谷》的摄影棚。交谈之中我发现，他比想象中更健谈、更聪明，对各种话题信手拈来，有非常独到的见解。他自己点了东西，聊了聊最近和家人的游艇假期，然后开门见山地聊起了投资话题。他告诉我，他的公司有数十亿美元的资金，他自己非常喜欢投资初创企业，已经投资了超过100家。他的私人家族理财办公室的首席财务官了解到了我的业务，安排了这次会面，希望他能够将资产配置多元化。我逐项分析多元化的投资组合将如何优化其财务状况，以及他为什么要将部分资金用于构建投资组合。他解释说，他可以"充分认识"到自己大部分的风险投资都会失败，但是，为数不多的成功就足

---

[1] 波戈既不是哲学家也不是资金经理，他来自20世纪40年代到80年代连载的某流行漫画，是其中的主角。30岁以下的读者请注意，连载漫画是一连串以方框形式编排的幽默图画，通常会印刷在报纸上。20岁以下的读者请注意，报纸是一种多层折叠的出版物，内容包括新闻、文章、社评、广告，有时候也有连载漫画。

以弥补其他损失（成功案例之一就是对优步公司的投资），而且，就算所有的风险投资都失败，他也不在乎，毕竟他有数十亿美元的身家。

你猜怎么着？他说的话没错。如果你拥有自己花都花不完的钱，你就可以做自己想做的任何事，都送人也好，投资于未来世界也好，投资于初创企业也好，你甚至可以弄一个现金泳池，像唐老鸭一样跳进去。如果你不属于这类情况，风险投资就不适合你。

风险投资听起来是你能得到的最性感的投资，美国很多厉害的公司，包括谷歌、脸书、推特、优步，以及其他几乎所有在新闻中出现过的独角兽企业，都是通过风险投资基金诞生的。然而，许多投资者甚至机构都有一个误解，认为风险投资基金会带来超级丰厚的回报。

考夫曼基金会[1]拥有 20 亿美元，是全美最大的捐赠基金之一。2012 年，该基金会发布了一份开创性的报告，介绍了它过去 20 年来与 100 只风险投资基金打交道的相关经历，标题一针见血："我们遇到了敌人……就是我们自己。"我也很喜欢这份报告的副标题："考夫曼基金会 20 年投资风险投资基金的

1　它来自堪萨斯城！

教训，以及对战胜经验的期望。"研究发现，大多数风险投资基金的表现比公开的小盘股指数差（30只风险投资基金中只有4只的表现优于该指数），而且以平均水平计算，"在扣除管理费用之后未能返还投资资本"。这尤其令人不安，因为风险投资基金投资的公司规模不大，与构成小盘股的公司规模相比，可以说非常非常小了。这也足以证明风险投资基金实际上存在极大的风险。这些基金不但表现不尽如人意，而且风险更大，费用更高（一般是2%的管理费外加20%的利润），流动性更差（资金往往会被锁定10年或更长时间），透明度更低。（大家到底能对私人创业公司的情况了解多少呢？）

报告的结论直截了当：投资小盘股指数基金比投资风险投资基金更好。研究人员写道："像我们一样的投资者一次又一次地被充满逻辑谬误的陈述蒙蔽，那些陈述恰恰是经过无数次研究验证的金融领域的认知偏误。"换句话说，投资风险投资基金的理由往往只是充满了高回报诱惑的故事。

假设你仍然对风险投资基金有兴趣，相信你所投资的基金能超越考夫曼基金会，那么你还要注意另一点：基金会是非营利组织，如果你所投资的不是此类机构，你就要为收益纳税。所以，就算你能在投资收益率上跑赢小盘股指数基金，税收也可能让你回到原地。对大多数人来说，他们如果有兴趣投资于

10 年或更长期限的资产类别，并且希望收益超过大型公司的股票，就选择小盘股指数基金，而不是风险投资。

成长型股权基金与并购基金

私募股权投资于后见之明。

风险投资投资于先见之明。

——乔治·范·霍加登

成长型股权基金正如其名字所示：从投资者处汇集资金，购买小规模、可盈利的企业股权，利用基金经理的专业知识将其转变为规模更大、盈利更多的企业。此类基金的预期是当企业未来以更高的股权价格卖出或上市时，投资者可以获得利润。除了投资者的资金，成长型股权基金经常使用杠杆，如果是并购基金，这种情况就更常见了。通过借贷购买企业，基金经理可以最大限度地利用资本，在企业变大变强后得到更高的收益。这一资产类别正在迅速扩张，当前美国私募股权基金的数量接近 8 000 个，远远超过上市企业（参见图 10.2）。

自 20 世纪 80 年代以来，资金不断涌入私募股权基金。过去 20 年私募股权基金数量的激增，已经呈现出清晰的结论：成长型股权基金的表现已经超过各类公开交易市场。

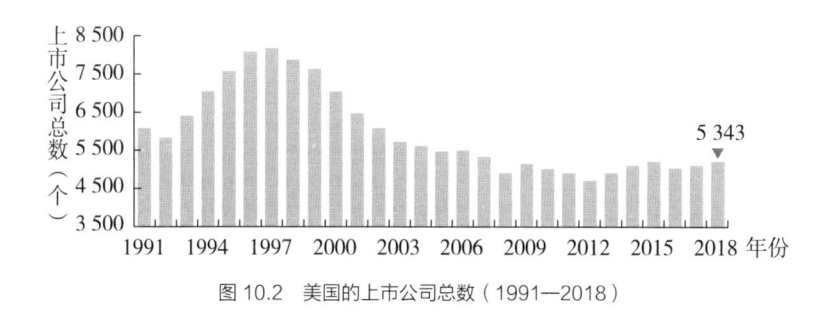

图 10.2　美国的上市公司总数（1991—2018）

同一时期，大学和慈善组织等机构已经开始重新审视另类投资的过往表现，主要是对冲基金和私募股权基金。分析结果显而易见：对冲基金的表现远远不如股票市场，而私募股权基金的表现明显超过股票市场（参见图10.3）。基于数据分析，各类机构正在减少或取消投资组合中对冲基金的配置份额，开始向私募股权基金注入资金。

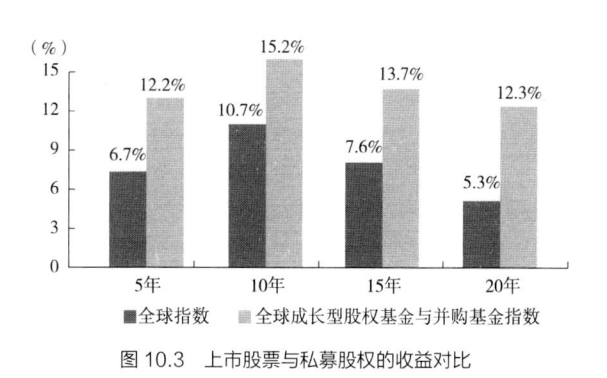

图 10.3　上市股票与私募股权的收益对比

为了发挥资金的作用，私募股权公司需要寻找合适的私营企业，利用资本及专业知识为企业带来利润。虽然有些私募股权公司只是简单地投钱并监管资金的使用情况，但是许多公司也会积极地提供建议，帮助企业成长。私募股权公司通常会深度参与投资企业的管理层工作，甚至会主导管理层的人员构成。这种经济层面的安排能够确保大家的利益保持一致，当企业的利润达到一定水平，私募股权公司开始分享利润时，管理层会获得成长激励，投资者的资金通常需要锁定 7~12 年，以换取预期增长。

私募股权基金的优越表现与我的经验基本一致。创意财富有一个客户群体，他们的个人投资金额从 1 000 万美元到 5 亿美元不等，或者更多。这些人最开始是如何获得财富的？有许多人是因为创办了快速增长或有潜力快速增长的公司，并将公司的一部分或全部出售给了私募股权基金。

很多成功的商业人士有能力提供出色的想法，组建团队，开发相应的业务，但是没有资金或者技能组合进一步扩大业务规模。我这里说的扩大规模指的是快速发展业务、极大提高营收，并最终获得盈利。私募股权公司在扩大规模方面非常出色，可以为这些企业提供宝贵的资源。创意财富的不少客户在自己的公司成立一年后就将大量股权出售给了私募股权基金，在 3~10 年后将剩余的股权再次出售，此时的股权价格通常已经达到第一轮出售时的两倍，这是因为基金经理在扩大企业规模方面取得了成效。私募股权公司还擅长将企业的出售价格最大化，他们拥有向各类买家销售的丰富经验，买家可以是战略合作伙伴（另一家可以立即扩大业务规模的公司——比如脸书收购照片墙的案例），可以是赞助商（另一家私募股权基金），也可以是公众（完成首次公开募股——例如谷歌或来福车）。

顶级私募股权公司能够为企业扩大业务规模，提供资金，投资有经验的人才，实施严谨的管理策略。然而，作为一项投资，该资产类别依然有其缺点。投资者的资金会被锁定多年，因为其持有的股份并不进行公开交易。短期内可能需要撤回资金的人不应该投资私募股权。你的纳税申报表几乎肯定会被推迟，因为后面还要等待另外一份 K-1 纳税表。当然，预期的业绩也不保证实现，或一定会持续。同理，股票的表现也不一定会超过债券。但归根结底，事实证明，私募股权可能会继续为高净值、有耐心、着眼于长期收益的投资者提供优质的回报。

民间借贷

银行家就是那种把身上穿的短袖借你，但是要你还长袖的人。

——贾罗德·金兹

如果你不是银行，那么你可以通过投资民间借贷基金赚钱。民间借贷基金有很多种，包括由以下成分组成的基金：

- 给消费者的贷款
- 以房地产为抵押的贷款
- 给企业的贷款
- 需要资金的各种领域，从电影到赛车比赛

此处主要讨论专注于中间市场的民间借贷基金。如果把私募股权投资比作民间的股票市场，那么中间级市场借贷就是民间的债券市场。部分营收在2 500万美元到数亿美元之间的企业，可能会遇到这样的问题：规模过大，无法申请小企业贷款，但规模不足，无法申请大银行贷款，作为私营公司，它们也无法进入公开债券市场筹资。为了获得发展资金，这些企业基本上只有两个选择：把公司的一部分股权卖给私募股权基金，或者从中间市场借贷基金借钱。

中间市场借贷基金的运作很像私募股权基金，两者都由专业投资者筹集资金并评估企业，只不过中间市场借贷基金的投资者不持有企业股权，只借出资金。贷款可能需要担保，即以建筑物或设备等资产作为抵押，也可能不需要担保，直接将贷

款转化为股权。由于银行不在这一领域运作，因此此类基金能够向企业提供较高的利息。与私募股权基金一样，投资者必须符合投资资格，愿意将资金锁定一段时间，并为额外的税表和延期报税做好准备。民间借贷基金的表现不一定超过公开交易的债券，而且该领域的发展时间较短，但是，根据当前贷款的风险状况，随着时间的推移，中间市场借贷有很大可能从长期投资的角度带来更好的回报。这些基金在管理经验和风险状况方面差异很大，因此，即便是成熟的投资者也应该谨慎行事。

私人房地产

未能拥有自己的一块地，就不算一个完整的人。

——希伯来谚语

私人房地产涵盖的范围很广。你如果在公开交易的房地产投资信托基金之外还拥有其他房地产，就算拥有私人房地产。也就是说，你如果出租了自己拥有的一片农田，就算拥有了另类投资，拥有联排别墅并出租给他人，也算拥有另类投资。当然，还有其他各种各样的私人房地产，比如自己的住宅（坏消息是，自己的住宅并不能算作一项投资，下文会进一步讨论），或者第二套房、度假别墅等（不好意思，这些都不算投资，即便你在购买时认为它们是）。也有可能，你个人的房产正在带来收入，或者有潜力带来收入（这种情况可以称其为投资）。私人房地产投资也包括投资于私募的房地产基金，将自己的资金托付给专业人士，用于投资房地产项目，等等。

我们现在分类看看。

自己的住宅

2000年夏天，我与妻子购买了我们的第一套房子，我们特别激动！那是我们"投资"过的最大的一笔资产。在之后的一次理财计划中，我们和其他人一样，把房子加到了资产净值表的"资产"名目下，并将房贷列入负债。实际上，从现金流的角度分析，房子本身和抵押贷款都应该算是"负债"。因为有房贷，所以我们每个月要支付利息；因为购买了房子，所以我们每年要支付房产税、维修费以及保险费。即便还清了房贷，我们也需要继续支付房产方面的费用，而且数额会随着时间的推移而增加。

对很多人来说，房子就是最大的一笔资产；很多人通过每月还房贷进行"强制储蓄"，从而累积抵押资产净值，这笔资金可以在未来房产规模缩小时收取，还可以用于提供退休后的收入。所以，在一定程度上，购买房产是有益的，因为房产可以强制人们进行储蓄。但是，我们还是要认清事实，房产并不是一项优质投资。将同样数目的资金投入多样化的投资组合，虽然不像买房那么振奋人心，但按偿还房贷所需的时间计算，投资组合必定会带来更高的收益。不过，人还是需要有地方住的，而且有些人就是觉得，即便不需要强制储蓄，不需要积累抵押资产净值，拥有自己的房子也比租房子好啊。

归根结底，对房屋的选择是一个与情感相关的决策。如果只是钱的问题，住一间四面有墙的房间就可以了，剩余的钱可以拿去投资。房子不仅仅和钱有关，人们在房子里度过的时光很长，有很多回忆是在那里产生的。在找房子的时候，要找自己喜欢的，也买得起的，然后用剩余的钱进行更好的投资。

第二套房

在创意财富，客户常问的问题之一就是"第二套房是不是好的投资"。我个人非常喜欢围绕这个问题展开的对话，因为这种对话会直接与真正的财富管理有关。在大部分情况下，这个问题既与个人财务有关，比如扩大资产，又与情感相关，比如拥有财富的目的到底是什么。如果仅仅从财务的角度出发回答这个问题，答案就是否定的。买第二套房子（甚至是第一套房子）并不是一项理性的投资，主要原因在于资产价值以及现金流。

首先，我们来看看，在拥有第二套房子时，你的资产价值到底是增多了，还是减少了。假设你在佛罗里达州购买了一套小公寓，或者在科罗拉多州购买了一间度假小屋，一二十年后，你把房子卖掉，可能可以赚一点儿钱。但是，如果考虑到负现金流的因素，情况就没有想象中那么乐观。

我的岳父、岳母在佛罗里达州墨西哥湾附近购买了一套小公寓，每一年，我们一家五口都要去那里和两位老人聚一聚。这已经成了我们的家庭传统，是孩子们每年最期待的事情之一。随着孩子们逐渐长大，公寓的空间好像不太够了。金融危机期间，公寓大楼中有一套待售房产。我和妻子经过审慎考虑，决定买下这套房子。10年后，附近相似的公寓售价已经增加了一倍。听起来我们是不是大赚了一笔？其实并没有。在这10年间，我们在公寓上的支出和任何一套房产相同，加起来已经超过了房产升值的幅度。我们是在市场低谷期购买的房子，而之后市场又达到了历史高峰，但是减去相关支出之后，我们其实没有获得任何收益。同样一笔钱如果投到指数基金上，就可能已经翻倍了。

从定义上看，良好的投资会带来正现金流。你如果投资了股票，就会获得股息；你如果持有债券，就会获得利息；你如果投资房地产，比如投资公开交易的房地产基金或者出租房产，就会获得分红或租金。就算在资产价值波动的时候，你还是有资金流入。但是如果你拥有第二套房产，资金就在不断流出。一般来说，选择全世界任何一个地方度假，住五星级酒店，都比买一套度假屋划算。

但是，这仅仅是经济层面的分析。对大部分人来说，存钱和投资都是为了实现人生的某些意义。金钱的唯一价值在于它能为我们所用。金钱让我们成为家里的顶梁柱，让我们身边的人得到照顾；金钱让我们能够从事慈善事业，为社会做贡献，让人生的意义超越世俗的成功；金钱也能让我们买车（为自己的审美偏好买单），买第二套房（创造更多与家人的共同回忆）。因此，第二套房可能并不是最佳投资选择，但从情感投资的角度上看，它绝对值得。

这也是我看待自己在佛罗里达的那套公寓的视角——用经济回报预期换取宝贵的家庭回忆。就这么简单。如果你出于情感原因考虑买第二套房产，只要不影响整体的理财目标，就出手吧！

私人房地产投资

人们普遍认为，在一个良好的多元化投资组合中配置房地产方面的投资，肯定能够实现增值，但是在我看来，房地产作为一种资产类别还是被高估了。现在比较流行的观点认为，房地产是比股票更好、更安全的投资方式。当然，这就像你的朋友不断跟你提起的拉斯韦加斯之旅，你只会听到"赢钱"的部分。房地产市场中也有很多破产的案例，只不过大家都避而不谈。每一种投资都存在风险，房地产市场的风险只是不同于股票市场的风险，但这并不意味着房地产领域就是无风险投资。

上述观点之所以盛行，部分原因在于房地产市场中投资者对杠杆的利用。可能有人记得，在投资中，杠杆就是利用借贷获取更高的投资资本。在房地产市场中，大部分投资都不是100%的现金，投资者会利用房产的价值进行借贷。假设一个人购买了一套10万美元的复式套房，自己出2万美元，从银行贷款8万美元。一年后，房子升值到12万美元，他决定卖出，在偿还8万美元的贷款之后，自己还剩余4万美元。也就是说，在房子增值20%时，个人获取的利润可以翻番。这就是杠杆的作用——放大投资回报。

问题在于，杠杆也有反作用。如果房子贬值到8万美元，投资者这时又需要卖出，那么在偿还8万美元的贷款之后，自己将啥都不剩。在房子贬值20%时，投资者本人的2万美元打了水漂，损失高达100%。正因如此，房地产领域才会接连不断地出现很多破产现象。因为投资过度杠杆化，房产一旦贬值，投资者的损失幅度就会更大，当市场境况不佳时，情况往往急转直下，这在2008年金融危机时期体现得淋漓尽致，当时很多家庭的房产价值已经低于抵押贷款金额，人们无法通过出售房产偿清贷款。

当然，几乎所有的投资都可以使用杠杆。假设我有一个10万美元的账户，但我决定再借5万美元，用于购买更多的股票，这就是使用杠杆。大部分人都知道，这种行为的风险极高，但是房地产领域的借贷与它的本质相同，大家却对其毫无警觉。有些人认为，房地产领域通货膨胀的力量很强大，其他资产类别的规则不适用于该领域。尤其是在房价不断上涨的地区，人们更容易产生这种错觉。这种短浅的目光直接忽略了同一地域其他地区房产的状况，它们曾经也备受期待，但是随着周边基础设施老化，经济生产中心转移，消费者品位改变，房产已经开始不断贬值了。

对那些可以在投资组合中配置私人房地产的人来说，他们还是可以获得一些优势的。首先，他们可以选择自己希望投资的房产，比如办公楼或单户出租的公寓。投资经济衰退地区（又叫作机会区域）的开发项目，可以让投资者获得税收优惠。在很多情况下，这类投资都由私募房地产基金提供，资金来自各类投资者，流向不同的项目，比如零售空间、医院、公寓大楼等。基金经理的目标就是开发此类房地产，他们一般会选择出租，7年之后将其出售。这类投资与其他私募投资有同样的局限性：报税成本和复杂程度高，投资资金可能在数年内无法提取，要想提款，需要等待特定的窗口期，而且在一般情况下，只有在房产售出之后才能收回现金。

真正的"房地产业务"

如果你是房地产行业的专业人士，那么你现在可能已经翻白眼了。我简单说明一下，我们讨论的"房地产"应该与"房地产业务"区分开来。我们以房地产开发商为例：他们不是购买能够产生收益的房产，并将其纳入自己的投资组合。开发房地产是他们的工作。他们筹集了资金，创造了一些价值，然后出售。将房地产开发作为自己的职业可以获得30%甚至更高的收益率，这也合理，否则没有人愿意承担房地产开发的巨大风险。不过，就像拥有上市公司的股票和拥有小公司的股份有所区别一样，投资于房地产与开发房地产也是两回事。开发房地产与创办小企业有些相似，不应与投资领域传统意义上的资产类别相混淆。

在我看来，分析私人房地产投资的最佳思路如下：拥有世界上任何一家大公司的股票，和拥有这家公司的办公大楼，二选一，怎么选？明智的投资者一定会选择前者。

加密货币

我基本能够确定，加密货币的结局不会好。

——沃伦·巴菲特

加密货币是电子货币，它使用密码技术确保交易的安全性，防止未经授权创建额外的货币单位，同时对货币在人与人之间的转移进行验证。"投资"加密货币成了一种流行趋势。现在世界上有数以千计的加密货币，各大媒体和互联网报道最多的应该是比特币。所以，我们先来谈谈比特币，看看与其相关的背景信息。

美元、日元、欧元是传统货币，而比特币是由中本聪发明的一种加密货币。注意，没有人知道中本聪是谁，也没有人知道这个代号背后是一个人，还是一个组织。中本聪不喜欢，或者不信任政府，他表示自己的使命就是摆脱政府，创造一个政府无法轻易攻击的去中心化的货币系统。他创造的比特币是第一个去中心化数字货币，之所以能够有效实现去中心化，是因为中本聪开发了区块链技术，可以确保每个比特币都能得到验证，而且不可复制。

区块链技术可以让人们对在互联网上与另一方进行交易建立信任。在区块链技术出现之前，线上交易需要第三方的参与。我们可以用房地产交易进行类比。假设你要卖出自己的房子，一般情况下，买家应该是你不认识的人，买家会通过当地政府的官方中心化数据库获取你的相关信息，确保你是房产的所有人。在这种情况下，买家及其贷款人（在买家有借贷需求的情况下）才有信心购买这套房产。在这个案例中，中心化数据库对促成交易有至关重要的作用。

区块链技术的目的就是消除对中心化数据库（共享账本）的需求。通过区块链技术，一群人中的每一个人都拥有账本的副本，可以用于追踪、查询交易。现在，我们把区块链技术套用到上述房产销售的案例中。假设你要把房子卖给玛丽·苏，双方认可并完成了这笔交易，账本同步更新。当玛丽·苏准备出售房产时，下一任买家能够马上确认她是否拥有房产的所有权，因为区块链已经录入了这一信息。这个技术实现了两件事：第一，对第三方（比如当地政府）的需求被解除；第二，交易可以立即生效，没有必要雇用律师、获取相关文件或者验证信息的真实性。该技术已经存在，而且正在改变许多行业以及大型公司的运作方式。

IBM（国际商业机器公司）已经在区块链方面进行了重大投资，其前任首席执行官弗吉尼亚·罗曼提在给股东的信中写道："区块链将共享账本与智能合约结合在一起，确保各类资产（无论是海运集装箱等实物资产，还是债券等金融资产，或者音乐等数字资产）可以在任何商业网络中进行安全转移。区块链对可信任交易的意义如同互联网对信息的意义。"IBM正在与沃尔玛合作，使用区块链技术追踪库存。沃尔玛表示，区块链技术将追踪水果物流动向所需的时间从7天缩短到两秒。区块链还处于起步阶段，但其发展的大趋势已经明确。

有了区块链，我们的日常生活很可能会发生变化，金融记录将被保存在区块链网络的历史账本中，新的交易也会被即时验证。现在，美国以及其他国家虽然是由中央政府通过中央银行稳定货币的价值来控制其流通，但金融交易的中间角色其实在由各个地方银行承担。中本聪发明区块链技术，创造了新的平台，使政府和银行不再参与加密货币的交易。

超过1 000种加密货币都在使用区块链技术。因为推出加密货币没有任何成本，可能眨眼间又会有1 000种加密货币诞生。除了比特币，其他流行的加密货币有以太币、莱特币、

EOS、瑞波币和波场币（Tron）。[1] 区块链是一个伟大的想法，它将改变很多记录、签订合同和交易的方式。虽然加密货币很可能永远存在，但99%以上的加密货币会很快变得毫无价值。

我们再回到比特币的话题上。一枚比特币的价格从2009年的0美元飙升到2017年的2万多美元，在2020年我撰写本书的时候，一枚比特币的价格回到了5 000美元左右。有些人说比特币没有价值，因为它没有内在价值。房地产可以带来租金，债券可以带来利息，股票可以带来股息，比特币什么都无法带来。然而，许多其他投资也不会带来收益。投资者和收藏家购买画作，这些画作不会产生任何收入，但可能会升值，只是因为有人愿意为其支付更多的钱。不过，比特币让我想起了2008年拉斯韦加斯的公寓，还有1999年互联网公司的股票。人们愿意以脱离现实价值的超高价格购买这两样东西，前提是其他人以后会为此支付更多的钱，这种预测仅仅基于这样的事实：在之前的几个月或几年里，这种情况已经多次发生。比特币不太可能是一种长期可行的货币方案。然而，它很可能会在10年或20年后出版的金融书籍中出现，成为金融领域的趣闻，在人们讨论投资泡沫如何形成、如何破裂、如何给众多人带来

---

[1] 不要与1982年的迪士尼电影《电子世界争霸战》（英文也为Tron）混淆。没有人说过电子货币狂热分子支持原创。

重大损失的时候被谈及。

另外,我们再来说清楚几件事。第一,有人说比特币不可能被盗,因为它存在于区块链上。其实,区块链可以被黑客技术攻击,且投资者已经有超过10亿美元的加密货币被盗。第二,在比特币没有被盗的情况下,其持有者也可能会遭受损失(市场的波动可能造成这种情况)。第三,有些人认为,政府会和加密货币保持距离。这个想法很幼稚,因为所有政府都喜欢监管、控制和收税。[1]

当然,尽管比特币持续存在的可能性很低,但不代表没有可能,正是这一丝希望激励了投机者。比特币吸引了很多人,因为它消除了第三方的干扰(例如,政府不能通过创造更多的比特币来操纵它),也因为它具有匿名性。这些好处同样适用于其他1 000多种加密货币。但是,大多数购买比特币的人并没有打算使用,纯粹是为了投机。

这就是人们对比特币产生兴趣的原因。投机被定义为"对未知事物的猜测。有的人希望通过买入和卖出获得巨大的利润,但也要承担损失惨重的风险"。这与投资形成了鲜明的对比,投资被定义为"将资金投入金融策略、股票或资产以期获

---

[1] 而且肯定不会放弃它们的终极控制机制——货币。

取利润或者物质成果"。购买入住率达到 90% 的公寓楼，这是投资；购买月球上的土地，觉得未来有人会去那里居住，这是投机。比特币已经三次下跌超过 80%，但每次又会飞速升至新高。2019 年，"用信用卡购买比特币"成为谷歌上的一个热门搜索话题，人们正在"扎堆上船"，期待通往"应许之地"。

就像所有其他泡沫现象一样，在船下沉前，总会不断有人上去。同样的事情也发生在互联网泡沫时期。还记得来科思搜索引擎、Excite 搜索引擎和美国在线吗？Ask Jeeves 搜索引擎呢？它们在竞争中被击倒，最终的王者——谷歌诞生。类似的情况也可能发生在加密货币领域，任何投在加密货币领域的资金都具有高度的投机性。

数不胜数，数之不尽

关于不同类别另类投资的内容，足够写一整本书。虽然本章已经涵盖了主要的另类资产类别，但还有很多其他类别。为了让大家感受到这一领域的多样性，我们再多举几个例子。

- 再保险。当你购买一份保险（如房屋保险）时承保公司可以将风险转移给另一家保险公司，降低自身风险，出售更多保单。这就像保险公司的保险。一些基金专门投资于再保险领域。

- 特许权基金。在 20 世纪 90 年代，大卫·鲍伊及其金融团队出售了部分获取其唱片版税收入的权利。这项投资被称为"鲍伊债券"，它为艺术家创造了一种提前获取版税收入的方式。从那时起，音乐（和其他娱乐形式）的版税基金如雨后春笋般出现，其中一些购买了玛丽·布莱姬、阿姆、铁娘子乐队、艾尔顿·约翰等艺术家或艺术团体的作品获利权。

- 人寿保险单贴现。大多数购买终身寿险保单的人最后都将保单退还给了保险公司，只获得死亡赔偿金的一小部分。人寿保单贴现基金以更高的价格从其所有者那里购买保单，使被保险人有机会获得比退保金额更高的资金。当保单最终赔付时，赔偿金将被分配给基金的投资者。

类似的例子数不胜数：有的基金专门投资于诉讼案件中的某一方，以期在其胜诉之后获得部分赔偿金；有的基金专门投资于艺术品、汽车或小提琴；有的基金专门投资于棒球博彩……

另类投资并不适合所有人。投资者即使符合投资项目的净资产要求，也不一定适合此类投资。对有长期计划的投资者来说，他们需要强大的团队对每项投资进行彻底的审查，以较低的最低限额和合理的价格获得顶级投资产品，同时团队也能够应对财务管理中新出现的问题。在这种情况下，部分另类投资可以提高投资者多元化投资组合的长期回报。

不过，对绝大多数人来说，由上市股票、债券和房地产组成的简单的投资组合已经具备了实现个人财务目标的充分条件。

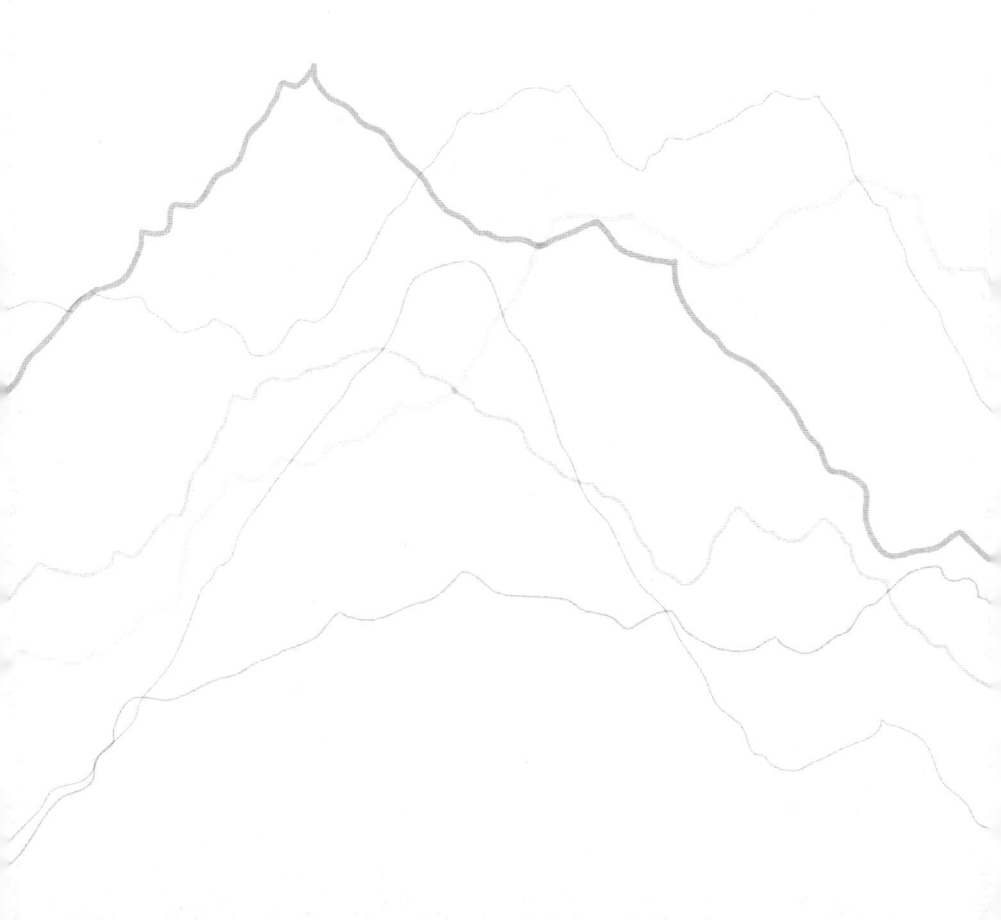

第四部分

攀登

第十一章
建立并管理投资组合

彼得·默劳克

> 记住,钻石只是做好了自己分内之事的碳块。
>
> ——史蒂夫·福布斯

构建合理的投资组合既是一门艺术,又是一门科学。这门科学并不完美,但是我们应该遵循计划,使其为个人的理财需求服务。选择投资产品和投资本身时常令人倍感压力,但是在掌握有效策略之后,投资组合的构建将会变得简单很多。

资产配置是一种花哨的表达,其实就是指投资组合中的钱在股票、债券、房地产等资产类别中如何被分配。我们应该投资哪项资产?在粗略地看了一眼历史上各项资产类别的收益率之后,可能有人会想把钱全部投入股市,如表11.1所示,将资金全部投入股市的收益率最高。然而,事情并没有那么简单。在股市上投资越多,投资组合的波动性越大,这可能会给投资者带来极大的压力。如果投资组合中的股票占比为100%,那么年收益率可能高至54.2%,也可能低至–43.1%,承受如此跌宕起伏的感觉可不容易。但是,如果投资组合中的股票占比为60%,债券占比为40%,这个状态就会舒服很多,年收益率的范围将缩小至36.7%~–26.6%。

表11.1 投资组合中美国股票与美国债券不同占比情况下的收益表现(1926—2018)

资产配置	年均收益率(%)
100% 债券	5.3
10% 股票、90% 债券	5.9
20% 股票、80% 债券	6.6
30% 股票、70% 债券	7.1
40% 股票、60% 债券	7.7
50% 股票、50% 债券	8.2
60% 股票、40% 债券	8.6
70% 股票、30% 债券	9.1
80% 股票、20% 债券	9.4
90% 股票、10% 债券	9.8
100% 股票	10.1

大部分理财顾问和理财图书会建议个人根据自己的年龄进行资产配置,比如,一个人在60岁时,投资组合的配置应该是债券占比60%,股票占比40%,到了70岁时,就应该是债券

占比70%，股票占比30%。当然，这个例子有点儿过度泛化。

还有一些理财顾问和理财图书建议个人根据自己的风险承受能力进行资产配置。如果投资组合的跌幅达到10%，你就无法承受，那么你不要配置股票，或者只配置占比极低的股票。不过，这类建议也非常不合理，它们对投资者存在误导，甚至会阻碍理财目标的实现。比如，一位投资者的风险承受能力较低，但是退休后的预期存款不足，此时就应该需要承担稍高一些的投资风险，确保退休后的安稳生活，否则，他在退休之后可能就会面临捉襟见肘的窘境。

资产配置应该根据投资者的个人需求确定。因此，每个人都需要量身定制自己的资产配置计划，使其与自己的理财目标保持一致。假设你希望在未来15年以特定的投资收益率实现特定的目标，那么投资组合的设计就应该选择一个最有可能实现这一目标的方案。而且，因为你已经有了理财规划，所以个人的需求已经十分明确了。理财规划反映了个人当前的状况和希望达成的目标，同时也展示了个人的预期存款数目以及其他收入来源。综合分析这些信息，就可以计算出实现目标需要达到的投资收益率。如果想要在未来15年实现6%~7%的年收益率，那么你可能需要使投资组合中的股票占70%、债券占30%（或者考虑纳入前一章提及的另类投资）。资产配置和投资者的年龄没有太大关系，决定资产配置的应该是需求，而不是年龄。

研究发现，资产配置对投资组合波动性的影响在所有因素中的占比为88%~91%。也就是说，在确定了资产配置之后，你要检查一下相应的波动性，考虑自己能否承受。如果不能承受，你就需要调整目标（少花钱）或者调整计划（多存钱），选择更保守的资产配置方案，以实现理财目标（参见图11.1）。关键是，个人的资产配置应该永远与自己的理财目标保持一致，并根据风险承受能力进一步检验配置方案是否适合个人，而年龄因素与此毫无关系。

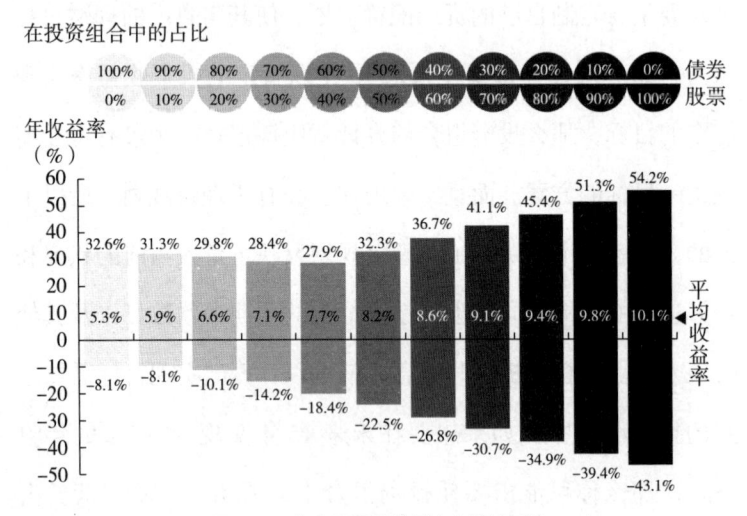

图 11.1　资产配置的比例决定收益区间

大局观

在金融行业中,人们总是花费很多时间探讨某个资产类别是"好"还是"坏",但在现实世界中,在不同资产类别中的暴露程度[1]其实取决于投资者的目标,而不是市场的差异。对绝大多数投资者来说,通过综合配置不同的资产类别实现多重目标最有意义。正如老话所说,不要把所有的鸡蛋放在同一个篮子里。

在通常情况下,在任一年份,最出色的基金经理投资的都是同一资产类别,最糟糕的基金经理投资的也是同一资产类别(与最出色的基金经理投的不是同一类)。可能你会认为,前者都是天才,后者都是傻瓜,但事实并非如此。以新兴市场为例,2019年,新兴市场基金是表现最佳的共同基金,基金经理们的决策和收益率并没有关系,是资产本身驱动了收益。实际上,任何基金的收益率都仅有9%~12%与基金经理有关,假设你投资的基金在某一年的收益率为8%,其中只有0.072%~0.96%的收益与基金经理有关。正因如此,投资组合的构建首先要考虑的还是资产配置。

前文已经讨论过,现金是非常糟糕的投资,没有必要在投

---

[1] 其实就是在这个资产类别中投入的资产数额。

资组合中配置现金。假设一名投资者的投资组合中有100万美元，其中10%为现金，这也就意味着有10万美元基本不会为他带来任何收益，还有可能在未来几十年中因为通货膨胀而贬值。与现金相比，债券的五年收益率从未出现负数，年平均收益率也比现金高若干百分点，带来的收益可能比现金多上万美元。而且，市场崩溃对债券和现金的影响基本相同。如果债券市场跌至零点，那么肯定受到了一系列事件的影响，而相同的事件肯定也会造成现金贬值。《末日生存者》等电视真人秀让这些极端场景深入人心，使荒谬的事件看上去很可能会发生。在现实世界中，现金的用途主要是家庭的日常开销、外出就餐、买车或者应对短期的失业或其他意外状况。在投资组合中，现金没有存在的必要。

债券会不会亏损？当然会。债券在每5年中会有一年的年收益率为负。但是只要发行债券的实体还在，投资者就一定能够收回本金和利息。相比之下，股票的波动很大，投资者并不能确定短期将会发生什么。在创意财富，我们非常明确的一点就是，对债券的预期一定不是在长期表现上超越股票。

既然债券的表现没有股票好，那么为什么还要购买债券？从根本上说，债券就是保险。投资者放弃了一定的回报，大幅提升实现短期与长期目标的可能性。股票在10年间的表现可能会更优越，但是长时间的低迷状态也曾出现（比如"9·11事件"、2008—2009年金融危机，可能还有最近的新型冠状病毒肺炎疫情）。没有人愿意经历股市随机出现的大起大落，也没有人想在股价暴跌的时候被迫抛售，以满足自己的基本需求。因此，请先计算自己在市场长期低迷的状态下需要从投资组合中获得的资金，减去投资组合的预期收入，从而确定购买债券的比例。

预知未来的水晶球

人们总是在无休无止地预测股票走势，其实，股票既是最不可预测的资产类别，又是最容易预测的资产类别。这里首先阐述一下创意财富的观点：世界上没有任何人能够预测股票价格的短期走势，如果有人说自己可以，那么他不是傻瓜就是骗子。虽然措辞有些强硬，但是投资者应该认识到这类观点对自己的财务前景和资产配置有重要的影响。从长远来看，股票的表现确实超过了所有其他公开交易的主要资产类别。从股票市场获利的关键在于坚持持仓，不论出现市场回调、暴跌，还是日常性的波动，在胆小的投资者急于抛售的各种时刻，你都要挺住。逆向而行，将动荡时期变为自己的机遇期！

挺过股市大波动时期的关键在于拥有足够的收入，可以满足未来5年的需求，这样就不用因为市场的起起伏伏而过于操心。如果你在未来几年内可以不被市场左右，也明确知道市场的长期走势是向上发展的，你在经历股价的跌宕起伏时就会轻松一些。投资者如果在10~20年之后才需要投资组合的收入，那么可以选择某些特定市场的板块股票，包括中盘股、小盘股、微型股[1]和新兴市场股票，它们的波动性更大，但长期来看能为更具耐心的投资者带来更高的收益。较高的波动性会给投资者带来较高的收益。

另类投资给眼光更长远的高净值人士提供了从长期角度跑赢市场的机会。如果投资组合的总额为500万美元、1 000万美元或者更多，那么比较常见的做法是将10%~30%，甚至更高份额的资金用于另类投资，包括私募股权、民间借贷、私人房地产等。我的很多客户已经拥有了自己花不完的财富，或者投资组合中有一部分资金是为了留给后代的，在这种情况下，即使75岁了，也可以在投资组合中配置较大份额的小盘股、新兴市场股票或另类投资。

---

[1] "大盘""中盘""小盘"是以上市公司的市值，即股票价格乘以流通股票的数量区分的。大盘股的公司市值一般在100亿美元以上，中盘股的公司市值在20亿至100亿美元之间，小盘股的公司市值在20亿美元以下。所以，小盘股代表的公司也挺大的！

从理论角度分析，这种长期策略完全没有问题，但是对胆小的人来说，它并不合适。这些资产的波动大，且波动迅速，还有可能长期达不到市场的平均水平。想要了解这些资产是否适合自己，你可以测试一下自己对各类市场下跌的反应：如果在小盘股或者新兴市场股票大跌时期，你特别兴奋，愿意卖出部分债券，买入股票，这些资产就非常适合你；如果在大跌时期你非常恐慌，那么，在投资这类资产时，你可能不会坚持持仓，直到市场反弹，这会给投资组合带来不必要的伤害。在市场动荡的时期，了解自己需要付出代价。

收尾工作

设置战略性投资组合的前提就是不知道未来会发生什么。

——瑞·达利欧

目前，你已经可以确定投资组合中股票和债券的占比，也评估了自己在高波动性投资上的心理承受能力，那么现在你可以认真审视一下最终的配置，即最理想的投资方案，它由个人的理财规划以及应对市场起伏的心理承受能力决定。

全球化策略

　　瑞典的经济总量占全球经济总量的 1%。明智的美国投资者或日本投资者会将 1% 的资产投入瑞典股市。那么，瑞典投资者将 48% 的资产投入瑞典股市有意义吗？没有。这仅仅反映了投资者倾向于购买自己国家的股票，有时候经济学家又称其为"归属偏见"。

——理查德·塞勒卡斯·桑斯坦

　　人们倾向于选择令自己有归属感的选项，而不是那些超出个人舒适圈的选项，这就叫作归属偏见。其实在日常生活中我们就能够体会到这一点。大家总是会选择离家或办公地点最近的便利店、加油站或咖啡厅；在周末，大家更是经常去离家近的餐厅吃饭，而较少选择更远一点儿的、自己更喜欢的餐厅。大部分美国投资者在为投资组合挑选股票时，都会重点关注美国大公司的股票，原因可能就是觉得它们眼熟。

　　不论在哪个行业中，几乎每一家美国企业在国际上都有与其势均力敌的对标企业。渣打银行最新的预测显示，到 2030 年，中国和印度的经济总量将会远远超过美国。因此，国际市场的股票应该成为投资组合中的一部分。虽然持有家喻户晓的本土企业的股票可能会让人感到舒适，但是将资产集中投资于某个国家或地区其实大大提高了投资组合的风险。我们生活在经济全球化的时代，全球各地的企业都有能力盈利，也确实都在盈利。不过，持有国际市场的股票和持有美国本土的股票确实存在差异。美国市场和全球市场经常"轮流"超越彼此，有时候周期较短，有时候周期较长。回顾 2000—2009 年，即美国"失去的十年"，标准普尔 500 指数的收益率还不到 0，而且这还是在计入股息收益之后。那些只投资了美国大盘股的人遭受了重创，但是全球化的投资者在国际市场和新兴市场获得了较高的收益。在全球范围内进行资产配置可以降低投资组合的波动性，与此同时，也可以提升投资组合的长期表现，因为很多经济体（尤其是新兴市场经济体）的预期增长率都远远超过了美国市场。

如图 11.2 所示，归属偏见是一种全球现象。完全没有偏见的投资者（也可称其为世界公民）会根据各国市场在全球市场的占比配置股票。比如，2010 年，美国市场占全球市场的份额为 43%，那么无偏见投资者就会在投资组合中配置 43% 的美国股票。但是，一般美国投资者的投资组合中的美国股票的份额都会高于 43%，其他国家的情况也是相似的，在英国投资者的投资组合中，英国股票占比达到 43%，瑞典投资者将超过一半的个人资金投入瑞典股市！这样的行为就是根据地点，而不是根据理性来投资。

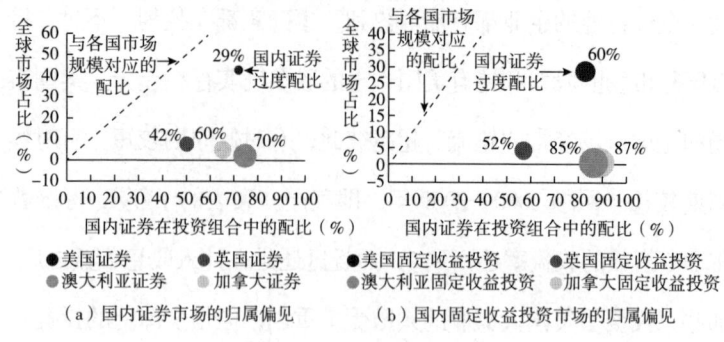

图 11.2　归属偏见相对值

在投资组合中配置国际性资产，全球市场占比不是唯一的衡量标准，首先要考虑个人的投资目标和风险承受能力。但是，千万不要仅仅根据自己对企业名称的熟悉程度进行投资，忽视全球化策略的价值。你甚至不需要出国或者建立海外账户，就可以创建国际化的投资组合。投资者通过购买指数基金就能在投资组合中增加国际市场股票的持有比例。比如，在你的投资组合中，股票占比 60%，那么你可以购买交易型开放式指数基金，使其中的 1/3 投放于国际市场。

分散投资！

唯有变化才是永恒的。

——赫拉克利特

希腊哲学家赫拉克利特应该会是一位很优秀的投资顾问。他认为生命存在于运动之中，而股票市场也是如此。

在你投资了某家公司之后，万事皆有可能发生。有些公司表现卓越，但是可能会遭到某次负面事件的重创，有时候甚至会直接破产，这样的例子有安然公司、西尔斯百货、玩具反斗城。每家公司都有自己的生命周期，在最终被资本世界摧毁或者被竞争对手取代前，每家公司都处于自己的生命周期中。人们经常会低估其中的风险。亚马逊的创始人杰夫·贝索斯非常清楚，没有哪家公司会世代永存，他曾经告诉员工："我预测亚马逊总有一天也会失败，也会破产。你们看看其他大公司，它们的生命周期通常是30多年，而不是100多年。"

我们看看今天的道琼斯工业平均指数和40年前的区别吧！表11.2显示，从1979年到现在，除了几家表现坚挺的企业撑过了这些年，很多名噪一时的企业或已倒闭，或被并购，或失去了原有的行业地位。2018年，最后一只原始成分股通用电气被沃尔格林（美国连锁药店）取代，道琼斯工业平均指数中所有始于1896年的成分股都已出局。在2019年的榜单中，苹果、微软、英特尔等企业在1979年还处于起步阶段，现在技术领域的主要供应商思科、威瑞森无线等企业在40年前压根还没有出现。

表 11.2　道琼斯工业平均指数成分股公司

1979年

3M（明尼苏达矿业及机器制造）公司	伊士曼柯达公司	约翰曼菲尔公司
美国联合化学股份有限公司	埃斯马克公司	欧文斯伊利诺斯玻璃公司
美国铝业公司	埃克森美孚公司	宝洁公司
美国罐头公司	通用电气公司	西尔斯公司
AT&T 公司	通用食品公司	德士古公司
美国烟草公司	通用汽车公司	美国联合碳化物公司
伯利恒钢铁公司	固特异公司	美国钢铁公司
雪佛龙公司	淡水河谷有限公司	联合技术公司
克莱斯勒集团	万国联合收割机公司	西屋电气公司
杜邦公司	美国国际纸业公司	沃尔沃斯公司

2019年

3M 公司	埃克森美孚公司	耐克公司
美国运通公司	高盛集团	辉瑞药业
苹果公司	家得宝公司	宝洁公司
波音公司	IBM 公司	旅行家集团
卡特彼勒公司	英特尔公司	联合健康集团
雪佛龙公司	强生公司	联合技术公司
思科公司	摩根大通集团	威瑞森无线公司
可口可乐公司	麦当劳公司	威士公司
华特迪士尼公司	默克大药厂	沃尔玛公司
陶氏杜邦公司	微软公司	沃尔格林公司

我们也可以用餐饮业打比方。有些餐厅开业几个月后就关门了，还有一些开了几十年，但是世代经营的餐厅真的少之又少。一家餐厅倒闭了，又会有其他餐厅开张，股票也是一样。

当你在股票上配置了大量资产的时候，你并不会只购买一家公司的股票，而是会选择不同公司的股票，进行综合配置。如果你购买了标准普尔500指数基金，那么你肯定知道，每隔几年，这500家公司中肯定会有一些公司破产或者衰退，但是这几家公司的表现并不会使你失去所有投资，基本上也不会影响你实现理财目标。从长期来看，成功的企业带来的收益将会抵消失败的企业带来的损失。

投资者在进入股市时需要承担的另一风险是行业风险。你出去吃饭，应该不会只去一种餐厅，同理，投资的时候也不要只投一个行业，万一这个行业受到重创或者彻底消失，投资的结果将不堪设想。很多金融危机都始于行业崩溃，近些年发生的一系列危机（互联网泡沫、房地产危机、金融危机、能源危机等等）尤其如此。如果你购买的100只股票都属于同一个行业，那么当这个行业崩溃的时候，你可不要问为什么多元化策略没有奏效。无论在公司层面还是行业层面，股票都应该多元化配置。

不颠覆就死亡

分析一下当今世界技术变革的速度。从黑胶唱片到MP3音乐播放器，从影碟商店到在线流媒体，我们不难发现，行业更迭的速度越来越快。在各个行业中，颠覆都在加速，柯达、凯马特、百视达、黑莓等企业的经历足以说明一切。图 11.3 展示了入选标准普尔 500 指数的企业的平均上榜时长，这有力地说明了行业的变化正在加速：企业的平均上榜时长从 50 年前的 33 年下降至当前的 17 年。作为投资者，这种变化意味着你可能通过分散投资从新兴技术的崛起中受益，也可能因为老牌企业的衰落而遭受损失。购买指数型基金的好处在于，你不用担心成分股公司会被淘汰，因为强劲的后来者将自动在指数中占有一席之地，你也会自动成为它们的股东！

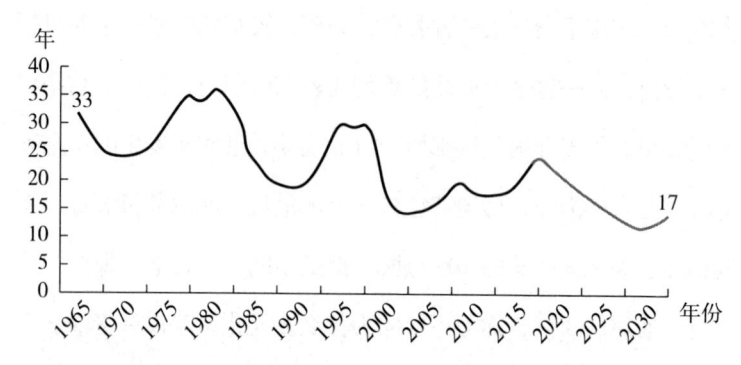

图 11.3 标准普尔 500 指数成分股公司的平均上榜时长
数据来源：创新视点战略咨询公司基于标准普尔 500 指数公开数据的分析结果。

投资者还需要承担的一项风险就是**市场风险**，也称系统风险：整个市场有时候会走高，有时候会走低。市场风险不可能消失，正因如此，分散投资才更重要。举例来说，一个人用所有的钱投资了一套复式住宅，然后将其出租，预期收益率为

10%，此时因为他只投资了一套住宅，存在很大的风险，万一失败了，情况将变得很难收拾。因此，他可以选择投资四套复式住宅，全部出租，每套的预期收益率都是10%。但是，他自己的钱不足以购买四套怎么办？他可以再找三个人，组建一家公司，创建一个资金池，买下四套复式住宅。这样，他个人的资金就被平均分配到了四套房产上，预期收益不变，但是投资的风险大大降低，即使其中一套住宅出现了问题，也不至于直接导致投资失败。不过，尽管投资多套复式住宅比投资一套复式住宅的风险低，却依然没有规避市场风险。如果所有住宅的租客都是同一家企业的员工，这家企业倒闭了，他们都离开了这座城市，怎么办？降低市场风险的方法就是在多个市场进行投资。在合理的分散投资中，不同资产类别的表现最好不要高度相关。在复式住宅的例子中，选择全美不同城市的复式住宅进行投资就能降低风险。

简而言之，各类资产对不同经济条件的反应应该有所差异。这种相对独立的表现（加上某些资产的波动性比其他资产的波动性低）能够大大降低投资组合的风险。例如，当股票贬值的时候，高质量债券往往会升值。大部分股市都高度相关，但并不完全相同，正因如此，聪明的投资者会在全球市场均衡配置资产，投资于不同的公司，包括大型、中型、小型公司，也包括本土公司和海外公司。

经济因素的变动也会影响资产价值的走向，因此，多元化投资，分散投资组合中的风险，将会进一步提升实现长期理财目标的可能性。细分资产类别，比如配置房地产领域的投资，会进一步降低市场风险。

不要爱上自己的投资产品

分散投资听起来很不错，对吧？但是，我在职业生涯中遇到过无数这样的客户：因为拒绝分散行业风险和企业风险，最终眼睁睁地看着个人的净资产暴跌。很多高净值客户因为在上市公司工作，持有本公司的股票，且因这些股票大幅升值而积累了财富。这些客户往往不愿意分散投资，主要是因为他们已经从一家公司的股票中获得了巨大的财富，而且他们对自己所在的公司非常了解，有太多美好的回忆，也有对品牌的忠诚之心。但是，别忘了杰夫·贝索斯的话，每家公司最终都会消亡，这只是时间问题。

与归属偏见相似，很多投资者倾向于集中选择自己熟悉的公司股票，最终导致自己暴露在行业风险中。加拿大很多大型企业的业务都涉足大宗商品行业和金融行业，所以很多加拿大人的投资组合都存在这类行业的投资比重过高的问题,因此很容易受到行业波动的影响。在创意财富的新客户中,很多人对家乡的支柱产业进行了大量投资,比如得克萨斯州的客户会持有很多能源类股票,美国东北部地区的客户会持有很多金融行业的股票,加利福尼亚州北部地区的客户会持有很多科技行业的股票,美国上中西部的客户会持有很多工业股票。如图 11.4 所示,人们时常会过度暴露在自己熟悉的行业的风险中。

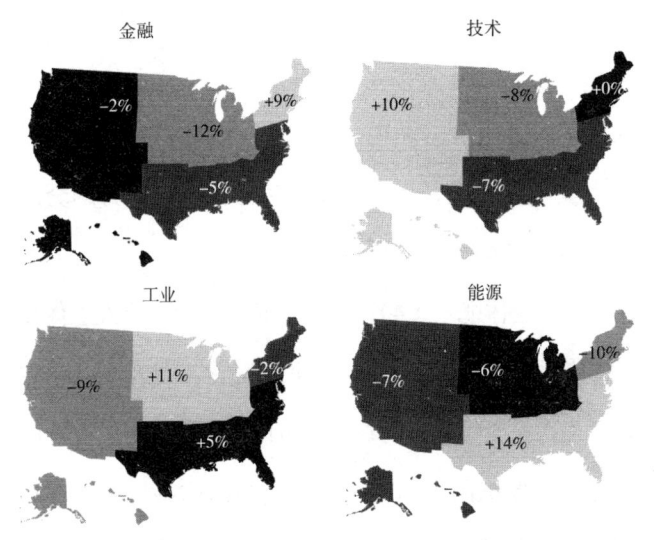

图 11.4 美国各地区投资者在不同领域的投资配比
与美国全体投资者投资该领域的平均可能性相比,不同地区投资者投资领域的可能性

很多投资者认为自己对从事的行业非常了解,可以在该行业配置较多资产,但这也意味着自己已经过度暴露在这一行业

的风险中。如果你的退休计划有赖于某个行业的成功,或者你的房屋的价值可能会受到某个行业的生命周期的影响,那么你务必再评估一下投资组合的风险,确保自己不会因为一个行业的崩溃而瞬间一无所有。

税收问题很重要

不要一下子卖出所有资产。明确自己持有什么,为何持有。

——彼得·林奇

确定了投资组合的配置,增加了国际化投资,分散了企业风险和行业风险之后,下一步就是考虑你现在拥有的资产,以及变动可能带来的税务结果。

401(k)退休账户、403(b)养老金计划、个人退休账户这类延税账户可以直接卖出,并且重新配置,因为不存在纳税问题。任何加入投资组合中的资金都可以用于配置新的投资产品。

但是,你要抵制卖出应税账户资产的诱惑。清算现有资产会给你带来巨大的应税收入,相当于直接给自己挖了一个大坑。清算现有资产之后,你可能只有依赖市场若干年的强劲表现,才有可能回到原来的资产水平。同理,如果理财顾问让你卖掉所有资产,不考虑纳税问题,这就无异于直接损害你的财务健康，他的动机只是让自己管理投资组合的工作更加简单轻松。业内传闻，有的理财顾问甚至直接把客户的资金进行模式化的资产配置，完全不考虑纳税负担。有鉴于此，也请你认真考虑自己是否遇到了这样的理财顾问。虽然纳税问题不应该左右投资决策，但是创意财富在构建投资组合时总是会将其纳入考虑范围。毕竟，能在市场上赚多少钱不是最重要的，纳税和缴费之后能够留给自己的财富才最关键。

年金和《加州旅馆》

"你可以随时退房，但你永远无法离开。"《加州旅馆》的这句歌词恰好描述了年金的"美丽世界"。很多年金的费用极高，投资选择又非常有限，你如果想在到期之前终止合同，就需要缴纳昂贵的解约费。

如果这些费用很高，那么等到到期后再兑现也可以。如果解约费很低，它就足以被投资收益抵销。值得注意的例外情况就是，如果你身患重病，终止年金合同就不合理，因为它在这种情况下类似于人寿保险的赔偿金。简而言之，虽然其他的投资类别更好，但是你一旦购买了年金，在终止合同之前就需要考虑很多因素。

一只股票持仓过多

在某些特殊情况下，仅从投资组合的角度看，持仓过多并没有意义，但我还是建议让客户持仓。比如，我们的新客户中有一个净资产为350万美元的家庭，他们将其中的300万美元投资于同一只股票。他们雇用创意财富的顾问，是因为丈夫时日无多，希望在自己过世之后有人协助妻子管理资产。我建议这对儿夫妻继续持有丈夫名下的股票，直至其离世。在丈夫离世后，股票在原有的基础之上重新进行估值，遗孀在无须纳税的情况下出售所有股票，创意财富的顾问根据她的需求重新构建投资组合。如果投资顾问建议他们在丈夫离世前卖出所有股票，那么他们最后可能会损失数十万美元。但是我们团队的方案让他们拥有了更多的财富，维系了财务自由的状态。

有时，因为意想不到的纳税或遗产规划问题，马上落实投资计划可能弊大于利。因此，一定要明确重置投资组合的后果再进行决策，根据个人的情况量身定制执行方案，而不匆忙改变整个投资组合的配置，可以带来更好的税后收益。

资产位置的重要性

希望大家已经理解了税务问题的重要性。投资顾问很少谈论税务，因为客户一旦了解他们在操作交易过程中产生的税额，他们可能就要被解雇了。(共同基金、对冲基金的基金经理也一样。)大部分投资者都没有意识到投资中的纳税问题，因为税款不是从账户中被直接扣除的。假设你的投资顾问在你资产为100万美元的账户中频繁交易，年底的时候，你可能会收到一份报告，上面写着投资收益率为7%，或者投资收益为7万美元，你肯定很高兴啊。几个月之后，你收到了1099报税单。如果你和大多数人一样，就应该直接把单子放进文件夹，等其他文书到齐之后一起交给自己的会计师，自己也不会再看了。假设1099报税单上显示，你的个人税费是3万美元，也就是说，投资账户的税额和其他方面的税额混在了一起，当会计师让你向国税局纳税的时候，你肯定马上就写支票了。这3万美元可能不全是从投资账户中扣除的，但即便如此，投资顾问的业绩报告上还是会显示你的投资收益率是7%，但纳税后你的实际收益率可能只有4%。表11.3通过对比1美元翻倍20次的复利收益以及在所得税率为33%的情况下的税后收益，显示了税收对实际收益的影响。

如果你拥有多个延税和应税账户，合理的资产位置可以让你减轻很多纳税负担。什么是资产位置？其实就是不同的投资应该放置在合适的账户中。

表 11.3 税收对投资收益的影响

投资期限（年）	免税（美元）	所得税率为 33%（美元）
	1.00	1.00
1	2.00	1.67
2	4.00	2.79
3	8.00	4.66
4	16.00	7.78
5	32.00	12.99
6	64.00	21.69
7	128.00	36.23
8	256.00	60.50
9	512.00	101.03
10	1 024.00	168.72
11	2 048.00	281.76
12	4 096.00	470.54
13	8 192.00	785.80
14	16 384.00	1 312.29
15	32 768.00	2 191.53
16	65 536.00	3 659.85
17	131 072.00	6 111.95
18	262 144.00	10 206.96
19	524 288.00	17 045.63
20	1 048 576.00	28 466.20

在构建投资组合的时候，要注意每个账户的区分。将高税负的投资放入延税账户中，比如将债券、房地产等投资放入个人退休账户或者 401（k）退休账户；将低税负的投资，比如

大型企业的股票放入应税账户。在节税的板块购置资产，将大大降低税费，提高税后收益。

再平衡，税收结转，监控持仓

很多投资顾问都会和客户讨论再平衡，但是他们说得最多的可能是再平衡从长期角度看有损收益。什么是再平衡？假设你的投资组合中股票占比60%，债券占比40%，如果股票升值的幅度超过债券，投资组合中股票占比就会增加。从投资收益的角度看，这可能还不错，但是，投资组合的风险已经高出了原计划。因此，你可能需要卖出部分股票，买入更多债券，让股票和债券的比例回到6∶4。这就是再平衡。如果你从来不做再平衡，那么20年之后，你的投资组合中股票占比可能变成85%，债券占比只有15%。从当前的情况看，20年之后出现这个比例好像还不错，但实际上这不太可能。通过再平衡，你可以让投资组合的状态长期与目标保持一致，提高实现目标的可能性。

有一些投资者会定期进行再平衡，比如每季度或每年。我个人认为这样会适得其反，带来不必要的费用支出，限制投资策略的有效性。如果进行再平衡操作会带来税负或多重交易费用，那么你可以选择等待，直到资产配比看起来要出问题时再动手。但是，如果遇到市场走低，就不要等待！利用这个再平衡的好时机，强化投资组合中较弱的资产类别，通常是股票。如果市场继续走低，就继续再平衡，从长期的角度看，这与定期再平衡相比可以带来更高的收益率。不过，你如果在情绪上无法应对，那么还是要首先保证自己的目标不变，每年进行1~4次再平衡。

享受税收结转

如果你的应税账户中有一项投资（我们就拿标准普尔500指数基金举例吧）遭遇突然下跌，就像2018年年底的情况那样，你会怎么做？有以下几种可能。第一种，陷入恐慌，全部抛售，把计算机扔掉，气急败坏，泪流满面。但是，我们前面已经讨论了那么多，相信这不会是你的选择。第二种，什么都不做，因为指数基金最终会恢复，一如既往，而且会走向新高。这样的话，你不会有什么损失，可能只是错失了一个机会。第三种，你可以在基金下跌的时候将其卖出，替换成一个相似但是不完全相同的投资产品，比如标准普尔100指数基金。当市场恢复的时候，该基金也会恢复，而且，之前卖出基金的损失会在纳税申报单上被锁定，享受税收结转，直至可以通过未来收益抵销。由此一来，你的投资组合也更加高效了。

这才是真正的资金管理。[1]

最后，监控持仓。无论计划有多好，有些投资还是不会成功。有时会出现一个成本较低的投资选择，为你提供挽回损失的机会。有时可能会出现新的投资，更好地满足你的长期目标。最重要的是，个人的需求和目标会随着时间的推移而改变，所以你一定要定期回顾自己的理财计划，根据需要调整投资组合，确保自己向着财务目标前进，也可以雇用一位能为你分担繁重工作的顾问，每年与对方重新回顾一次投资目标。时代在变，你会变，目标也会变，投资组合应该始终专注于让你实现自己的愿景。

我们开始吧！

让我们一起回顾走向财务自由的步骤吧。

1. 建立理财计划，明确自己的目标。
2. 确定能够满足目标的资产配置。
3. 采用全球化策略构建投资组合。

---

[1] 让我们隔空击个掌吧！

4. 分散投资，规避企业风险与行业风险。

5. 尽可能减少纳税。

6. 在应税账户与免税账户中合理配置资产。

7. 再平衡，税收结转，监控持仓。

8. 每年回顾理财计划，调整投资组合。

如果工作做得到位，那么你在任何时候都不应该受制于任何资产类别，每个资产类别都应该有呼吸和按照其规律运行的空间。你也应该有一个配置计划，使你能够自由地进行税收结转，在市场大幅跌落时进行再平衡，最重要的是提高实现目标的可能性。最后，个人积累的财富是达到目的的手段，我们追求的其实是自由和心灵的平静。投资组合必须永远与你的目标相联系，帮助你实现愿景。

第五部分

到达顶峰

第十二章
真正的财富

托尼·罗宾斯

大部分人凭借本能就知道,金钱无法买来幸福,但是他们还是想亲身经历这一课。

中国最成功的科技企业家之一邵亦波有着传奇的人生。2019 年,在我举办的加拿大惠斯勒白金合作伙伴活动上,他受邀前来分享自己的经历。大家原本以为,邵亦波会大谈自己的成功事迹,没想到他却勇敢地分享了自己内心深处的故事。我被他的坦诚和直率感动,相信听完他的故事,你也会有相同的感受。

邵亦波出生在中国上海,家境贫寒。他的父亲非常传统,对他的要求也很严格,邵亦波从小就被教导,成功就是优越的表现和巨大的成就(且能够不受情绪的影响)。他父亲曾利用一副扑克牌教他学会快速心算，高中毕业前，邵亦波已经在数学天才云集的各类比赛中屡次获奖。

1990年，邵亦波获得了哈佛大学的全额奖学金，这是1949年之后中国学生首次获得该奖学金。他顺利地从哈佛毕业，进入波士顿咨询公司，其间又回到哈佛商学院，修完了MBA（工商管理硕士）课程并获得学位。这一时期，科技热潮刚刚开始，邵亦波决定回到中国，创办他的第一家公司——易趣网，他将其称为中国版的易贝网（美国最大的在线交易平台）。投资很快有了回报，2003年，邵亦波以2.25亿美元的价格将公司出售给易贝网。那一年，他29岁。

邵亦波在"退休"了一段时间后，很快就感到无聊了，于是决定重出江湖。他参与创办的公司成为中国最成功的风险资本公司之一，他屡屡创下投资佳绩。他和家人周游世界，在法国南部居住了很长一段时间，还在加利福尼亚的富人区购买了豪华住宅，甚至还用现金购买过法拉利跑车。从各个方面看，他已经过上了有钱人的生活。

虽然获得了无数的成功，虽然拥有了自己甚至子女都花不完的钱，邵亦波还是过得非常苦闷。他一度陷入了一种幻觉，认为功名利禄就是人生的全部。他没有归属感，没有忠诚的朋友，没有和谐的亲子关系，只有一个存款数额达到9位数的银行存款账户。他的人生意义变成了一片空白，他无法再享受自己的成就，开始患得患失，生怕自己的财富化为乌有。他说："刚刚毕业时，我的年薪只有5万美元，但那时的我更有安全感。"

如果我们坦诚地面对自己，那么我们一定可以对邵亦波的故事产生共情。不是每个人都拥有9位数的资产，但是可以确定的是，几乎每个人在人生的某一阶段都会痴迷于某个远大的目标，它可能是业务额，可能是高层的岗位，可能是宝马轿车。当目标实现的时候，人们总是能够开心一会儿。但过不了多久，随着新鲜感的消失，喜悦之情也淡化了，成功的光环变得不再耀眼。于是，人们开始设立新的目标，开始新的追逐。我曾多次在电影里看到这样的剧情，这就是人性——在每一次得到想要的东西之后，大脑中的一部分就会开始闪现"失误"信号，让人们觉得自己的成就感很快就会消逝。

因为工作的原因，我有幸遇到过不少极其成功的商业人士、演员、运动员、政治家。他们奋斗了很长时间，最终达到了人生高峰，结果却发现"高处不胜寒"。很多人都会问同样的问题："也就这样了吗？"虽然我不愿意剧透，但是关于财务自由的剧本，事实确实如此。你可能利用本书提供的所有工具、策略，获得了想要的成功，但最后仍然感觉空虚。除非你能够掌握满足感的艺术。

没有满足感的成功才是最大的失败

在我看来，你我可以达成的共识就是，在谈论希望获得财务自由的时候，我们指的并不是拥有无数钞票。我们希望获得的是与金钱相关的某些情绪：自由、安全、舒适、快乐、满足、平和。我们希望随时能去做自己想做的事情，获得想要的东西，与所爱的人分享。我们希望自己不是被迫工作，而是从事自己热爱的工作，为世界带来改变。这才是财务自由。

真正的财富，持久的财富，远远超越了金钱。只有在情绪、身体、精神层面都感到富足，你才拥有了真正的财富。你可以回顾一下自己曾经感到无比快乐的瞬间，或者感到无比满足的时刻。有可能是孩子出生的那一刻，有可能是伴侣在婚礼上说出"我愿意"的那一刻，有可能是和朋友一起去旅行的时刻，有可能是你面对壮观的日落感受到生命之神奇的那一刻。这些时刻都意味着真正的自由。我们通过本能在这些时刻体会到了满足感，它与金钱无关，可遇而不可求。其实，我们可以更多地享受这样的时刻，不需要等待满足感的降临，不需要等待情况改变后才能获得这种感受。本书已经讨论过，获得财务自由的工具并不复杂，你需要知道游戏规则，理解市场的规律，避免做出情绪化的决策，利用复利的力量，在理想的状态下，你还可以找到一位称职的投资顾问，协助自己前行。

在人们追求结果的过程中，不变的规律有很多（比如健身塑形，或者管理个人财务），我将这类事情称为获得成就的科学。邵亦波当然是这方面的大师。他清楚地知道成功的要素，而且也能够一一落实。但是，无论在商业领域获得多少成功，他都需要享受高品质的生活。因为生活品质有赖于掌握满足感的艺术！我要再强调一遍，一定要学会获得满足感，没有满足感的成功是最大的失败。

别害怕，你不需要在成功和满足感之间二选一，二者兼得是可以实现的，你只需要坚持恰当的心理练习。我衷心祝愿各位在阅读完本章之后，能够通过自己的选择获得财务自由、平和之心，也能够感受到满足，感受到爱，感受到心心相连。

痛苦不可避免，遭受痛苦却不是必需的

因为他心怎样思量，他为人就是怎样。

——《箴言》，23:7

几年前，我决定学习打高尔夫球。当身高 2 米、体重 120 千克的我挥舞着高尔夫球棒时，我在旁人眼中可能有点儿像大

猩猩晃动着一根牙签。在我看来，很多事情，要想做好，就要用力猛、手速快。第一次到高尔夫球场训练时，我就把球杆打折了，我回头跟教练说："按照这个速度，我可能还需要三四根球杆啊。"教练耐心地解释，高尔夫球杆不像木质的棒球棍，一般情况下是不会被打断的。

对没有高尔夫球经验的人来说，我可以保证，这项运动非常令人沮丧。用力猛、手速快并不能带来更优越的表现。这项运动考验的是耐心与细心，一杆好球和一杆出界球之间可能只有毫厘之差。没有极大耐心的人，绝对不可能精进球技。上了几次课之后，我意识到这项运动不适合自己。我没有大量的时间可以投入，达到一般水平是不可能的，但是"半桶水"的感觉也让我非常沮丧。总之，我觉得自己应该去找找别的兴趣爱好。

后来，有一次我去墨西哥，好朋友伯特问我想不想打高尔夫球。我马上告诉了他自己的经历——高尔夫球不适合我（慢悠悠的，而且我总是打不好）。他打断了我："托尼，我知道你有很多安排，我们就打四五个洞怎么样？"之前我都不知道可以只打四五个洞，但即便如此，在紧凑的行程中，我也只想到了去海滩放松。"托尼，我们就到海边去打，就打四五个洞就好了。海边的景色真的很不错！"这听起来确实更吸引人了，但我还是觉得自己的球技太烂，想要推托。"托尼，我们不会计分的。"不计分？那还有什么意义啊！

最后我还是勉强答应了他。我们两个人一起坐车到了海边，第一个球洞附近的景色真的太美了，就在绿色球场的不远处，蓝色的海浪冲刷着礁石。我开始挥杆，没有计较杆数，甚至打出了几杆好球。我还来了一次长推杆，感觉太棒了。我觉得自己的内心发生了变化，一小时之后，我们已经打完了海边的四个洞，整个过程都特别开心。我们开怀大笑，享受着彼此的陪伴，感受着美丽的自然风光，呼吸着海边有一丝咸咸的味道的空气。

从那天之后，我又做了一个决定，一个不再折磨自己的决定。我觉得，打高尔夫球的时候，要好好享受打每个球洞的过程。和我一起打球的人、球场的风景、自然的气息，都是打球的过程中令人享受的部分，偶然一见的好球当然也值得开心。高尔夫球传奇人物本·霍根说过："高尔夫球场只有五英寸[1]长——就是你两耳之间的距离。"现在，打高尔夫球已经成为我最喜欢的事情之一，而且我依然保持着不计分的习惯。

在我让生活进入"美好状态"的过程中，高尔夫球给我带来了意想不到的启迪。高尔夫球本身没有变，是我变了。那一

---

[1] 1英寸=2.54厘米。——编者注

天，我主动选择了新的思维方式，为自己创造了更好的生活状态。为何不让那一天不断重现呢？

美好状态

我几乎每年都要去印度。最近一次去的时候，我和一位好朋友展开了一次精彩的对谈。他已经全身心地投入自己和他人精神世界的成长。在与我分享的过程中，他说："人在任何时刻都可以进入两种不同的心理状态：一种是低能量的消极状态，又叫作'痛苦状态'（悲伤、愤怒、抑郁、沮丧、恐惧等），还有一种是高能量的积极状态，又叫作'美好状态'（欢乐、感恩、慷慨、爱恋、同情心、创造力）。"

这次对话开启了我人生之中的一次重大转变。我一直相信，生命中我们唯一能够掌控的事情就是自己的内心世界。这是数十年的人生经验教会我的。我们无法掌控股市，无法掌控天气，无法掌控孩子或伴侣，但是我们可以掌控自己为不同的事件赋予的意义。这些意义其实就是我们的感受，我们的情绪其实就是我们经历的现实。每一天，我们的个体感受都100%由自己掌握。当我离开印度的时候，我就在思考自己是否真的达到了那样的状态。我是不是一直选择活在美好状态中？这种状态有没有可能实现？

艰辛的历程

如果我将自己称为成功人士，那么我应该不会吓到大家吧？我在全球 50 多家公司有业务，或者进行了投资，每年往返于全球的 100 多座城市，日程安排的精密程度堪比波音 747 飞机的零部件。面对来自不同行业背景的员工，以及无比烦琐的日程安排，所有事情都按照计划进行的概率有多大呢？答案是零。

坦白说，当事情进展不顺利时，我也会感到失落、无力、愤怒、沮丧。但是，如果你问我是不是陷入了痛苦，那么我可能会笑出声来："我没有陷入痛苦！我会找到突破的路径！"其实，如果我经常性地选择这些情绪，就相当于主动选择了一种痛苦的状态，我给这些情绪寻找发泄的理由，但其实它们剥夺了我的快乐，也大大限制了我在人生中的成就感。

"什么出了问题？"

那个时候我很痛苦，因为不受引导的思维劫持了我的情绪。它成了我的主宰，而我就像大海中的一个软木塞，任由波浪摆布。现在，我所掌握的事实是：你的大脑和我的大脑一样，在200万年的进化过程中，一直在寻找什么是错的，它的目的就在于让我们活着。这场游戏的名称是生存。大脑的设置并不是为了让人快乐，那是我们自己的责任！指导大脑的运作是我们自己的工作。我们应该在生活中寻找什么是对的，什么是美好的，什么是可爱的，什么是有趣的，什么是有意义的，每一天的每一分钟。引导自己的思维就像肌肉运动，需要训练。

一旦意识到自己生活在痛苦状态中，我就会立刻做出人生中最重要的决定——摆脱痛苦状态。在余生中，我要竭尽个人所能生活在"美好状态"中，拥抱热爱、欢乐、创造力、热情、好奇心等等。这是一个与生死同等重要的信念，想要度过内心充实的人生，就必须认识到，人生短暂，别在痛苦上浪费时间。

失去，不足，永不可能

给猴子一个苹果，它会非常兴奋。但是，如果给猴子两个苹果，然后拿走一个，它就会很生气！人也一样。我们的大脑生来就喜欢给自己找问题，找寻自己未能拥有的或者可能失去的东西，想要知道"哪里又出了问题"。我的原则就是：出错的事情时时都有，但是只有经过训练的思维才能发现美好的事情。我们现在就来看看让大脑感觉出错的诱因有哪些，了解其中的规律，然后重新掌控自己的思维。

- 诱因 1 号——失去。

  觉得自己失去了一些有价值的东西，很容易陷入痛苦。即便只是失去了某种可能性，也会让大脑拉响警报。失去的东西不一定是实物（虽然钱财损失最为常见），也有可能是时间、爱、尊重、友谊、机会等等。

- 诱因 2 号——不足。

  相较于完全失去的感觉，不足的感觉没有那么强烈。但是，与前文提到的猴子与苹果的案例相似，如果觉得自己的东西变少了，人就会陷入痛苦状态。不足的感觉有可能是自己造成的，也有可能是他人所为，但是，只要觉得自己珍视的东西变少了，人就会陷入心理与情绪上的痛苦。

- 诱因 3 号——永不可能。

  这是大脑进入一级警备状态的信号。大脑会产生无望的感受，告诉你，你永远都不可能获得自己看重的某样东西。大脑说，如果某事发生或者某事不发生，你就永远不可能感到快乐，永远不可能被爱，永远不可能瘦下来，永远不可能富有，永远不可能有价值，永远不可能有魅力，等等。这种通向绝望的思考模式会带来破坏性行为，最终摧毁我们自己，以及我们重要的人际关系。

我们的大脑时常会为了一个不真实的问题而纠结痛苦。只要我们把注意力集中起来，就会产生这种感受，不论它是否与真相相符。你有没有曾经觉得某位朋友故意伤害了你？你自己怒火中烧，大脑中不断出现争吵的场面。（而且当然是你赢了！）"她永远不会明白这种伤害！她根本就不尊重我。这段关系没有办法挽回了！"但是，你后来发现自己错了，完全误解了真实的情况，你其实不应该责怪任何人。没有办法，你还是遭受了痛苦。你被那些负面情绪冲昏了头，可能一整天甚至一整个星期都高兴不起来。你的感受成了一种经历，这种经历中混杂着失去、不足与永不可能的痛苦。

31 种味道

请回答：你最喜欢哪种味道的痛苦呢？愤怒？悔恨？恐惧？沮丧？你想把哪种痛苦带给自己的伴侣或者孩子呢？你想背负着哪种痛苦工作呢？你想被哪种痛苦主宰自己的思维呢？

大家都会经历各种各样的情绪，但是我发现，很多人都会有一种情绪沟壑,也就是最常经历并且难以自拔的痛苦情绪点。到底如何重新掌控自己的情绪呢?首先,我们要认识到,这需要我们做出意识清醒的选择。如果无法掌控思维,就会被思维掌控。如果想要拥有高品质的生活,你就必须选择前者,必须下决心过好自己的人生,如意时如此,不如意时也要如此。在受到伤害、投资遭受损失、遭到伴侣的责骂、得不到上司或者同事的充分肯定的时候,你都要打破思维模式,专注于美好生活状态的目标。人生短暂,别在痛苦上浪费时间。

这并不是在胡扯什么积极思维。每每有人在艰难的情况下依然选择摆脱痛苦的状态,人们都会受到鼓舞与启发,为其撰写书籍,进行影视创作,颁发终身成就奖。那些人掌握着自己的思想,在艰难困苦中依旧奋力拼搏,必然会受到大家的钦佩。每当看到有人能够应对超乎常人的挑战,保持着昂扬的精神状态,我们都能感受到自己又有了进取的方向。我们会去进行审慎的思考,转变自己的视角,从而在自己的生命中更深入地感受美好状态。美好的事情一直存在,只是需要发现美好的眼睛。

90 秒原则

生活中的挑战,情感中的痛苦,没有人能幸免。我并不是建议大家在浑浑噩噩中度过一生，那是在回避生活，不是在面对生活。我的建议是让大家主动做出选择，不要让情绪成为自己人生的主宰。有一个策略对我来说特别有效。每当我发现自己的情绪走向痛苦状态（可能是愤怒、恐惧、沮丧等等）时，我都会给自己90秒进行调整，让自己回到美好状态。具体怎么做呢？

假设我在和某位团队成员激烈讨论的过程中，突然发现原来是一个严重的错误导致了后续的一系列问题，我的思维在没有受到引导的情况下立即进入了应激状态，觉得什么事情都是错的，这时大脑就拉响了警报，仿佛恳请我马上开始愤怒、沮丧，让痛苦到来。这就是让我采取行动的信号。首先，我会缓缓呼吸，放慢节奏。改变身体状态是打破思维模式的关键。呼吸，走动，做开合跳，总之，做一些事情，将自己的注意力从情绪上移开。

然后，我开始给自己注入"解毒剂"——感恩。当然，我知道人不可能同时感受到恐惧和感激，我也不需要感激当前的状况，否则就是在否认实际发生的事情。所以我会选择专注于自己当下可以感恩的事情，比如妻子就坐在房间的一角，我的余光可以瞥见孩子的照片，办公室窗外的海景非常优美。只要那一刻有值得感恩的事情存在，我就会由衷地赞美。回到与同事讨论的这件事中，我会感恩自己拥有热爱的公司，感恩公司能够改善他人的生活，感恩这位同事其实是一名出色的人才。

当我选择停止痛苦，开始感恩时，我其实就是在重新调整自己的神经系统，重新掌控自己的思维。其实，大家都知道感恩与赞美可以产生益处这个科学道理，所以，我说可以重新调整神经系统并不是在夸大其词。神经元相互衔接，相互作用，神经通路可以通过不断的重复而增强，因此，对感恩的感受能力也会随着练习频率的增加而得到增强。

一旦觉得感恩情绪在思维中掌握主导，我就会回到问题本身。这时，我要寻找另一种美好状态，比如创造力。创造力有助于尽快解决眼前的问题，而且，在平静的状态中，我可以确保同事仍能感受到自己是被尊重的，我们开始相互理解，信任的环境得以建立。

总而言之，在任何境况下，只要你愿意，你就可以看到好的一面。出错的事情时时都在，但是，对的事情和美好的状态也时时都在。也许对的事情和美好的状态偶尔会显现得不那么清晰，但是我们应该坚定一些，做生活的主人，而不是被生活左右。在我成长的家庭中，来自母亲的爱与虐待变化无常。当她依靠药物与酒精度日，甚至无法走出自己的房间时，我被迫承担起抚养弟妹的责任。我深爱自己的母亲，同时我也知道，如果她是我期待中母亲的样子，我就不会成为今天的我。

没错，这本书讲的是财务自由，这确实是一个非常值得追求的目标。但是我不仅希望大家能实现财务自由（无论个人对它的定义是什么），还希望大家能够选择高品质的生活状态，不是等到以后，而是现在就开始做出选择。你不需要等待跨过某一个"终点线"，不需要等待那种终于成就某事的感觉，人人都值得进入美好的生活状态。人生短暂，别在痛苦上浪费时间。

感恩是大脑的良药

数千年来，最伟大的精神导师一直都知道感恩是痛苦的解药，最新的科学研究表明，感恩还会对大脑和身体产生神奇的作用。我们来看看研究发现了什么！

- 麻省总医院杰弗利·霍夫曼医生的研究表明，积极的心理状态，比如乐观主义、感恩，可能是给心血管健康带来积极影响的独立要素。

- 美国心理学会 2015 年的一项研究发现，病人在连续 8 个星期坚持写感恩日记之后，几种炎症标记物的水平明显下降。

- 一项研究结果显示,人们在培养感恩和其他积极情绪时,压力激素的水平较低。在培养感恩情绪的人中,皮质醇的水平降低了23%,脱氢表雄酮、脱氢表雄酮硫酸酯的(抗衰老激素,有助于睾酮、雌激素等重要激素的分泌)水平增加了100%。
- 2006年,《行为研究与治疗》上发表的一项研究发现,感恩程度高的老兵,其创伤后应激障碍的发病率较低。
- 宾夕法尼亚大学沃顿商学院的一项研究表明,感恩的领导会激励员工,使其提高生产力。

第十三章

金钱与幸福

乔纳森·克莱门茨

来自彼得的提示：托尼在前面提到过，金钱可以买到很多东西，但是买不到幸福。用钱的时候应该足够审慎，这样金钱才能让人追求到快乐，让人享受生命。本章我们邀请了《华尔街日报》前专栏作家以及创意财富教育总监乔纳森·克莱门茨，让他来讲述关于幸福的话题，谈谈金钱如何帮助我们追求幸福。

问问你的朋友们，如果更有钱，那么他们会不会更快乐？大部分人都会毫不犹豫地给出肯定的答案。但是，有充足的事实证明并非如此。

美国国家科学基金会资助的社会概况调查已经进行了将近50年。在1972年的第一次调查中，30%的美国人认为自己"非常幸福"，至此之后，人均可支配收入增长了131%（经通胀调整），也就是说，相较于1972年，大家的可支配收入已经翻番。然而，这好像并没有提升人们的幸福感。2018年，31%的美国人认为自己"非常幸福"，仅仅比46年前高出一个百分点。

即便如此，我仍然相信，金钱可以买到幸福——只要你审慎地使用它。你如果能够遵循前面章节的建议，就能很快步入实现财务自由的正轨。不过，钱到底能买来什么呢？我认为有钱有三点好处，它们都能够帮人改善生活。

减少焦虑

金钱的第一大好处就是减轻人们在经济方面的焦虑，让人们觉得对生活有更强的掌控感。在我看来，金钱就像人的健康，人们总是在生病的时候最能体会健康的状态有多好。同理，人们在钱不够的时候最能体会良好的财务状况有多么重要。大笔的财富可能不会给人带来更大的幸福感，但是缺钱必然会让人感到极度不幸福。如果每个月都有沉重的经济负担，每天都要做不喜欢的工作，拮据得害怕生病，那么必然会产生一种陷入人生困局的绝望。

很不幸，这就是很多美国人的生活。美联储的数据显示，40%的美国人拿不出400美元应对紧急事件，只有通过借钱、变卖家当才能凑齐这笔钱。美国招聘网站凯业必达的一项数据显示，78%的美国劳动者都是"月光族"，基本没有存款。大家想想看，美国是世界上最具活力、最繁荣的发达经济体，然而，大部分美国人的财务状况依旧得不到保障。可能正因如此，即使生活水平提高了，人们仍然感觉不到幸福。

为了退休、买房、孩子的大学教育，我们应该存钱。但是，这些具体的小目标应该从属于一个更宏大的财务目标。我们希望达到的状态是，金钱不再是自己时常焦虑的事情，不再是可能严重影响生活质量的因素。而且，减轻金钱方面的焦虑其实并不难，付清信用卡账单，及时缴纳水电费等生活费用，每个月存一点点钱到账户上，都可以提升幸福感。美国消费者金融保护局的一项研究显示，银行存款少于250美元的美国人在财务幸福感方面的得分仅为41分（满分为100分）；存款为5 000~19 999美元的美国人，得分为59分，超过平均得分54分。

处理好自己的财务状况，不仅能够让你更好地应付每月的生活开支和偶尔的意外开支，也会让你对生活拥有更强的掌控感。这可是一项巨大的回报，因此也需要你做出适度的牺牲，比如更换一种价格较低的有线电视套餐，在服饰上少花一点儿钱，购买二手车而不是新车。在物质生活上有所舍弃，在财务方面就能获取更平和的心态。我突然意识到，这可能是人生中最重大的交换之一。只有量入为出，你才能存下钱来还清贷款，增加积蓄，逐步走出财务焦虑。

为爱劳动

金钱的第二大好处是什么呢？金钱可以让我们去做自己热爱的、擅长的事情。

金钱看起来可能是最宝贵的资源，尤其是在人们年轻的时候。其实，最宝贵的资源是时间，随着年龄的增长，这一点将变得越来越明显。为了过上更加充实的人生，我们会通过金钱更好地利用时间。在日常生活里，这可能意味着把钱花在自己热爱的消遣上，或者付钱给他人来完成某些事情，比如修建草坪、清扫房间，为自己喜欢的事情腾出时间。从长期角度看，大家希望实现的生活状态可能就是可以自由选择每天做什么的状态。这个目标不一定是遥远的幻想，也不一定要等到退休之后才能实现。在自己的工作生涯中，我们就可以为之奋斗。

在这里，我要提一些不太循规蹈矩的建议。我在和高中生、大学生聊天时，不会建议他们追求自己所爱，而是建议他们利用工作生涯的前几十年多挣钱，迅速实现财务自由，那么之后他们对自己的日常生活就会有更强的掌控感。

我知道，人们在20多岁的年纪，应该追求自己的兴趣爱好，不应该被家庭责任或者贷款束缚。这是美国社会一直以来非常推崇并不断灌输给年轻人的理念：在20多岁时追随自己的热情比在50多岁时更加重要。但是，这种理念的前提没有得到认真的审视。

在我看来正好相反。人们在刚刚进入职场时，一切都显得新鲜有趣，每个人都迫不及待地想要弄清规则，找到自己的位置，证明自己的价值。对于二三十岁的年轻人来说，从事一份相对没那么令人振奋的工作不太可能成为一种负担，反而更像一种负责任的财务决策，毕竟能从工作中得到不错的经济回报，每月还能够存下一笔钱。

但是，在职场里沉浮一二十年之后，人们前进的方向往往会改变。大家已经知道了职场的规则，已经获得了一些成绩，即便可能和预想的有一些差距。我们可能会逐步认识到，升职加薪和随之而来的其他物质回报只能给人带来转瞬即逝的幸福感。在职场上，复杂的办公室关系、频繁的裁员让我们越来越愤世嫉俗，物质奖励不再让人着迷，我们更愿意把时间花在自己认为有价值的事情上。当然，你如果从初入职场开始就坚持存钱，那么 10 年来，可能已经拥有了足够的资金，可以逐步转向非全职的工作，进入回报不丰厚但是更有成就感的职业领域，甚至可以完全放弃全职工作。

这就带来了一个关键问题：如果财务自由就是能够把时间花在自己想做的事情上，而不是受到他人的牵制，那么我们应该用这种自由做什么呢？有人可能会想到"轻松""有趣"的事情，但是我认为，我们应该专注于自己真正享受的工作。

在世界各地的公园里，总有数不清的空着的长椅，这是有原因的。人类的祖先以狩猎和采集为生，为了生存，丝毫不能放松警惕。人类并不是为了休闲放松而来到世界上的。我们生来具有奋斗的本能，我们在自己认为最有价值、最有热情、最具挑战、最契合自身的活动中最能感受到幸福。这其实就是克莱蒙特大学心理学教授米哈里·契克森米哈赖提出的"心流"。

我们不妨想象一下手术室里的外科医生、陶醉在色彩中的画家、沉浸在文思中的作家，还有进入比赛状态的运动员。即便是日常的活动，如开车上班、烹饪晚餐、申报纳税单等，也可以给人提供进入心流时刻的机会。当然，我们只有主动参与这些活动，才更有可能进入心流时刻，如果被动地做一些事情，比如看电视，就无法进入心流时刻。当一个人开始一项具有高度挑战性、需要发挥极高的技能水平的活动时，他往往会全身心地投入其中，全然不觉时间的流逝。心流时刻从一般意义上说可能不是最快乐的时刻，它不属于那种和朋友开怀大笑的快乐，但它会成为最具满足感的时刻。

创造回忆

金钱能让人们做自己喜欢的事情，也可以让人们与自己所爱的人拥有更多美好时光。这就是金钱的第三个重要好处。研究显示，强大的友情与亲情关系网是幸福感的重要来源。即便与萍水相逢的人（如超市收银员、停车场管理员、星巴克咖啡师）往来，也能够增强人的归属感。

有的人可能支持美国粗犷的个人主义，认为自己应该对自己的成功负责，不受他人意见的影响。但是，大多数人需要社交，希望和他人产生联系，也非常重视自己的声誉。想想看，面对也许再也不会见面的陌生人，我们为什么会表示礼貌？离开不会再次光顾的餐厅，我们为什么还是会留下小费？

某项学术研究调查了得克萨斯州909名职场女性的日常生活，这些女性罗列自己的日常活动，并评估每项活动带来的幸福感。在幸福感排名中，通勤位列倒数第一，工作的排名也不高。那么，什么活动会带来幸福感？研究人员微妙地将其描述为亲密关系活动。仅有 11% 的被调查女性表示这类活动存在于自己的日常生活中。亲密关系活动每天的平均时长为 13 分钟，但是在幸福感排名中位列第一。

排名第二的项目具有更重要的意义，至少在对幸福感的整体影响上是这样的。女性给"下班之后的社交"打了高分，这种活动的平均时长为每天 69 分钟。没错，与朋友和家人相处是让人产生幸福感的重要因素，即使没有这项学术研究，大家也都知道。人们如果可以和他人一起吃饭，就很少会选择自己吃，看电影、购物、清扫庭院等一系列活动也是如此。

朋友和家人不仅仅有利于增强幸福感，还有利于身体健康。2010 年的某项研究总结分析了之前的 148 项研究数据，其中包含了死亡率与和他人互动频率之间的关系。研究人员发现，强大的亲友关系网络对于长寿的积极作用几乎等同于戒烟。

充分的研究表明，人们从经历中获得的幸福感比从财产中获得的幸福感更强烈。为了在不同的经历中获得更多的幸福感，记得与朋友、家人分享这些时光。去爬山的时候，叫上小伙伴；去欣赏音乐会的时候，多买一张票，叫上同事；假期的时候，带上孩子一起旅行；定期组织家庭聚会；经常外出和朋友吃饭；时不时地搭飞机，去看看居住在另一个城市的孙子、孙女。

我知道，家庭聚餐或者音乐会可能只会持续几个小时，而且成本可能比购买一台平板电脑还高，平板电脑还有工作、阅读、娱乐、上网等各种功能。物质往往很划算，经历往往很昂贵。而且，支付餐厅的账单和家人的假期开支还可能意味着留给下一代的遗产会减少。

然而，创造和家人的美好回忆依然是我心目中用钱的最佳方式之一。美国历史上共有44位总统[1]，他们应该都认可自己的名字已经被永久载入了史册。但是，几乎没有人能够全部说出这44位总统的名字，更不用说详细讲述他们的生平了。如果连美国总统的名字都难以成为永恒，对于其他人来说，这种可能性就更低了。也许在我们离世5年或10年之后，除了家人、朋友，大部分人都不会再记得我们是谁。我们只会留在家人和朋友的记忆中，那里可能是我们离永恒最近的地方。所以，我的个人建议是：用自己的钱让自己留在美好的记忆里吧。

---

[1] 格罗弗·克利夫兰的两次任期没有连在一起，这里算作一位总统。

第十四章
享受财富带来的快乐

彼得·默劳克

我发现，很多客户在退休之后的前几个月，都因为自己的财务问题承受着巨大的压力。贝莱德投资管理公司进行了一项研究，调查人们生活中最能够造成压力的事情是什么，56%的受访者表示，金钱带来的压力最大！这个数据比健康高38%，比家庭高37%，比工作高34%（如图14.1所示）。[1] 出现该结果的原因可能是没钱的人会为生计而焦虑，为退休之后的生活而焦虑，有钱人也会为失去钱财而焦虑，或者因为担心钱花完而焦虑。总之，有钱的人和没钱的人都在焦虑。

---

[1] 我猜测，结果在很大程度上也取决于家庭成员的构成。

健康 38%　　家庭 37%　　工作 34%

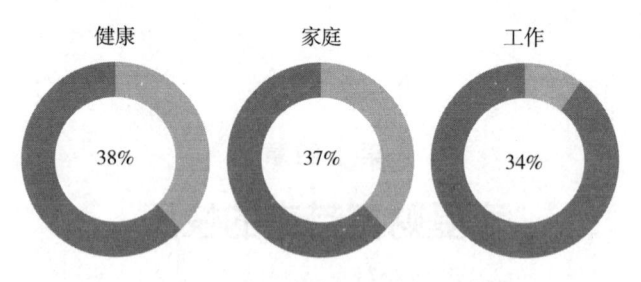

图 14.1　金钱与其他因素相比可以给人带来更显著的压力

"比较是偷走快乐的贼"

人们总是觉得自己拥有的还不够多。人性就是这样，总喜欢拿自己和他人进行比较。有时候，糊弄自己很简单，你总能说服自己，你比周围的人更聪明、更有趣。但是，对很多人来说，金钱就是一个"情绪热键"，只要开始比较钱财，很多真相就会迅速暴露。我们可以说服自己，我们在社交的方方面面都很出色，但是金钱的实际情况通常很难被主观想法扭曲。所以，很多人会将它作为衡量标准。人们甚至会将金钱作为"人"的衡量标准，就像衡量"个人资产净值"一样，但是金钱其实和一个人的构成没有太大的关系。对金钱的关注以及攀比的本性，往往让人们深陷其中，无法抽身。我们应该怎么办？应该排列好人生中各种因素的主次顺序，摆脱对攀比的沉迷。毕竟，成为墓园里面最富有的人也得不到什么奖赏。

在退休之后的前几个月中，那些成功存下大笔财富的人也会感到极大的压力，这主要有5个原因：

1. 成年之后的所有时间一直用于工作。也就是说，以前，每当出现什么问题，你只要继续工作，基本上就能克服困难。而现在，"已经无法像年轻时那么拼了"的想法萦绕在你的脑海中，每每投资市场出现下跌，心理压力往往更大。

2. 市场的变化越来越快。市场当前跌落和回升的速度超过以往的任何时期。这不是幻觉，市场的波动性确实比以前更高了，主要是因为市场的效率更高了，它会不断根据预期调整证券价格。但是这种变化速度仍然让很多人坐立难安。

3. 人们现在有时间关注这一切了！以前上班的时候，你没办法全天候地盯着市场行情，因为太忙了。现在呢？手头有大把的时间，你动不动就想查查市场走势，也更容易受到那些短视的言论影响，做出错误的决策。[1]

4. 随着年龄的增长，人们的乐观程度往往会下降。研究显示，人们普遍认为生命就是一段下坡路，随着年纪的增长，对

---

[1] 在新冠肺炎疫情期间，人们连续几个星期足不出户，全天候地关注新闻报道和财经媒体，不少人频繁进行交易，我很好奇这一共会让他们损失多少钱。

未来的预期也会越来越不乐观。[1]

5. 最后，也是最重要的一点，退休之后，人们终于开始取钱了！某些客户已经达到了"强制性提款"的年龄，即根据法律规定，他们必须从退休账户中取钱了。他们问得最多的一个问题竟然是如何避免强制性提款。多年来，他们已经习惯于把钱存起来，现在竟然说服不了自己去取钱。

即便对最自律的投资者来说，这些因素也十分不利。退休之后，他们本应彻底放松，去做自己喜欢的事，结果却因为这些事情坐立难安，何谈无忧无虑的晚年？

其实你也不必一定这样。记住，你做理财规划的目的并不是退休本身，而是在退休之后仍能保持良好的生活状态。如果规划得当，投资组合就应该能够持续产生收益，经得住市场的考验，让你不至于因市场波动而担惊受怕，而且，从你退休的第一天起，它就应该满足你的收入需求，直至你离开这个世界。因此，在有理财规划的前提下，我们来谈谈你最应该关注的事情：你自己！

---

[1] 我希望，本章和第一章的内容会让你感受到未来的美好，看到其他的可能性！

简化你的财务生活

我见过很多客户投资各种各样的产品,在各种资产类别、商业、房地产领域投资,累积一笔又一笔的小额收益。很多人在前半生累积不同的东西,在后半生又一一摆脱它们。这种转变的触发点往往是朋友或亲人的离世,人们意识到自己的投资过于复杂,这可能会在自己离世后给配偶、孩子或其他继承人带来很大的压力。应该是金钱服务于人,而不应该是人服务于金钱。

你就是其中之一

生活就是在你忙于其他计划时所发生的事情。

——约翰·列侬

1970年,我当医生的父亲从一位病人那里获得了一个免费的建议。那个病人是一位出色的政治家,他说:"艾利克斯,我拥有世界上那么多的钱,但是我从未享受过。花时间享受自己的人生吧。"父亲把这个建议牢牢记在心上,延长了自己的假期安排。

我在职业生涯中也不断见证着这个人生智慧。我在某个投资委员会担任领导职位，同时也是注册会计师和遗产规划律师。创意财富一般会为客户进行终身服务，包括在客户失去行为能力以及过世之后为其家人服务。因此，我可以目睹金钱与思维处于健康或不健康的关系中呈现出的不同影响。

很多成功人士都存下了一大笔财产，在投资上也从未有过任何失误。这两点都非常难得。这些人肯定不会让自己挨饿，但是他们也确实没有充分享受过自己的生活。很多人极度节俭，极度勤奋，一直停不下来，无法缓解自己对每一分钱的忧心。

我来说说钱的事情吧。

要知道，25万美元或者30万美元，60万美元或者80万美元，120万美元或者140万美元，1 000万美元或者1 100万美元，在这几组数字中，前后两者在继承人的眼中并没有什么区别。因此，你可以放心地花自己创造积累的财富，好好享受自己的人生。

有一回，客户在准备好资产净值表之后对我说："我希望自己可以现在死去，然后再投胎成为我的孩子。"在你过世之后，你的遗产并不仅仅是一个投资账户，你的房子、保险、汽车都会被进行清算和分割。这就是冷酷的现实。我已经目睹了数百次。

我们每个人都会离开这个世界。如果你实现了财务自由，那么我可能要说一些反驳你的投资顾问的话了。去喝昂贵的超大杯精品咖啡吧，卖掉开了10年的旧车吧[1]，下次度假选择更豪华的目的地吧。如果你没去做这些事，你的孩子将来就会去做！我看过不少例子，父母辛苦存了一辈子的钱，被孩子们继承没几天，就被用来买了新车和新房。

你如果非常重视慈善，也已经经济独立，就出手吧，去享受赠与的快乐。为什么要等到离世之后？生前的赠与更有意义啊。你如果希望把财富留给子孙，现在就开始转移吧。看到自己的财富为家人带来积极影响会让你快乐，不要等到自己离世后留下冷冰冰的支票。

记住关键的一点：这是你自己的钱。你为了它努力工作，努力储蓄。只要没有威胁个人的财务安全，你就可以尽情地享受财富带来的快乐。去赠与，去放松，去享受自己的劳动果实。

在创意财富，我会教导团队成员，确保客户知道金钱服务

---

[1] 说真的，买辆新车吧！就是配置最先进、安全性能最好的那种！开了10年车，你甚至没有保护自己。我们批判的就是这种生活！你不会还在用10年前的电脑吧？如果答案是肯定的，就赶紧换吧！

于人，不要逆向而行。面对自己的财富，你也应该如此。在登山之前，你要先制订计划，规划路线。不论是选择单独行动，还是选择与值得信赖的向导共同前行，都掌控自己的情绪，享受攀登的旅程。快乐就在途中。如果你能放松下来，享受其中，你就已经达到了成就感的顶峰。

致　谢

彼得·默劳克

　　谢谢我的朋友、同事托尼·罗宾斯。我几乎没有见过什么人可以像他一样，给那么多人带来如此积极的影响。感谢乔纳森·克莱门茨，他在工作方面对我的影响非常大，这种影响从我进入这个行业一直持续到今天。谢谢你！感谢乔纳森·纳普不知疲倦地帮助我完成了这个原本几乎不可能完成的任务，这本书处处都有你的痕迹。感谢茉莉·罗斯韦、杰·毕比、陈斌、安迪·葛列佐夫卡、布伦纳·桑德斯和吉姆·威廉姆斯与我一起进行头脑风暴，并在查找资料和编辑文本方面为我提供了很多帮助。感谢乔希·罗宾斯的支持，谢谢你在制作图表和本书出版过程中的每一个关键步骤上所做的工作。感谢创意财富所有勇敢无畏的同事，我每天都能从你们身上学到有意义的东西，而且这些东西并不总是和财务规划或投资相关。能和你们这些充满热情、有爱心、聪明、活力四射的人一起工作，我真的很幸运。感谢我美丽的妻子维罗妮卡，她禁止我在写完这本书之前去做其他的差事。感谢我的孩子们，迈克尔、JP和加比，他们给了我最好的理由，让我可以在工作之余稍事休息。如果本书存在什么错误或疏漏，那一定是我自己的问题。

注 释

第二章 现在是成为投资者最好的时机

"every group of people thinks": Hans Rosling, *Factfulness: Ten Reasons We're Wrong About the World—and Why Things Are Better Than You Think* (New York: Flatiron Books, 2018).

In 2005, compared to 1955: Matt Ridley, *The Rational Optimist: How Prosperity Evolves* (New York: Harper, 2010).

Dr. John Grable of the University of Georgia: John E. Grable and Sonya L. Britt, "Financial News and Client Stress: Understanding the Association from a Financial Planning Perspective," *Financial Planning Review* (2012).

"They were convinced that no one": James Estrin, "Kodak's First Digital Moment," *New York Times*, August 12, 2015, https://lens.blogs.nytimes.com/2015/08/12/kodaks-first-digital-moment/, accessed April 28, 2019.

"Companies are already developing 'lab grown meat'": Matt Simon, "Lab-Grown Meat Is Coming, Whether You Like It or Not," *Wired*, February 16, 2018, https://www.wired.com/story/lab-grown-meat/, accessed April 16, 2019.

"AI is one of the most important things": Catherine Clifford, "Google CEO: A.I. is more important than fire or electricity," *CNBC*, February 1, 2018, https://www.cnbc.com/2018/02/01/google-ceo-sundar-pichai-ai-is-more-important-than-fire-electricity.html, accessed April 16, 2019.

第四章 如何选择投资顾问？

About half of Americans use a financial advisor: Sherman D. Hanna, "The Demand for Financial Planning Services," *Journal of Personal Finance*, 10 (1), pp. 36–62.

"Despite what many consumers have been led to believe": The National Association of Financial Planners, "Key Policy Issues and Positions," NAPFA.org, https://www.napfa.org/key-policy-issues, accessed May 2, 2020.

Nine out of ten Americans agree: CFP Board, "Survey: Americans' Use of Financial Advisors, CFP® Professionals Rises; Agree Advice Should Be in Their Best Interest," CFP.net, September 24, 2015, https://www.cfp.org/news-events/latest-news/2015/09/24/survey-americans-use-of-financial-advisors-cfp-professionals-rises-agree-advice-should-be-in-their-best-interest, accessed April 16, 2019.

In a recent survey of American's perception: Ibid.

"[Fiduciary duty is] a combination of care and loyalty": Berkeley Lovelace, Jr., interview with Jay Clayton, "SEC chairman: New regulations will force brokers to be 'very candid' with investors," CNBC.com, https://www.cnbc.com/2019/06/06/sec-chairman-clayton-new-rules-will-force-brokers-to-be-very-candid.html, accessed May 2, 2020.

The regulation expressly permits firms : Securities and Exchange Commission, 17 CFR Part 240, Release No. 34-86031; File No. S7-07-18, RIN 3235-AM35, "Regulation Best Interest: The Broker-Dealer Standard of Conduct," June 5, 2019.

According to the Wall Street Journal*:* Jason Zweig and Mary Pilon, "Is Your Advisor Pumping Up His Credentials?" *Wall Street Journal*, October 16, 2010, http://online.wsj.com/article/SB10001424052748703927504575540582361440848.html, accessed April 17, 2019.

There are over 650,000 "financial advisors": Financial Industry Regulatory Authority, "2018 FINRA Industry Snapshot," *FINRA.org*, October 2018, https://www.fi.org/sites/default/files/2018_finra_industry_snapshot.pdf, accessed April 17, 2019.

Brokerages and advisers should have: Sital S. Patel, "Madoff: Don't Let Wall Street Scam You, Like I Did," *MarketWatch*, June 5, 2013, https://www.marketwatch.com/story/madoff-dont-let-wall-street-scam-you-like-i-did-2013-06-05, accessed April 17, 2019.

The Financial Industry Regulatory Authority, the governing body of brokers: Financial Industry Regulatory Authority, http://www.finra.org/investors/professional-designations, accessed April 17, 2019.

Researchers found that some years added: Francis M. Kinniry Jr., Colleen M. Jaconetti, Michael A. DiJoseph, and Yan Zilbering, "Putting a Value on Your Value: Quantifying Vanguard Advisor's Alpha," *Vanguard*, September 2016, https://www.vanguard.com/pdf/ISGQVAA.pdf, accessed April 28, 2019.

第六章　风险管理

Forty percent of individuals who reach age 65: Christine Benz, "40 Must-Know Statistics About Long-Term Care," *Morningstar*, August 9, 2012, https://www.morningstar.com/articles/564139/40-mustknow-statistics-about-longterm-care.html, accessed April 18, 2019.

The cost of a nursing home: Genworth, "Cost of Care Survey 2018," *Genworth*, October 16, 2018, https://www.genworth.com/aging-and-you/finances/cost-of-care.html, accessed April 18, 2019.

Given that just 44% of the population: Benz, Ibid.

However, if we look deeper: Ibid.

第八章 市场是如何运作的?

over a 20-year period: DALBAR, "2018 Quantitative Analysis of Investor Behavior Report," *DALBAR,* 2018.

Economists Jerker Denrell and Christina Fang: Jerker Denrell and Christina Fang, "Predicting the Next Big Thing: Success as a Signal of Poor Judgment," *Management Science* 56 (10), pp. 1653–1667.

"about 3 or 4 times out of 10": Tim Weber, "Davos 2011: Why Do economists Get It So Wrong?" BBC.co.uk, January 17, 2011, https://www.bbc.com/news/business-12294332, accessed April 19, 2019.

"I can't point to any mutual fund": Diana Britton, "Is Tactical Investing Wall Street's Next Clown Act?" *Wealthmanagement.com,* December 1, 2011, https://www.wealth management.com/investment/tactical-investing-wall-streets-next-clown-act, accessed April 19, 2019.

In 1994, John Graham and Campbell Harvey: John R. Graham and Campbell R. Harvey, "Market Timing Ability and Volatility Implied in Investment Newsletters' Asset Allocation Recommendations," February 1995, available at SSRN: https://ssrn.com/abstract=6006, accessed April 19, 2019.

Mark Hulbert's own research shows: Kim Snider, "The Great Market Timing Lie," *Snider Advisors,* July 22, 2009, http://ezinearticles.com/?The-Great-Market-Tim ing-Lie&id=2648301, accessed April 19, 2019.

"George Soros: It's the 2008 Crisis": Matt Clinch, "George Soros: It's the 2008 Crisis All Over Again," *CNBC,* January 7, 2016, https://www.cnbc.com/2016/01/07/soros-its-the-2008-crisis-all-over-again.html, accessed April 19, 2019.

"Is 2016 the Year When the World": Larry Elliott, "Is 2016 the Year When the World Tumbles Back into Economic Crisis?" *Guardian,* January 9, 2016, https://www.theguardian.com/business/2016/jan/09/2016-world-tumbles-back-economic-crisis, accessed April 19, 2019.

"Sell Everything Ahead of Stock Market Crash": Nick Fletcher, "Sell Everything Ahead of Stock Market Crash, say RBS Economists," *Guardian,* January 12, 2016, https:// www.theguardian.com/business/2016/jan/12/sell-everything-ahead-of-stock-mar ket-crash-say-rbs-economists, accessed April 19, 2019.

"Here Comes the Biggest": Chris Matthews, "Here Comes the Biggest Stock Market Crash in a Generation," *Fortune,* January 13, 2016, http://fortune.com/2016/01/13/analyst-here-comes-the-biggest-stock-market-crash-in-a-generation/, accessed April 19, 2019.

"These Are Classic Signs": Amanda Diaz, "These Are Classic Signs of a Bear Market," *CNBC,* January 20, 2016, https://www.cnbc.com/2016/01/20/these-are-classic-signs-of-a-bear-market.html, accessed April 19, 2019.

"The First Big Crash": Harry Dent, "This Chart Shows the First Big Crash Is Likely Just Ahead," *Economy* & *Markets,* March 14, 2016, https://economyandmarkets.com/markets/stocks/this-chart-shows-the-first-big-crash-is-likely-just-ahead/, accessed April 19, 2019.

"Clear Evidence That a New Global": Michael T. Snyder, "The Stock Market Crash of 2016: Stocks Have Already Crashed In 6 Of The World's Largest 8 Economies," *Seeking Alpha*, June 17, 2016, https://seekingalpha.com/article/3982609-stock-market-crash-2016-stocks-already-crashed-6-worlds-8-largest-economies, accessed April 19, 2019.

"Citigroup: A Trump Victory in November": Luke Kawa, "Citigroup: A Trump Victory in November Could Cause a Global Recession," *Bloomberg*, August 25, 2016, https://www.bloomberg.com/news/articles/2016-08-25/citigroup-a-trump-victory-in-november-could-cause-a-global-recession, accessed April 19, 2019.

"Stocks Are Inching Closer": Michael A. Gayed, "Stocks Are Inching Closer to the Second Correction of 2016," *MarketWatch*, September 7, 2016, https://www.marketwatch.com/story/stocks-inch-closer-to-2016s-second-correction-2016-09-07, accessed April 19, 2019.

"Reasons for a 2016 Stock Market Crash": Money Morning News Team, "Reasons for a 2016 Stock Market Crash," *Money Morning*, September 26, 2016, https://moneymorning.com/2016/09/26/reasons-for-a-2016-stock-market-crash/, accessed April 19, 2019.

"Economists: A Trump Win": Ben White, "Economists: A Trump Win Would Tank the Markets," *Politico*, October 21, 2016, https://www.politico.com/story/2016/10/donald-trump-wall-street-effect-markets-230164, accessed April 19, 2019.

"We Are Very Probably Looking": Paul Krugman, "We Are Very Probably Looking at a Global Recession with No End in Sight," *The New York Times*, November 8, 2016, https://www.nytimes.com/interactive/projects/cp/opinion/election-night-2016/paul-krugman-the-economic-fallout, accessed April 19, 2019.

"Economist Harry Dent Predicts": Stephanie Landsman, "Economist Harry Dent Predicts 'Once in a Lifetime' Market Crash, Says Dow Could Plunge 17,000 Points," *CNBC*, December 10, 2016, https://www.cnbc.com/2016/12/10/economist-harry-dent-says-dow-could-plunge-17000-points.html, accessed April 19, 2019.

"Now Might Be the Time": Laurence Kotlikoff, "Now Might Be the Time to Sell Your Stocks," *The Seattle Times*, February 12, 2017, https://www.seattletimes.com/business/new-voice-on-raising-living-standard/, accessed April 19, 2019.

"4 Steps to Protect Your Portfolio": John Persinos, "4 Steps to Protect Your Portfolio from the Looming Market Correction," *The Street*, February 18, 2017, https://www.thestreet.com/story/13999295/1/4-steps-to-protect-your-portfolio-from-the-looming-market-correction.html, accessed April 19, 2019.

"The US Stock Market Correction": Alessandro Bruno, "The US Stock Market Correction Could Trigger Recession," *Lombardi Letter*, March 1, 2017, https://www.lombardiletter.com/us-stock-market-correction-2017/8063/, accessed April 19, 2019.

"Three Key Indicators Are Saying": Michael Lombardi, "3 Economic Charts Suggest Strong Possibility of Stock Market Crash in 2017," *Lombardi Letter*, March 28, 2017, https://www.lombardiletter.com/3-charts-suggest-strong-possibility-stock-market-crash-2017/9365/, accessed April 19, 2019.

"Critical Warning from Rogue": Laura Clinton, "Critical Warning from Rogue Economist Harry Dent: 'This is Just the Beginning of a Nightmare Scenario as Dow Crashes to 6,000,'" *Economy & Markets*, May 30, 2017, https://economyand markets.com/exclusives/critical-warning-from-rogue-economist-harry-dent-this-is-just-the-beginning-of-a-nightmare-scenario-as-dow-crashes-to-6000-2/, accessed April 19, 2019.

"Why a Market Crash in 2017": Money Morning News Team, "Stock Market Crash 2017: How Trump Could Cause a Collapse," *Money Morning*, June 2, 2017, https:// moneymorning.com/2017/06/02/stock-market-crash-2017-how-trump-could-cause-a-collapse/, accessed April 19, 2019.

"The Worst Crash in Our Lifetime Is Coming": Jim Rogers, interview with Henry Blodget, *Business Insider*, June 9, 2017, https://www.businessinsider.com/jim-rogers-worst-crash-lifetime-coming-2017-6, accessed April 19, 2019.

"It's Going to End 'Extremely Badly'": Stephanie Landsman, "It's Going to End 'Extremely Badly,' with Stocks Set to Plummet 40% or More, Warns Marc 'Dr. Doom' Faber," *CNBC*, June 24, 2017, https://www.cnbc.com/2017/06/24/stocks-to-plum met-40-percent-or-more-warns-marc-dr-doom-faber.html, accessed April 19, 2019.

"Three Reasons a Stock-Market Correction": Howard Gold, "Three Reasons a Stock Market Correction Is Coming in Late Summer or Early Fall," *MarketWatch*, August 4, 2017, https://www.marketwatch.com/story/3-reasons-a-stock-market-correction-is-coming-in-late-summer-or-early-fall-2017-08-03, accessed April 19, 2019.

"The Stock Market Is Due": Mark Zandi, "Top Economist: Get Ready for a Stock Market Drop," *Fortune*, August 10, 2017, https://finance.yahoo.com/news/top-economist-ready-stock-market-162310396.html, accessed April 19, 2019.

"Brace Yourself for a Market Correction": Silvia Amaro, "Brace Yourself for a Market Correction in Two Months," *CNBC*, September 5, 2017, https://www.cnbc.com/2017/09/05/brace-yourself-for-a-market-correction-in-two-months-investment-manager.html, accessed April 19, 2019.

"4 Reasons We Could Have Another": David Yoe Williams, "4 Reasons We Could Have Another October Stock Market Crash," *The Street*, October 2, 2017, https:// www.thestreet.com/story/14325547/1/4-reasons-we-could-have-another-october-crash.html, accessed April 19, 2019.

"Stock Market Crash WARNING": Lana Clements, "Stock Market Crash WARNING: Black Monday Is Coming Again," *Express*, October 7, 2017, https://www.express.co.uk/finance/city/863541/Stock-market-crash-dow-jones-2017-Black-Monday-1987-forecast, accessed April 19, 2019.

"Morgan Stanley: A Stock Market Correction": Joe Ciolli, "Morgan Stanley: A Stock Market Correction Is Looking 'More Likely'," *Business Insider*, October 17, 2017, https://www.businessinsider.com/stock-market-news-correction-looking-more-likely-morgan-stanley-2017-10, accessed April 19, 2019.

"Chance of US Stock Market Correction": Eric Rosenbaum, "Chance of US Stock Market Correction Now at 70 Percent: Vanguard Group," *CNBC*, November 27, 2017, https://www.cnbc.com/2017/11/27/chance-of-us-stock-market-correction-now-at-70-percent-vanguard.html, accessed April 19, 2019.

"Stock Market Correction Is Imminent": Atlas Investor, "Stock Market Correction Is Imminent," *Seeking Alpha,* December 19, 2017, https://seekingalpha.com/article/4132643-stock-market-correction-imminent, accessed April 19, 2019.

"Consumer confidence surveys found to be 'useless' ": Dean Croushore, "Consumer Confidence Surveys: Can They Help Us Forecast Consumer Spending in Real Time?" *Business Review—Federal Reserve Bank of Philadelphia,* Q3 (April 2006), pp. 1–9.

To test those who say they can invest perfectly: Mark W. Riepe, "Does Market Timing Work?" *Charles Schwab,* December 16, 2013, https://www.schwab.com/resource-center/insights/content/does-market-timing-work, accessed April 22, 2019.

第九章　像聪明的投资者一样思考

"If you can grit your teeth": Justin Fox, "What Alan Greenspan Has Learned Since 2008," *Harvard Business Review,* January 7, 2014, https://hbr.org/2014/01/what-alan-greenspan-has-learned-since-2008, accessed April 22, 2019.

"overconfidence has been called": Scott Plous, *The Psychology of Judgment and Decision Making* (New York: McGraw-Hill, 1993).

the enormous impact of the overconfidence effect: K. Patricia Cross, "Not Can, But *Will* College Teaching Be Improved?" *New Directions for College Education,* 17, 1977, pp. 1–15.

A study relating to the character of students: David Crary, "Students Lie, Cheat, Steal, But Say They're Good," Associated Press, November 30, 2008, https://www.foxnews.com/printer_friendly_wires/2008Nov30/0,4675,StudentsDishonesty,00.html, accessed April 23, 2019.

Finance professors Brad Barber and Terrance Odean: Brad M. Barber and Terrance Odean, "Boys Will Be Boys: Gender, Overconfidence, and Common Stock Investment," *The Quarterly Journal of Economics* 116 (1, February 2001), pp. 261–292.

James Montier asked 300 professional fund managers: James Montier, *Behaving Badly* (London: Dresdner Kleinwort Wasserstein Securities, 2006).

Andrew Zacharakis and Dean Shepherd discovered: Andrew Zacharakis and Dean Shepherd, "The Nature of Information and Overconfidence on Venture Capitalists' Decision Making," *Journal of Business Venturing,* 16 (4), 2001, pp. 311–332.

Richards Heuer researched the behavioral biases: Richard J. Heuer, Jr., *Psychology of Intelligence Analysis* (Washington, DC: Center for the Study of Intelligence, Central Intelligence Agency, 1999).

"The anchoring heuristic appears": Todd McElroy and Keith Dowd, "Susceptibility to Anchoring Effects: How Openness-to-Experience Influences Responses to Anchoring Cues," *Judgment and Decision Making* 2 (1, February 2007), pp. 48–53.

the "anchoring" effect, research: Daniel Kahneman and Amos Tversky, "Choices, Values, and Frames," *The American Psychologist* 39 (4), 1984, pp. 341–350.

In a fascinating experiment: Brian Wansink, Robert J. Kent, and Stephen J. Hoch, "An Anchoring and Adjustment Model of Purchase Quantity Decisions," *Journal of Marketing Research* 35 (February, 1998), pp. 71–81.

Psychologist Ellen Langer, who named this effect: Ellen J. Langer, "The Illusion of Control," *Journal of Personality and Social Psychology* 32 (5), 1975, pp. 311–328.

In one of their studies, they split people: Daniel Kahneman, Jack L. Knetsch, and Richard H. Thaler, "Anomalies: The Endowment Effect, Loss Aversion, and Status Quo Bias," *Journal of Economic Perspectives* 5 (1), 1991, pp. 193–206.

"Since the conscious mind can handle": Jonah Lehrer, "The Curse of Mental Accounting," *Wired*, February 14, 2011, https://www.wired.com/2011/02/the-curse-of-mental-accounting/, accessed April 22, 2019.

the impact of mental accounting: Kahneman and Tversky, Ibid.

mental accounting is the reason tax refunds: Hal R. Arkes, Cynthia A. Joyner, Mark V. Pezzo, Jane Gradwohl Nash, Karen Siegel-Jacobs, and Eric Stone, "The Psychology of Windfall Gains," *Organizational Behavior and Human Decision Processes*, 59, pp. 331–347.

the principle even applies to how those: Viviana A. Zelizer, *The Social Meaning of Money: Pin Money, Paychecks, Poor Relief, and Other Currencies* (New York: Basic Books, 1994).

even minor negative setbacks during the workday: Teresa Amabile and Steven Kramer, "The Power of Small Wins," *Harvard Business Review* 89 (5), pp. 70–80.

Even babies exhibit the negativity bias: J. Kiley Hamlin, Karen Wynn, and Paul Bloom, "Three-Month-Olds Show a Negativity Bias in Their Social Evaluations," *Developmental Science*, 2010, 13 (6), pp. 923–929.

第十章 资产配置

Warren Buffett made a ten-year bet with Ted Seides: Carl J. Loomis, "Buffett's big bet," *Fortune*, June 9, 2008, http://archive.fortune.com/2008/06/04/news/newsmakers/buffett_bet.fortune/index.htm, accessed April 23, 2019.

the S&P 500 outperformed the major hedge fund strategies: Credit Suisse, "Liquid Alternative Beta and Hedge Fund Indices: Performance" January 2, 2020, https://lab.credit-suisse.com/#/en/index/HEDG/HEDG/performance, accessed February 16, 2020.

A recent study examined 6,169 unique hedge funds: Peng Chen, "Are You Getting Your Money's Worth? Sources of Hedge Fund Returns" (Austin, TX: Dimensional Fund Advisors, LP, 2013).

In 1998, Long-Term Capital Management: Kimberly Amadeo, "Long-Term Capital Management Hedge Fund Crisis: How a 1998 Bailout Led to the 2008 Financial Crisis," *The Balance*, January 25, 2019, https://www.thebalance.com/long-term-capital-crisis-3306240, accessed April 23, 2019.

Unfortunately for his investors, he lost 52%: Nathan Vardi, "Billionaire John Paulson's Hedge Fund: Too Big to Manage," *Forbes*, December 21, 2012.

since 2011, he has lost over $29 billion: Joshua Fineman and Saijel Kishan, "Paulson to Decide to Switching to Family Office in Two Years," *Bloomberg*, January 22, 2019, https://www.bloomberg.com/news/articles/2019-01-22/paulson-plans-to-decide-on-switch-to-family-office-in-two-years, accessed April 23, 2019.

since 2015, more hedge funds have closed: Nishant Kumar and Suzy Waite, "Hedge Fund Closures Hit $3 Trillion Market as Veterans Surrender," *Bloomberg*, December 13, 2018, https://www.bloomberg.com/news/articles/2018-12-13/hedge-fund-closures-hit-3-trillion-market-as-veterans-surrender, accessed April 23, 2019.

Not only did the simple indexed portfolio: Morgan Housel, "The World's Smartest Investors Have Failed," *The Motley Fool*, January 27, 2014, https://www.fool.com/investing/general/2014/01/27/the-worlds-smartest-investors-have-failed.aspx, accessed April 23, 2019.

The hedge funds finished with a gain of 24%: Loomis, Ibid.

In 2012, it released a groundbreaking paper: Diane Mulcahy, Bill Weeks, and Harold S. Bradley, "We Have Met The Enemy . . . And He Is Us: Lessons from Twenty Years of the Kauffman Foundation's Investments in Venture Capital Funds and the Triumph of Hope Over Experience," *Ewing Marion Kauffman Foundation*, May 2012, https://ssrn.com/abstract=2053258, accessed April 23, 2019.

Bitcoin is a type of cryptocurrency: Bernard Marr, "A Short History of Bitcoin and Crypto Currency Everyone Should Read," *Forbes*, December 6, 2017, https://www.forbes.com/sites/bernardmarr/2017/12/06/a-short-history-of-bitcoin-and-crypto-currency-everyone-should-read/#1b5223393f27, accessed April 23, 2019.

"Blockchain brings together shared ledgers": Adam Millsap, "Blockchain Technology May Drastically Change How We Invest," *The James Madison Institute*, March 7, 2019, https://www.jamesmadison.org/blockchain-technology-may-drastically-change-how-we-invest/, accessed April 23, 2019.

Walmart said that blockchain trials had helped: Michael Corkery and Nathaniel Popper, "From Farm to Blockchain: Walmart Tracks Its Lettuce," *The New York Times*, September 24, 2018, https://www.nytimes.com/2018/09/24/business/walmart-blockchain-lettuce.html, accessed April 23, 2019.

Over 1,000 cryptocurrencies now use blockchain technology: "All Cryptocurrencies," *CoinMarketCap*, https://coinmarketcap.com/all/views/all/, accessed April 23, 2019.

In fact, the blockchain can be hacked: Michael Kaplan, "Hackers are stealing millions in Bitcoin—and living like big shots," *New York Post*, April 13, 2019, https://nypost.com/2019/04/13/hackers-are-stealing-millions-in-bitcoin-and-living-like-big-shots/, accessed April 23, 2019.

In the 1990s, David Bowie and his financial team: Ed Christman, "The Whole Story Behind David Bowie's $55 million Wall Street Trailblaze," *Billboard*, January 13, 2016, https://www.billboard.com/articles/business/6843009/david-bowies-bowie-bonds-55-million-wall-street-prudential, accessed April 23, 2019.

第十一章　建立并管理投资组合

The top-performing mutual fund managers of 2017: Andrew Shilling and Lee Conrad, "Which Mutual Funds Are YTD Leaders?" *Financial Planning*, November 29, 2017, https://www.financial-planning.com/slideshow/top-mutual-funds-in-2017, accessed April 23, 2019.

the worst-performing money managers of 2018: Andrew Shilling, "Worst-Performing Funds of 2018," *Financial Planning*, December 12, 2018, https://www.financial-planning.com/list/mutual-funds-and-etfs-with-the-worst-returns-of-2018, accessed April 23, 2019.

by 2030, China and India are expected to become: Will Martin, "The US Could Lose Its Crown as the World's Most Powerful Economy as Soon as Next Year, and It's Unlikely to Ever Get It Back," *Business Insider*, January 10, 2019, https://www.businessinsider.com/us-economy-to-fall-behind-china-within-a-year-standard-chartered-says-2019-1, accessed April 23, 2019.

"I predict one day Amazon will fail": Eugene Kim, "Jeff Bezos to employees: 'One day, Amazon will fail' but our job is to delay it as long as possible," *CNBC*, November 15, 2018, https://www.cnbc.com/2018/11/15/bezos-tells-employees-one-day-amazon-will-fail-and-to-stay-hungry.html, accessed April 23, 2019.

第十二章　真正的财富

Research out of Massachusetts General Hospital: Jeff Huffman, et. al., "Design and Baseline Data from the Gratitude Research in Acute Coronary Events (GRACE) study," *Contemporary Clinical Trials*, Volume 44, pp. 11–19.

A 2015 study by the American Psychological Association: Paul J. Mills, Laura Redwine, Kathleen Wilson, Meredith A. Pung, Kelly Chinh, Barry H. Greenberg, Ottar Lunde, Alan Maisel, Ajit Raisinghani, Alex Wood, and Deepak Chopra, "The Role of Gratitude in Spiritual Well-Being in Asymptomatic Heart Failure Patients," *Spirituality in Clinical Practice*, 2015, Vol. 2, No. 1, pp. 5–17.

In those who cultivated gratitude: Rollin McCraty, Bob Barrios-Choplin, Deborah Rozman, Mike Atkinson, Alan D. Watkins, "The Impact of a New Emotional Self Management Program on Stress, Emotions, Heart Rate Variability, DHEA and Cortisol," *Integrative Physiological and Behavioral Science*, 1988, April–June, 33 (2), pp. 151–170.

Vietnam War veterans with high levels of gratitude: Todd B. Kashdan, Gitendra Uswatte, Terri Julian, "Gratitude and Hedonic and Eudiamonic Well-Being in Vietnam War Veterans," *Behavior and Research Therapy*, 2006, 44 (2), pp. 177–199.

grateful leaders motivated employees: "In Praise of Gratitude," *Harvard Mental Health Letter*, November 2011, https://www.health.harvard.edu/newsletter_article/in-praise-of-gratitude, accessed April 23, 2019.

第十三章　金钱与幸福

Consider the General Social Survey: The General Social Survey is conducted by NORC, which used to be known as the National Opinion Research Center and which is headquartered on the University of Chicago's campus. The original data can be found at gssdataexplorer.norc.org.

30% of Americans described themselves as "very happy": Bureau of Economic Analysis, U.S. Department of Commerce.

four out of ten Americans either couldn't cover: Federal Reserve, *Report on the Economic Well-Being of*

U.S. Households in 2017 (May 2018).

78% of American workers say they live: CareerBuilder, *Living Paycheck to Paycheck is a Way of Life for Majority of U.S. Workers* (Aug. 24, 2017).

Americans with less than $250 in the bank: Consumer Financial Protection Bureau, *Financial Well-Being in America* (September 2017).

paying others to mow the lawn or clean the house: Ashley V. Whillans, Elizabeth W. Dunn, Paul Smeets, Rene Bekkers and Michael I. Norton, "Buying Time Promotes Happiness," *Proceedings of the National Academy of Sciences*, vol. 114, no. 32 (Aug. 8, 2017).

This is captured by the notion of flow: Mihaly Csikszentmihalyi, *Flow: The Psychology of Optimal Experience* (Harper & Row: 1990).

One academic study looked at the daily lives: Daniel Kahneman, Alan B. Krueger, David Schkade, Norbert Schwarz and Arthur Stone, "Toward National Well-Being Accounts," *AEA Papers and Proceedings* (May 2004).

A 2010 study pulled together data: Julianne Holt-Lunstad, Timothy B. Smith and J. Bradley Layton, "Social Relationships and Mortality Risk: A Meta-Analytic Review," *PLOS Medicine* (July 27, 2010). PLOS is an acronym for Public Library of Science.

There's ample research that we get greater happiness: Leaf Van Boven and Thomas Gilovich, "To Do or to Have? That Is the Question," *Journal of Personality and Social Psychology*, Vol. 85, No. 6 (2003).

第十四章　享受财富带来的快乐

people in general believe that their lives: Utpal Dholakia, "Do We Become Less Optimistic as We Grow Older?" *Psychology Today*, July 24, 2016, https://www.psychologytoday.com/us/blog/the-science-behind-behavior/201607/do-we-become-less-optimistic-we-grow-older, accessed April 23, 2019.

参考文献

Annual Savings to Become a Millionaire by 65: Christy Bieber, "The Most Important Retirement Chart You'll Ever See," *The Motley Fool*, November 18, 2018, https://www.fool.com/retirement/2018/11/18/the-most-important-retirement-chart-youll-ever-see.aspx, accessed April 28, 2019.

Spending on Necessities: Human progress, http://humanprogress.org/static.1937, adapted from a graph by Mark Perry, using data from the Bureau of Economic Analysis, http://www.bea.gov/iTable.cfm?ReqID=9&step=1&isuri=1.

Global Well-Being: Historical Index of Human Development: Prados de la Escosura 2015, 0–1 scale, available at Our World in Data, Rover 2016h. Well-Being Composite: Rijpma 2014,p. 259, standard deviation scale over country-decades.

Life Expectancy: Max Roser, "Life Expectancy," *Our World in Data*, https://ourworldindata.org/life-expectancy, accessed April 28, 2019.

Extreme Poverty: Max Roser and Esteban Ortiz-Ospina, "Global Extreme Poverty," *Our World in Data*, https://ourworldindata.org/extreme-poverty, accessed April 28, 2019.

Years of Schooling: Max Roser and Esteban Ortiz-Ospina, "Global Rise of Education," *Our World in Data*, https://ourworldindata.org/global-rise-of-education, accessed April 28, 2019.

Dow Jones Industrial Average: 1896–2016: Chris Kacher and Gil Morales, "Human Innovation Always Trumps Fear—120 Year Chart of the Stock Market," *Seeking Alpha*, March 21, 2017, https://seekingalpha.com/article/4056932-human-innovation-always-trumps-fear-120-year-chart-stock-market, accessed April 16, 2019. Graph 4.1—What to Avoid

Not All Fiduciaries Are Created Equal: Tony Robbins with Peter Mallouk, *Unshakeable: Your Financial Freedom Playbook* (New York: Simon & Schuster, 2017), p. 86.

Types of Home Damage: Insurance Information Institute, "Fact + Statistics: Homeowners and renters insurance," Insurance Information Institute, https://www.iii.org/fact-statistic/facts-statistics-homeowners-and-renters-insurance, accessed February 16, 2020.

S&P 500 Intra-Year Declines vs. Calendar Year Returns: JP Morgan Chase and Co., "Volatility Is Normal; Don't Let It Derail You," *Guide to the Markets*, https:// am.jpmorgan.com/us/en/asset-management/gim/adv/insights/principles-for-invest ing, accessed April 22, 2019.

Investor Cash Flows/Bull and Bear Markets: The Vanguard Group, Inc., "Vanguard's Principles for Investing Success," *Vanguard*, 2017, https://about.vanguard.com/what-sets-vanguard-apart/principles-for-investing-success/ICRP RINC_042017_Online.pdf, accessed April 23, 2019.

Inflation Adjusted Annual Average Gold Prices: Tim McMahon, "Gold and Inflation," *Inflationdata.com*, April 25, 2018, https://inflationdata.com/Inflation/Inflation_Rate/Gold_Inflation.asp, accessed April 28, 2019.

Number of U.S. listed companies: Samantha M. Azzarello, Alexander W. Dryden, Jordan K. Jackson, David M. Lebovitz, Jennie Li, John C. Manley, Meera Pandit, Gabriela D. Santos, Tyler J. Voigt, and David P. Kelly, "Private Equity," *Guide to Markets—US*, December, 31, 2019, https://am.jpmorgan.com/blobcontent/1383654213584/83456/MI-GTM_1Q20.pdf, accessed March 17, 2020

Public vs. Private Equity Returns: Samantha M. Azzarello, Alexander W. Dryden, Jordan K. Jackson, David M. Lebovitz, Jennie Li, John C. Manley, Meera Pandit, Gabriela D. Santos, Tyler J. Voigt, and David P. Kelly, "Private Equity," *Guide to Markets—US*, December, 31, 2019, https://am.jpmorgan.com/blobcontent/1383654213584/83456/MI-GTM_1Q20.pdf, accessed March 17, 2020.

The Performances of Various Mixes of U.S. Stocks and Bonds/Historical Returns: The Vanguard Group, Inc., "Foundational Investments," *Vanguard*, 2019, https://advisors.vanguard.com/iwe/pdf/FAETFCMB.pdf, accessed February 16, 2020.

Mixture of Assets Defines the Spectrum of Returns: The Vanguard Group, Inc., "Vanguard's Principles for Investing Success," *Vanguard*, 2017, https:// about.vanguard.com/what-sets-vanguard-apart/principles-for-investing-success/ICRPRINC_042017_Online.pdf, accessed April 23, 2019.

Relative Magnitude of Home-Country Bias: Christopher B. Philips, Francis M. Kinniry Jr., Scott J. Donaldson, "The role of Home Bias in Global Asset Allocation Decisions," *Vanguard*, June 2012, https://personal.vanguard.com/pdf/icrrhb.pdf, accessed April 23, 2019.

Dow Jones Industrial Average Component Companies: "The Changing DJIA," S&P Dow Jones Indices, LLC, https://us.spindices.com/indexology/djia-and-sp-500/the-changing-djia, accessed April 23, 2019.

Average Company Lifespan on the S&P Index: Scott D. Anthony, S. Patrick Viguerie, Evan I. Schwartz, and John Van Landeghem, "2018 Corporate Longevity Forecast: Creative Destruction is Accelerating," *Innosight*, February 2018, https://www.innosight.com/insight/creative-destruction/, accessed April 23, 2019.

Investor Allocation by Region: Samantha M. Azzarello, Alexander W. Dryden, Jordan K. Jackson, David M. Lebovitz, Jennie Li, John C. Manley, Meera Pandit, Gabriela D. Santos, Tyler J. Voigt, and David P. Kelly, "Local Investing and Global Opportunities," *Guide to Markets—US*, March 31, 2019, https://am.jpmorgan.com/us/en/asset-management/gim/adv/insights/guide-to-the-markets/, accessed April 23, 2019.

Ranking Higher Than: Blackrock Global Investor Pulse Survey 2019, https://www.blackrock.com/corporate/insights/investor-pulse, accessed April 23, 2019.